『朱子語類』訳注

巻十六（上）

大学三（上）

傳一章〜傳七章

中　純夫　編

朱子語類訳注

大学篇研究会

『朱子語類』譯注　卷十六（上）目次

凡　例

一、底本には理學叢書『朱子語類』（王星賢點校、一九八六年、中華書局）を用いる。ただし句讀の切り方は必ずしも底本に因らなかった場合がある。なお中華書局本の底本は劉氏傳經堂叢書本である。

一、校勘には以下の五本を使用した（括弧内は本稿で用いる略稱）。

○國立中央圖書館（現臺灣國家圖書館）藏成化九年（一四七三）刊本、中文出版社影印、一九七九年縮印本（成化本）。中文出版社本は國立中央圖書館藏本の影印本であるが、日本國立公文書館内閣文庫藏成化本によって校勘の上で修補を施しており、「中日合壁本」と稱されている。

○京都大學文學部藏萬曆三十一年（一六〇三）序刊本（萬曆本）。萬曆本の底本は成化本である。

○楠本正繼舊藏、九州大學藏朝鮮古寫徽州刊本、中文出版社影印、一九八二年（朝鮮古寫本）。石立善氏は古寫本の書寫年代について、朝鮮で成化本系統の語類が刊行されはじめた一五四四年以前、卽ち十六世紀中葉以前と推定している。

○英祖四十七年（一七七一）刊朝鮮整版、大化書局影印、一九八八年（朝鮮整版本）。卷首に洪啓禧撰「朱子文集語類校勘凡例」を收錄する。

○寛文八年（一六六八）刊和刻本、中文出版社影印、一九七三年（和刻本）。卷首に萬曆三十一年葉向高序・萬曆三十一年朱吾弼序が掲載されており（いずれも萬曆本所收）、和刻本の底本は萬曆本である。なお石立善氏は、萬曆本朱子語類には萬曆三十二年刊本と萬曆三十四年重刻本の二種が有り、和刻本の底本は萬曆三十四年重刻本であると述べている。

一、校勘に際しては、必要に應じて以下の二本を參照した。

○呂留良康熙刊本、京都大學文學部藏（呂留良本）。

○劉氏傳經堂叢書本、光緒六年（一八八〇）賀瑞麟序、京都大學人文科學研究所藏（傳經堂本）。傳經堂本の底本は呂留良本である。

一、校勘にはさらに以下の校勘記を參照した。

○朝鮮整版本各巻末附載「考異」

○劉氏傳經堂叢書本巻末附載「朱子語類正譌」一巻、「朱子語類記疑」一巻（ともに賀瑞麟撰）。

一、異體字に係る異同（「箇」と「个」、「曾」と「曽」、「著」と「着」等）については必ずしも一々注記しなかった場合が有る。これらの異同に係る校勘は、語類本文を解釋する上では、特段の重要性を持たないであろう。ただし版本の系統を鑑別する上では、時として重要な指標となり得る。

一、口語語彙や本文内容の解釋に關しては主として以下を參照した。

○日本、岡島冠山『字海便覽』享保十年（一七二五）刊（『唐話辭書類集』第十四集所收、汲古書院、一九七三年）

○日本、留守友信『語錄譯義』延享五年（一七四八）序（『唐話辭書類集』第二集所收、汲古書院、一九六九年）

○朝鮮、李宜哲『朱子語類考文解義』英祖五十年（一七七四）序（民族文化文庫影印、二〇〇一年）。なお『朱子語類考文解義』の底本は朝鮮整版本である。

○田中謙二『朱子語類外任篇譯注』（汲古書院、一九九四年）

○入矢義高・古賀英彦『禪語辭典』（思文閣出版、一九九一年）

○三浦國雄『「朱子語類」抄』（講談社、二〇〇八年）

一、筆録者の諱・字・本貫等は『朱子語録姓氏』（『朱子語類』巻首所收）に簡單に記されている他、田中謙二「朱門弟子師事年攷」（『田中謙二著作集』第三巻所收、汲古書院、二〇〇一年）、陳榮捷『朱子門人』（臺灣學生書局、一九八二年）に既に詳細な考證がある。本稿では筆錄者、及び本文中に登場する弟子のうち『朱子語錄姓氏』所收の人物については、原則として注記を省略し、巻末に一覽表を附す。

（附記）

この「凡例」は『朱子語類』譯注　巻十四　大學一（汲古書院、二〇一三年）に附した「凡例」を再録したものである。再錄に際しては煩を避けて注を省いた。記述の根據等に關しては巻十四所收を參照されたい。

『朱子語類』譯注　巻十六（上）

『朱子語類』巻十六（上）　大學三（上）

傳一章釋明明德

【1】

問克[1]明德。曰。德之明與不明、只在人之克與不克耳。克、只是眞箇[2]會[3]明其明德。　節

〔校勘〕

○「眞箇」　萬暦本、和刻本は「真個」に作り、朝鮮古寫本は「眞个」に作る。

〔譯〕

「よく德を明らかにする」について質問する。おっしゃる。「德が明らかであるのと明らかでないのは、ただ人がそれをできるかできないかということにかかっている。「克《よ》くする」とは、本當にその明德を明らかにすることができるということである。」　甘節錄

〔注〕

（1）「克明德」『大學章句』傳一章「康誥曰、克明德。」注「康誥、周書。克、能也。」

（2）「眞箇」　ほんとうに。現代語の「眞的」。『王摩詰文集』巻五「酬黎居士淅川作」「儂家眞箇去、公定隨儂否。」『語類』巻一四、一六六條、巻一五、一〇〇條などに既出。巻一五、一〇〇條「窮來窮去、末後自家眞箇見得此

理是善與是惡、自心甘意肯不去做、此方是意誠。」

（3）「明其明德」『大學章句』經「大學之道、在明明德、在親民、在止於至善。」注「明、明之也。明德者、人之所得乎天、而虛靈不昧、以具衆理而應萬事者也。但爲氣稟所拘、人欲所蔽、則有時而昏。然其本體之明、則有未嘗息者。故學者當因其所發而遂明之、以復其初也。」

〔參考〕

本條は、眞德秀『西山讀書記』卷二二に「問克明德。曰。德之明與不明、只在人之克與不克。須是眞个會明其明德。」と引かれる。

【2】

問明德明命(1)。曰。便是(2)天之所命謂性者。(3)人皆有此明德、但爲物欲之所昏(4)蔽、故暗(5)塞爾。　甾

〔校勘〕

○「便」　朝鮮整版本は「偠」に作る。以下同じ。

○「問明德明命」　朝鮮古寫本は「問克明德天之明命」に作る。

○「所昏蔽」　朝鮮古寫本は「所昏」に作る。

○「故暗塞爾」　朝鮮古寫本は「故蔽塞爾」に作る。

〔譯〕

明徳と明命について質問する。先生がおっしゃる。「これは、（『中庸』の）「天が命ずるものを性という」ということである。人には皆、この明徳が具わっているが、ただ、物欲に昏く蔽われてしまって、暗く塞がれているだけなのである。」　黄畲録

〔注〕

（1）「明命」『大學章句』傳一章「大甲曰。顧諟天之明命。」

（2）「天之所命謂性者」『中庸章句』第一章「天命之謂性、率性之謂道、脩道之謂教。」

（3）「人皆有此明徳、但爲物欲之所昏蔽、故暗塞爾」本巻一條、注（3）を參照。

（4）「昏蔽」「くらくおおう」。既出。巻一四、七四條「或以明明徳譬之磨鏡。曰。鏡猶磨而後明。若人之明徳、則未嘗不明。雖其昏蔽之極、而其善端之發、終不可絶。」『伊川易傳』益卦「上九、莫益之、或擊之、立心勿恆、凶。」注「利者、衆人所同欲也。專欲益己、其害大矣。欲之甚則昏蔽而忘義理、求之極則侵奪而致仇怨。」なお、この程伊川の言葉を朱子は門人に示している。『語類』巻一二一、九八條、葉賀孫録（Ⅷ 2946）「門人有與人交訟者。先生數責之云。欲之甚則昏蔽而忘義理、求之極則爭奪而至怨仇。」

（5）「暗塞」「くらく塞ぐ」。周濂溪『通書』「誠下」「五常百行、非誠非也。邪暗塞也。」朱注「非誠、則五常百行、皆無其實。所謂不誠無物者也。靜而不正、故邪、動而不明不達、故暗且塞。」「闇塞」の語は、古くは、『論衡』「累害」に「夫不本累害所從生起、而徒歸責於被累害者、智不明、闇塞於理者也」と見える。

【3】

自[1]人受之、喚做明德、自天言之、喚做明命。今人多鶻鶻[2]突突、一[3]似無這箇明命。若[4]常見其在前、則凜[5]凜然不敢放肆、見許多道理都在眼前。

又曰。人之明德、卽天之明命。雖[6]則是形[7]骸間隔、然人之所以能視[8]聽言動、非天而何。

問。苟[9]日新、日日新。曰。這箇道理、未見得時、若無[10]頭無面。如何下工夫。才[11][12]剔撥得有些通[13]透處、便須急急躡[14]蹤趲[15]鄉前去。

又曰。周[16]雖舊邦、其命維新。文王能使天下無一民不新其德、卽此便是天命之新。

又云。天[17]視自我民視、天聽自我民聽。或問。此若有不同、如何。曰。天豈曾有耳目以視聽。只是自我民之視聽、便是天之視聽。如帝命文王、豈天諄諄然命之。只是文[18]王要恁地、便是理合恁地、便是帝命之也。

又曰。若一件事、民人皆以爲是、便是天以爲是。若人民皆歸[19]往之、便是天命之也。

又曰。此處甚微、故其理難[20]看。　賀孫

〔校勘〕

○「這箇明命」　萬曆本、朝鮮古寫本、和刻本は「箇」を「个」に作る。

○「這箇道理」　萬曆本、和刻本は「箇」を「個」に作り、朝鮮古寫本は「个」に作る。

○「才剔撥」　成化本、朝鮮古寫本、朝鮮整版本は「才」を「纔」に作る。

○「其命維新」　朝鮮古寫本は「維」を「惟」に作る。

〔譯〕

「人が（天から）受けるという點からいえば、明徳と呼び、天（が人にあたえるということ）からいえば、明命とよぶ。今の人々は、多くはぼんやりとして、この明命がないかのようである。いつもそれ（明徳）を目の前に見ているようにすれば、おそれつつしんで、いい加減にしようとせず、多くの道理がすべて目の前に見える。」

またおっしゃる。「人の明徳とは、天の明命のことである。人は肉體によって（天と）隔たった存在であるが、人が正しく視たり聽いたり喋ったり行動したりできるのは、天のお蔭でなくて何であろうか。」

「苟《まこと》に日に新にせば、日日新たなり」について質問する。おっしゃる。「この道理は、まだ體得していないときは、とらえどころがない。どのように工夫すればよいか。えぐり出して、少しでも透徹する所があれば、（そこを手掛かりに）直ちに急いでその跡を追いかけていって、前に走って進みなさい。」

またおっしゃる。『詩』に、「周は舊邦なりと雖も、その命はこれ新たなり」という。文王は、天下の人民に一人として徳を新しくさせないようなことはなかったのであり、つまりこれは天命があらたまったことを言っているのである。」

またおっしゃる。「（『尙書』にいう）「天視るに我が民より視、天聽くに我が民より聽く」と。」ある者が質問する。「もし天と人に違いがあれば、どうするのですか。」おっしゃる。「天がどうして耳や目によって視たり聽いたりすることがあろうか。我が人民に從って視たり聽いたりするということが、天が視たり聽いたりするということである。たとえば、天帝が文王に命じたのは、どうして天が（實際に）ねんごろに文王に命じたということであろうか。文王がそのようにしようとすれば、それはとりもなおさず理としてそのようにすべきだったのであり、それは天帝が命じたのである。」

またおっしゃる。「たとえばある一つの事があり、人々が皆正しいと思ったとすると、それは天が正しいとしたのである。もし人々がその人に付き従うなら、それはとりもなおさず天が命じたのである。」

またおっしゃる。「このところ（＝明明德における天と人との關係）は微妙であるので、その理は理解するのが難しい。」　葉賀孫錄

〔注〕

（1）「自人受之、喚做明德、自天言之、喚做明命」『尙書』「太甲」上、蔡沈集傳「在天爲明命、在人爲明德」。「喚」は、呼ぶ、言い表す。現代語「叫」。

（2）「鶻鶻突突」「鶻突」は、「糊塗」に同じ。ぼんやりしている様、頭脳がはっきりせず、愚かな樣。巻一四（四二條、一二四條など）、巻一五に既出。巻六、八四條、周明作錄（Ⅰ 114）「曰。敬非別是一事、常喚醒此心便是。人每日只鶻鶻突突過了、心都不曾收拾得在裏面。」巻一四、四二條「伊川舊日敎人先看『大學』、那時未有解說、想也看得鶻突。而今看注解、覺大段分曉了、只在子細去看。」吳曾『能改齋漫錄』巻二「鶻突」「鶻突二字當糊塗。蓋以糊塗之義、取其不分曉也。按、呂原明家塾記云、太宗欲相呂正惠公。左右或曰。呂端之爲人糊塗。帝曰。端小事糊塗、大事不糊塗。決意相之。」

（3）「一似」「まるで〜のようである」。既出。巻一五、七六條「未知得至時、一似捕龍蛇捉虎豹相似。」『孔子家語』「正論解」「孔子適齊、過泰山之側、有婦人哭於野者而哀。夫子式而聽之曰。此哀一似重有憂者。使子貢往問之。」

（4）「若常見其在前」『尙書』「太甲」上「先王顧諟天之明命。」孔安國傳「顧、謂常目在之。」蔡沈集傳「顧、常目在之也。」

（5）「凜凜然」　おそれつつしむさま。『尙書』「泰誓」中「百姓懍懍、若崩厥角。」僞孔傳「言民畏紂之虐、危懼不安、若崩摧其角、無所容頭。」蔡沈集傳「商民畏紂之虐、懍懍若崩摧其頭角然、言人心危懼如此。」『語類』巻八

三、一一八條、徐寓錄（Ⅵ　2174）「如二程未出時、便有胡安定・孫泰山・石徂徠。他們說經雖是甚有疏略處、觀其推明治道、直是凜凜然可畏。」

（6）「雖則…然…」「雖則」は、「雖然」などと同じく、連用して「～ではあるが」という譲歩を表し、多く後句に轉折の語をともなう。太田辰夫『中國語歷史文法』（江南書院、一九五八年、朋友書店新装再版、二〇一三年）三三三～三三四頁。

（7）「形骸間隔」　難解であるが、いま「人は肉體によって、天と隔たった存在である」と解す。『語類』卷二九、一三五條、葉賀孫錄（Ⅱ　757）にも同じ表現が見え、「又問。『集注』云、皆與物共者也、但有小大之差耳。曰。這道理只爲人不見得全體、所以都自狹小了。最患如此。聖人如何得恁地大。人都不見道理、形骸之隔、而物我判爲二」という。『文選』卷二五、盧子諒「答魏子悌」「乖離令我感、悲欣使情惕。理以精神通、匪曰形骸隔。」注「善曰……、楚辭曰。衆人莫可與論道、非精神之不通。莊子曰。申徒、兀者也。謂子產曰。今與我遊於形骸之內、而子索我於形骸之外、不亦過乎。（所引は『莊子』內篇「德充符」）」

（8）「視聽言動」『論語』「顏淵」「顏淵問仁。子曰。克己復禮爲仁。一日克己復禮、天下歸仁焉。爲仁由己、而由人乎哉。顏淵曰。請問其目。子曰。非禮勿視、非禮勿聽、非禮勿言、非禮勿動。」『語類』卷一五、一四一條に既出。

（9）「苟日新、日日新」『大學章句』傳二章「湯之盤銘曰。苟日新、日日新、又日新。」注「盤、沐浴之盤也。銘、名其器以自警之辭也。苟、誠也。湯以人之洗濯其心以去惡、如沐浴其身以去垢。故銘其盤、言誠能一日有以滌其舊染之汙而自新、則當因其已新者、而日日新之、又日新之、不可畧有間斷也。」

（10）「無頭無面」「とらえどころがなく、正體がはっきりしない」の意。「無頭面」と同義。『語類』卷六七、一六

一條、輔廣錄（Ⅴ　1678）「或言某人近注『易』。曰。緣『易』是一件無頭面底物、故人人各以其意思去解說得。」『論衡』「初稟」「天無頭面、眷顧如何。」『景德傳燈錄』巻五・荷澤神會章「他日祖告衆曰。吾有一物、無頭無尾、無名無字、無背無面。諸人還識否。師乃出曰。是諸佛之本原、神會之佛性。」

（11）「才…便…」「才」は「纔」に同じ。「少しでも…すれば…だ」。

（12）「剔撥」えぐりひらく。巻一四に既出。七七條「問明明德。曰。人皆有个明處、但爲物欲所蔽、剔撥去了、只就明處漸明將去。」巻二〇、一四二條、黄榦錄（Ⅱ　481）「曰。謝氏此一段如亂絲、須逐一剔撥得言語異同、巧言字如何不同、又須見得有箇總會處。」『河南程氏遺書』巻二上（37）「講學本不消得理會、然每與剔撥出、只是如今雜亂膠固、須著說破。」

（13）「通透」すっかりわかること。既出。巻一四、四八條、注（5）參照。『河南程氏遺書』巻一七（181）「如眼前諸人、要特立獨行、煞不難得只是要一箇知見難。人只被這箇知見不通透。」『祖堂集』巻一九、香嚴和尚章「師爲衆曰。此世界日月短促、則須急急底事了却去。平治如許多不如意事、直須如地相似。安然不動、一切殊勝境不隨轉、只摩尋常、不用造作、獨脫現前、不帶伴侶。皎然秋月明、内外通透。尅念寸陰、直須此生了却。今生不了、阿誰替代。」

（14）「躡蹤」追いかける、跡をたどる。「躡迹」、「躡踵」などに同じ。

（15）「趲鄕前去」「趲」は、急いで進むこと、走ること。巻八、五四條、竇從周錄（Ⅰ　136）「工夫要趲、期限要寬。」巻一〇、四九條、徐寓錄（Ⅰ　167）「讀書、且就那一段本文意上看、不必又生枝節。看一段、須反覆看來看去、要十分爛熟、方見意味、方快活、令人都不愛去看別段、始得。人多是向前趲去、不曾向後反覆、只要去看明日未讀底、不曾去紬繹前日已讀底。」「鄕」は、「向」と同じく、方向を示す介詞。

(16)「周雖舊邦、其命維新……」『大學』引『詩』大雅・文王。注「詩大雅文王之篇。言周國雖舊、至於文王、能新其德、以及於民、而始受天命也。」卷一四、一一九條に既出。「明明德、便要如湯之日新。新民、便要如文王之周雖舊邦、其命維新。各求止於至善之地而後止也。」

(17)「天視自我民視、天聽自我民聽」『尙書』「泰誓」中「天視自我民視、天聽自我民聽。」『孟子』「萬章」上「太誓曰『天視自我民視、天聽自我民聽』、此之謂也。」集注「自、從也。天無形、其視聽、皆從於民之視聽。民之歸舜如此、則天與之可知矣。」

(18)「文王要恁地」「文王がそのようにしようとする」。「要」は、「……しようとする」意。「《要》じたいが必要あるいは意欲をあらわす補動詞としての用法は唐代ごろからみえる」（太田前掲書、二〇〇頁）。

(19)「歸往」『穀梁傳』莊公三年「尊者取尊稱焉、卑者取卑稱焉。其曰王者、民之所歸往也。」『語類』卷一三、五條、董銖錄（Ⅱ 533）「蓋政者、所以正人之不正、豈無所作爲。但人所以歸往、乃以其德耳。故不待作爲而天下歸之、如衆星之拱北極也。」

(20)「難看」「理解するのが難しい。」既出。卷一四、四五條（Ⅰ 257）「問中庸解。曰。此書難看。」

【4】

顧(1)諟天之明命。諟、(2)是詳審。顧(3)諟、見得子細。　僩

〔譯〕

「天の明命を顧諟す。」「諟」とは、つまびらかにするという意。「顧諟」とは、子細に認識するという意味である。

沈僴錄

〔注〕

（1）「顧諟天之明命」『大學章句』傳一章「大甲曰。顧諟天之明命。」注「大、讀作泰。諟、古是字。大甲、商書。顧、謂常目在之也。諟、猶此也、或曰審也。天之明命、卽天之所以與我、而我之所以爲德者也。常目在之、則無時不明矣。」

（2）「諟是詳審」「諟は審なり」とする訓詁は、朱注にも「諟、……或曰審也」といっており、古くは、『玉篇』に「諟、審也、諦也」と見える。「詳審」の語は既出。巻一四、一五〇條「慮、是思之重復詳審者。」『論衡』「問孔」「夫賢聖下筆造文、用意詳審。」

（3）「顧諟、見得子細」『大學』の「顧諟天之明命」は、朱子の注に従えば、「諟の天の明命を顧みる」と訓ずるはずであるが、ここでは「諟、……或曰審也」の訓詁に従い、「顧諟」を連文として「詳細に認識する」と解している。

【5】

顧諟天之明命、只是照[1]管得[2]那本明底物事在[3]。燾

〔校勘〕

○朝鮮古寫本巻一六は、本條を収めず。

〔譯〕

「諟の天の明命を顧みる」とは、ただ、あの本來的に明るいもの（明德）をしっかりとコントロールするだけである。　呂燾録

〔注〕

（1）「照管」「世話をする」、「注意を拂う」、「管理する」の意。巻一四、一五に既出。巻一四、一八條「大學總說了、又逐段更說許多道理。聖賢怕有些子照管不到、節節覺察將去、到這裏有恁地病、到那裏有恁地病。」巻一五、一四五條「聖人亦是略分箇先後與人知、不是做一件淨盡無餘、方做一件。若如此做、何時得成。又如喜怒上做工夫、固是。然亦須事事照管、不可專於喜怒。」

（2）「那本明底物事」「あの本來的に明るいもの」、すなわち明德。巻一四に既出。八二條「曾興宗問。如何是明明德。曰。明德是自家心中具許多道理在這裏。本是个明底物事、初無暗昧、人得之則爲德。如惻隱・羞惡・辭讓・是非、是從自家心裏出來、觸著那物、便是那个物出來、何嘗不明。緣爲物欲所蔽、故其明易昏。如鏡本明、被外物點汙、則不明了。少間磨起、則其明又能照物。」朱子に先だつものとして、程伊川に次のものが見える。『河南程氏遺書』巻一八「問。人性本明、因何有蔽。曰。此須索理會也。孟子言人性善是也。雖荀・楊亦不知性。孟子所以獨出諸儒者、以能明性也。性無不善、而有不善者、才也。性卽是理、理則自堯舜至於塗人、一也。才稟於氣、氣有清濁。稟其清者爲賢、稟其濁者爲愚。」

（3）「在」「在」は、句末に置かれ斷定を表す助字。

【6】

顧諟天之明命、便是常見這物事[1]、不教昏著[2]。今看大學[3]、亦要識此意。所謂顧諟天之明命、無他[4]、求其放心而已。方子。佐同。

〔校勘〕

○朝鮮古寫本は異同が多く、本條を「顧諟天之明命、盖嘗見得、不教昬着、常如有見、便孟子所謂求放心也」に作る。

○「昏著」成化本、萬曆本、和刻本は「著」を「着」に作る。

○「方子　佐同」朝鮮古寫本は「方子」に作る。

〔譯〕

「諟の天の明命を顧みる」とは、常にこのもの（明德）を見て、昏迷させないようにするということである。いま『大學』を讀む際に、やはりこのことを知るべきである。いわゆる「諟の天の明命を顧みる」とは、『孟子』の「（學問の道は）他無し、其の放心を求むるのみ」ということである。　李方子錄　蕭佐錄同じ

〔注〕

（1）「常見這物事、不教昏著」　本巻四條、注（1）を參照。巻一四、七三條「在明明德。須是自家見得這物事光明燦爛、常在目前、始得。」同、注（1）を參照。

（2）「昏著」「著」は狀態を表す助字。

（3）「今看大學、亦要識此意……」「今看」以下の部分、『語類』巻六にも同文が見える。八二條、李方子錄・董拱壽錄（Ⅰ　113）「學者須是求仁。所謂求仁者、不放此心。聖人亦只教人求仁。蓋仁義禮智四者、仁足以包之。若

是存得仁、自然頭頭做着、不用逐事安排。故曰。苟志於仁矣、無惡也。今看『大學』、亦要識此意、所謂「顧諟天之明命」、「無他、求其放心而已」。」巻六では、五常を總括するものとしての「仁」と「放心」との關係について説明する際に、『大學』の當該箇所を引用するために、「今看『大學』、亦要識此意」といっており、文意が通じるが、本條は、そもそも『大學』の「顧諟天之明命」を論じており、文意が不自然である。よって、この部分は、巻六の議論が混入した可能性がある。むしろ、この部分を含まない朝鮮古寫本が文意がすっきりしている。

（4）「無他、求其放心而已」『孟子』「告子」上「學問之道無他、求其放心而已矣。」集注「學問之事、固非一端、然其道則在於求其放心而已。蓋能如是則志氣清明、義理昭著、而可以上達。不然則昏昧放逸、雖曰從事於學、而終不能有所發明矣。」

【7】

先生問。顧諟天之明命、如何看。

答云。(1)天之明命、是天之所以命我、而我之所以爲德者也。然天之所以與我者、雖曰至善、苟不能常(2)提撕(3)省察、使(4)大用全體(5)昭晰無遺、則人欲益滋、天理益昏、而無以(6)有諸己矣。

曰。此便是至善。但今人無事時、又却(7)恁昏昏地、至有事時、則又(8)隨事逐物而去、都無一箇(9)主宰。這須是常加省察、眞如見一箇物事(10)在裏、不要昏濁了他、則無事時自然(11)凝定、有事時隨理而處、無有不當。道夫

〔校勘〕

○「曰此便是至善」　朝鮮古寫本は「曰」を「先生曰」に作る。
○「一箇主宰」「箇」を萬曆本、和刻本は「個」に、朝鮮古寫本は「个」に作る。
○「眞如見一箇物事」「箇」を萬曆本、朝鮮古寫本、和刻本は「个」に作る。
○「在裏」　萬曆本、和刻本は「裏」を「裡」に作る。
○「無有不當」　朝鮮古寫本はこれに續けて「又云、古註說常目在之、這說得極好」の十四字あり。

〔譯〕

先生が質問する。「「諟の天の明命を顧みる」をどのように理解するか。」

答えていう。「天の明命とは、天が私に命じたところのものであり、私が德としているものでもあります。しかし、天が私に與えたものは、至善であるといっても、もしも、いつも覺醒させ省察して、偉大なる作用と完全なる本體をはっきりとさせ、遺漏がないようにしなければ、人欲はますます增大し、天理はますます昏迷し、これ（明德）を自己に備えるということがなくなってしまいます。」

おっしゃる。「これ（明德）はつまり至善なのである。しかし、今の人は、何もなければ、あのようにぼうっとして、何かあると、事や物を追いかけていくが、（それでは）自己を統一する主宰者がまったく存在しない。つねに省察を加え、ほんとうに一つのもの（明德）をここにしっかりと見て、それを昏く濁らせないようにすれば、何もなければ自然にじっと動じなくなり、何かある時には理に從って處理し、適切でないことはない。」　楊道夫錄

〔注〕

（1）「天之明命、是天之所以命我、而我之所以爲德者也」　本卷四條注（1）を參照。
（2）「提撕」「覺醒させる」。卷一四、六八條、七二條、一〇七條、卷一五、五二條に既出。『顏氏家訓』「序致」

「吾今所以復爲此者、非敢軌物範世也、業以整齊門內、提撕子孫。」『祖堂集』巻一〇、玄沙和尚章「志超上座爲衆乞茶去時、問師。伏乞和尚提撕。師云。只是你不可更教我提撕。進曰。乞師直指、志超不是愚癡人。」

（3）「省察」巻一五、九二條、一二六條に既出。『中庸章句』「右第一章。子思述所傳之意以立言。首明道之本原出於天而不可易、其實體備於己而不可離、次言存養省察之要、終言聖神功化之極。」

（4）「大用全體」「偉大なる作用と完全なる本體」。「全體大用」と同義。「全體大用」は既出。巻一四、七四條「或以明明德譬之磨鏡。曰。鏡猶磨而後明。若人之明德、則未嘗不明。雖其昏蔽之極、而其善端之發、終不可絕。但當於其所發之端、而接續光明之、令其不昧、則其全體大用可以盡明。」同條の注（4）を參照。

（5）「昭晰」明らかではっきりしているさま。『風俗通義』「故易紀三皇、書敍唐虞、惟天爲大、唯堯則之。巍巍其有成功、煥乎其有文章。自是以來、載籍昭晳。」

（6）「有諸己」「これを己に有す」。『大學章句』傳九章「堯舜帥天下以仁、而民從之。桀紂帥天下以暴、而民從之。其所令反其所好、而民不從。是故君子有諸己而后求諸人、無諸己而后非諸人。」注「有善於己、然後可以責人之善。無惡於己、然後可以正人之惡。皆推己以及人、所謂恕也。」『孟子』「盡心」下「浩生不害問曰。樂正子何人也。孟子曰。善人也、信人也。何謂善、何謂信。曰。可欲之謂善、有諸己之謂信、大而化之之謂聖、聖而不可知之之謂神。樂正子、二之中、四之下也。」

（7）「昏昏地」「昏昏」は、暗いさま、ぼうっとしているさま。『孟子』「盡心」下「孟子曰。賢者以其昭昭、使人昭昭。今以其昏昏、使人昭昭。」「地」は、副詞的修飾語としての助字。この語法は、唐代から用いられるが（「暗地」、「驀地」など）、形容詞AA型重複型式に用いられるものは、宋代からである。詳しくは、太田前掲書三五一～三五三頁。

（8）「隨事逐物」「事や物を追いかける」。『語類』巻一一八、八一條、沈僩錄（V 2858）「伯量問。南軒所謂「敬者、通貫動靜內外而言」、泳嘗驗之、反見得靜時工夫少、動時工夫多、少間隨事逐物去了。曰。隨事逐物、也莫管他。有事來時、須著應他、也只得隨他去。只是事過了、自家依舊來這裏坐、所謂「動亦敬、靜亦敬」也。」

（9）「主宰」「全體を統一する者」。三浦國雄『「朱子語類」抄』一四三頁を參照。巻一五に既出。五二條「人之一心、本自光明。常提撕他起、莫爲物欲所蔽、便將這箇做本領、然後去格物致知。……但只要自家常醒得他做主宰、出乎萬物之上、物來便應。」同條、注（12）を參照。

（10）「在裏」「在裏」の二字は、近世漢語においては、「ここに」という實義が虛化して、動作の强調の語氣を表す語助詞として多く用いられる。太田前掲書三八〇頁「近世では、《在裏》《在此》《在這裏》などを句末に用いることがある。これらは動作のおこなわれる場所をいわんとするものではなく、むしろ、動作の存在をいうものであると認むべきである」。また、句末の助詞の「在」の用法については、入矢義高「禪語つれづれ」（『求道と悅樂』、岩波書店、一九八三年、一四九～一五五頁。『講座禪・第六巻・禪の古典――中國――』（筑摩書房、一九六八年）月報「禪語つれづれ（六）」に初出）に詳しい。「このような〈句終詞〉の「在」には、それ自體の語義は全くないのであって、肯定にせよ否定にせよ、そのセンテンス全體に斷言的な語調を添えるだけの、いわゆる强辭であるにすぎない。」（一五〇頁）ただし、本條の「常加省察、眞如見一箇物事在裏、不要昏濁了他」は、本巻六條の「常見這物事、不教昏著」と同一內容と捉え、「ここに」という實義を含むものとして理解する。

（11）「凝定」既出。巻一四、一二八條「定亦自有淺深。如學者思慮凝定、亦是定。如道理都見得徹、各止其所、亦是定。只此地位已高。」同條、注（1）を參照。

【8】

顧諟天之明命、[1]古註云、常目在之、說得極好。非謂有一物常在目前可見也、只是[2]長存此心、知得有這道理[3]光明不昧。方其靜坐未[4]接物也、此理固[5]湛然淸明、及其遇事而應接也、此理亦隨處發見。[6]只要人常提撕省察、[7]念念不忘、[8]存養久之、則是理愈明、雖欲忘之、而不可得矣。

孟子曰。學問之道無他、求其放心而已矣、所謂求放心、只常存此心、便是。存養既久、自然[9]信向、決知[10]堯舜之可爲、[11]聖賢之可學、如[12]菽粟之必飽、布帛之必煖、自然不爲[13]外物所勝。若是[14]若存若亡、[15]如何會信、如何能必行。

又曰。[16]千書萬書、只是教人求放心。聖賢教人、其要處皆一。苟通得一處、則觸處皆通矣。　僩

〔校勘〕

○「古註云常目在之說得極好」　朝鮮古寫本は「古註云、顧諟、常目在之也、此語說得極好」に作る。

○「非謂有一物常在目前可見」　朝鮮古寫本は「非謂」を雙行小字に作る。

〔譯〕

「諟の天の明命を顧みる」について、古注に、（「顧」とは）「常に眼差しをそこにおいておく」というのが、とてもうまく解釋している。これは、ある一つの物が常に目の前にあって見えるということではなく、この心を長く存するということにほかならず、この道理が光り輝いて暗くならないことを知るのである。靜坐して物に接していない時は、この理はもとよりひっそりと淸らかで明るく、また物事が起こって、それに應じている時も、この理は、やはり至るところに現れるのである。常に覺醒させて省察し、一瞬も忘れないようにして、ながく存養しさえすれば、この理は

ますます明かになり、これを忘れようと思っても、忘れることができなくなる。

『孟子』（「告子」上）に、「學問の道は、他でもなく、この放心を求めるのみだ」というが、「放心を求める」とは、この（明德の）心を常に存するということにほかならない。存養することが久しければ、自然に（聖賢の道に）信をもって向かい、堯舜になることもでき、聖賢（の道）も學ぶことができるということは、菽《まめ》や粟が充分にあれば腹が一杯になり、布帛が充分にあれば暖かくなるよう（に明白）なものであるということがはっきりとわかれば、自然と外的なものに負けないようになる。もし（この理が）あるのかないのかはっきりしない狀態であれば、どのように信じ、どのようにしっかりと行動することができようか。

またおっしゃる。「あらゆる書物に述べることは、人に放心を求めさせるだけだ。聖賢が人を教育するのに、その要點はただ一つである。もしもこの一つに通ずれば、あらゆる所に通ずる。」　沈僩錄

〔注〕

（1）「古註云常目在之」『尙書』「太甲」上「伊尹作書曰。先王顧諟天之明命、以承上下神祇。」孔傳「顧、謂常目在之。諟、是也。言敬奉天命以承順天地。」疏「正義曰。說文云、顧、還視也。諟與是、古今之字異。故變文爲是也。言先王每有所行、必還迴視是天之明命。謂常目在之、言其想象如目前、終常敬奉天命、以承上天下地之神祇也。」孔穎達の疏は、「「常に目するに之に在り」とは、（天の明命）を目の前にあるように想像すること」としており、本條において朱子が「（實際に）一つのものが常に目の前にあって見えるといっているのではない」という解釋と軌を一にする。

（2）「長存此心」『中庸章句』第二七章「故君子尊德性而道問學、致廣大而盡精微、極高明而道中庸。溫故而知新、敦厚以崇禮。」注「尊者、恭敬奉持之意。德性者、吾所受於天之正理。道、由也。溫、猶燖溫之溫、謂故學之矣、

復時習之也。敦、加厚也。尊德性、所以存心而極乎道體之大也。道問學、所以致知而盡乎道體之細也。二者、修德凝道之大端也。不以一毫私意自蔽、不以一毫私欲自累、涵泳乎其所已知、敦篤乎其所已能、此皆存心之屬也。」

（3）「光明」卷一四、卷一五の「明德」に關する條に多數既出。

（4）「接物」「應接」「應事接物」は、卷一四、一一一條、卷一五、一三二條に既出。

（5）「湛然清明」「水をたたえたようにひっそりとして、清らかで明るい」。『語類』卷五、七六條、程端蒙錄（I 94）「心之全體、湛然虛明、萬理具足、無一毫私欲之間。」『孟子』「告子」上「其所以放其良心者、亦猶斧斤之於木也、旦旦而伐之、可以爲美乎。其日夜之所息、平旦之氣、其好惡與人相近也者幾希、則其旦晝之所爲、有梏亡之矣。梏之反覆、則其夜氣不足以存。夜氣不足以存、則其違禽獸不遠矣。人見其禽獸也、而以爲未嘗有才焉者、是豈人之情也哉。」集注「良心者、本然之善心、卽所謂仁義之心也。平旦之氣、謂未與物接之時、清明之氣也。好惡與人相近、言得人心之所同然也。幾希、不多也。梏、械也。反覆、展轉也。言人之良心雖已放失、然其日夜之間、亦必有所生長。故平旦未與物接、其氣清明之際、良心猶必有發見者。」

（6）「只要…則…」「…しさえすれば…だ」。

（7）「念念不忘」「一瞬も忘れない」。『論語』「爲政」「子曰。吾十有五而志于學」集注「古者、十五而入大學。心之所之謂之志。此所謂學、卽大學之道也。志乎此、則念念在此而爲之不厭矣。」『語類』卷二三、一〇一條、李季札錄（Ⅱ 557）「十五志學一章、全在志于學上、當思自家是志於學與否、學是學箇甚。如此存心念念不放、自然有所得也。」『論語』「衞靈公」「子張問行。子曰。言忠信、行篤敬、雖蠻貊之邦行矣。言不忠信、行不篤敬、雖州里行乎哉。立則見其參於前也。在輿則見其倚於衡也。夫然後行。」集注「其者、指忠信篤敬而言。參、讀如毋往參焉之參、言與我相參也。衡、軛也。言其於忠信篤敬念念不忘、隨其所在、常若有見、雖欲頃刻離之而不可得。」

「念念」の語は、佛教語に由來し、本來「念」には、1、「刹那」、すなわち極めて短い時間、2、心のわずかなはたらき、の二つの系統の意味がある。1の意としては、例えば、『文殊師利問經』巻一「念念生滅者、一切諸行念念生、生者必滅、此謂一切諸法念念生滅」（大正一四、四九八下）などというものであり、2の意としては、智顗の「一念三千」（一念に三千世間が具わっていること）、すなわち『摩訶止觀』巻五「夫一心具十法界、一法界又具十法界百法界、一界具三十種世間、百法界卽具三千種世間、此三千在一念心」（大正四六、五四上）などがある。漢語として熟して用いられるようになると、兩者の意味は結合していったようであり、例えば、北周の『無上祕要』巻五に、「志學之士、當知人身之中、自有三萬六千神。……日日存之、時時相續、念念不忘、長生不死。不能長存、八節勿替。能念身神、康强無病」と見える。

（8）「存養」『中庸章句』「右第一章。子思述所傳之意以立言。首明道之本原出於天而不可易、其實體備於己而不可離、次言存養省察之要、終言聖神功化之極。」『孟子』「盡心」上「孟子曰。盡其心者、知其性也。知其性、則知天矣。存其心、養其性、所以事天也。」

（9）「信向」「信をもって心をよせる」。『語類』巻二〇、四七條、林夔孫錄（Ⅱ　454）「『或問』謂朋來講習之樂爲樂。曰。不似伊川說得大。蓋此箇道理天下所公共、我獨曉之、而人曉不得、也自悶人。若「有朋自遠方來」、則信向者衆、故可樂。」『論衡』「量知」「是醫無方術、以心意治病也、百姓安肯信嚮、而人君任用使之乎。」

（10）「堯舜之可爲」「堯や舜にもなることができる」。『孟子』「告子」下「曹交問曰。人皆可以爲堯舜、有諸。孟子曰。然。」集注「人皆可以爲堯舜、疑古語、或孟子所嘗言也。」

（11）「聖賢之可學」「聖賢も學ぶことができる」。周濂溪『通書』「聖學」「聖可學乎。曰。可。有要乎。曰。有。請聞焉。曰。一爲要。一者無欲也。無欲則靜虛動直。靜虛則明、明則通。動直則公、公則溥。明通公溥、庶矣乎。」

（12）「菽粟之必飽、布帛之必煖」『孟子』「盡心」下「孟子曰。有布縷之征、粟米之征、力役之征。君子用其一、緩其二。用其二而民有殍、用其三而父子離。」集注「征賦之法、歲有常數。然布縷取之於夏、粟米取之於秋、力役取之於冬、當各以其時。若幷取之、則民力有所不堪矣。」同「盡心」上「聖人治天下、使有菽粟如水火。菽粟如水火、而民焉有不仁者乎。」集注「水火、民之所急、宜其愛之而反不愛者多故也。尹氏曰。言禮義生於富足、民無常產、則無常心矣。」『管子』「重令」「菽粟不足、末生不禁、民必有飢餓之色、而工以雕文刻鏤相稺也、謂之逆。布帛不足、衣服毋度、民必有凍寒之傷、而女以美衣錦繡綦組相稺也、謂之逆。」

（13）「外物所勝」「外物」は、巻一四、八〇條、八二條、一三二條、一三六條に既出。一三二條「問章句云外物不能搖故靜。」『孟子』「告子」上「曰。耳目之官不思、而蔽於物、物交物、則引之而已矣。心之官則思、思則得之、不思則不得也。此天之所與我者、先立乎其大者、則其小者弗能奪也。此爲大人而已矣。」集注「官之爲言司也。耳司聽、目司視、各有所職而不能思、是以蔽於外物。既不能思而蔽於外物、則亦一物而已。又以外物交於此物、其引之而去不難矣。心則能思、而以思爲職。凡事物之來、心得其職、則得其理、而物不能蔽。失其職、則不得其理、而物來蔽之。」

（14）「若存若亡」あったりなかったり。あるのかないのかはっきりしない。『老子』第四一章「上士聞道、勤而行之。中士聞道、若存若亡。下士聞道、大笑之。不笑不足以爲道。」『語類』巻一八、四六條、蕭佐錄（Ⅱ 401）「誠意不立、如何能格物。所謂立誠意者、只是要著實下工夫、不要若存若亡。」巻六一、四三條、金去僞錄（Ⅳ 1468）「問。可欲之謂善至聖而不可知之謂神。曰。善、渾全底好人、無可惡之惡、有可喜可欲之善。「有諸己之謂信」、眞箇有此善。若不有諸己、則若存若亡、不可謂之信。」

（15）「如何會信、如何能必行」『易』序卦傳「有其信者必行之。」

（16）「千書萬書、只是教人求放心。聖賢教人、其要處皆一」『孟子』「告子」上「學問之道無他、求其放心而已矣。」集注「……故程子曰。聖賢千言萬語、只是欲人將已放之心約之、使反復入身來、自能尋向上去、下學而上達也。此乃孟子開示切要之言、程子又發明之、曲盡其指、學者宜服膺而勿失也。」貫休『禪月集』巻五「寄大願和尚」「峴首故人淸信在、千書萬書取不諾。」

【9】

問。顧諟天之明命、言常目在之、如何。

曰。顧諟、是看此也。目在、是如目存之、常知得有此理、不是親眼看。(1)立則見其參於前、(2)在輿則見其倚於衡、便是這模樣。(3)只要常常提撕在(4)這裏、(5)莫使他昏昧了。子(6)常見得孝、父常見得慈、與國人交常見得信。　寓

〔校勘〕

○「是如目存之」　朝鮮古寫本は「是如」を雙行小字に作る。

○「立則見其」　朝鮮古寫本は「則見」を雙行小字に作る。

○「在這裏」　萬曆本、和刻本は「裏」を「裡」に作る。

○「寓」　朝鮮古寫本は下に「淳錄同」の三字あり。

〔譯〕

質問する。「「諟の天の明命を顧みる」について、古注に「常に目するに之に在り」というのは、どういうことでしょ

うか。」

おっしゃる。「「顧諟」とは、これを見るということである。「目在」とは、目をそこにおいておくということで、常にこの理（明命）があることを知るということであり、實際に自分の目で見るということではない。（『論語』にいう）「立ちては則ち其の前に參するを見、輿に在りては則ち其の衡に倚るを見る」というのが、このイメージである。ひたすら常に（明命を）しっかりと覺醒させて、それを昏迷させてはならない。子は常に孝を認識し、父は常に慈を認識し、人民と交わる時には常に信を認識する（というのは、しっかりと明命を覺醒させている状態である）。」徐寓錄

〔注〕

（1）「親眼」　自分の眼で。

（2）「立則見其參於前、在輿則見其倚於衡」「立っている時には、それ（忠信と篤敬）が目の前に常にあるように見て、輿に乘っている時は、それが軛によりかかっているように思う。」『論語』「衛靈公」「子張問行。子曰。言忠信、行篤敬、雖蠻貊之邦行矣。言不忠信、行不篤敬、雖州里行乎哉。立則見其參於前也。在輿則見其倚於衡也。夫然後行。」集注「其者、指忠信篤敬而言。參、讀如毋往參焉之參、言與我相參也。衡、軛也。言其於忠信篤敬、念念不忘、隨其所在、常若有見、雖欲頃刻離之而不可得。然後一言一行、自然不離於忠信篤敬、而蠻貊可行也。」

（3）「模樣」　かたち、すがた、樣子。卷一四、一六條、五五條に既出。『南齊書』卷五七、魏虜傳「羣臣瞻見模樣、莫不僉然欲速造、朕以寡昧、亦思造盛禮。」

（4）「只要」「只要」は、「ただ～しさえすれば」と限定を表し、後句にそれを承ける型式が多いが、ここでは單用で「ひたすら～する」。

（5）「在這裏」　三字で動作の强調を表す。本卷七條の注（1）を參照。

（6）「子常見得孝、父常見得慈、與國人交常見得信」『大學章句』傳三章「詩云。穆穆文王、於、緝熙敬止。爲人君、止於仁。爲人臣、止於敬。爲人子、止於孝。爲人父、止於慈。與國人交、止於信。」注「『詩』文王之篇。穆穆、深遠之意。於、歎美辭。緝、繼續也。熙、光明也。敬止、言其無不敬而安所止也。引此而言聖人之止無非至善。」

【10】

問。顧、謂常目在之。天命至微、(1)恐不可目在之、想只是顧其發見處。(2)

曰。只是見得長長地在面前模樣。(3)立則見其參於前、在輿則見其倚於衡、豈是有物可見。　義剛

〔譯〕

質問する。「「顧」とは、常に眼差しをそこにおいておくということですが、天命はあまりにも微かで、それを見ることはできないでしょうが、思うに、そのあらわれたところを見るということですね。」

おっしゃる。「ただ常に面前に（明命の）イメージを認識するということである。（『論語』にいう）「立ちては則ち其の前に參するを見、輿に在りては則ち其の衡に倚るを見る」とは、どうして（實際に）目に見えるものがそこにあろうか（忠信や篤敬というものが實際に目に見えようか）。」　黃義剛錄

〔注〕

（1）「天命至微」　韓愈『論語筆解』「爲政」「子曰。吾五十而知天命。（雙行小注「孔曰。知天命之終始。」）韓曰。天命深微至賾、非原始要終一端而已。仲尼五十學易、窮理盡性、以至於命、故曰知天命。」胡宏『五峰集』巻二「與彪德美」「天命至微、自非亞聖大賢、孰敢便爲已貫通。」

（2）「發見」　あらわれること。巻一四、一五に既出。

（3）「長長地」「常常地」に同じ。巻一四、二〇條に既出。

【11】

問。常[1]目在之意。先生以手指曰。如[2][3]一件物在此、惟恐人偸[4]去、兩眼常常覷在此相似。　友仁

〔校勘〕

○「問。常目在之意。」　朝鮮古寫本は「問。顧諟天之明命、章句言顧諟常目在之也。未明常目在之意。」とする。

○「惟恐人偸去」　朝鮮古寫本は「惟恐人偸將去」に作る。

〔譯〕

「常に目すること之に在り」の意味について質問した。先生は手で指し示して仰った。「ちょうど、一つの物がここにあって、人が盗み去るのでは、と心配して、兩目の視線が常にそこへ注がれているというのと同じことだ。」　郭友仁録

〔注〕

（1）「常目在」『書經』周書「太甲」上「先王顧諟天之明命。」孔安國傳「顧、謂常目在之。」、『大學章句』傳一章「大甲曰。顧諟天之明命。」朱注「顧、謂常目在之也。」

（2）「如…相似」「ちょうど…のようだ」の意。『語類』巻六、一二七條、曾祖道錄（Ⅰ　120）「義如利刀相似、都割斷了許多牽絆。」

（3）「一件」「件」は事柄や物を数える量詞。

（4）「偸去」「盗み去る」の意。『語類』巻一二一、七條、沈僩錄（Ⅷ　2919）「如自家有一大光明寶藏、被人偸將去、此心還肯放捨否。」

【12】

問。如何目在之。曰。常在視瞻之間、蓋言存之而不忘。[1]　[2]　寓

〔校勘〕

○「問。如何目在之。」　朝鮮古寫本は「問。顧諟天之明命、顧如何是目在之。」と作る。

○「蓋言存之」　萬曆本、朝鮮古寫本、和刻本は「蓋」字を「盖」に作る。

〔譯〕

質問。「「目すること之に在り」とはどういうことでしょうか。」先生「常にじっと見ているということで、「之を存して忘れず」のことを言っているのだろう。」　徐寓錄

〔注〕

（1）「視瞻」じっと見るの意。『禮記』「曲禮」上「將入戶、視必下。入戶奉扃、視瞻毋回。」

（2）「存之而不忘」『孟子』「離婁」下「孟子曰。君子所以異於人者、以其存心也。君子以仁存心、以禮存心。」朱注「以仁禮存心、言以是存於心而不忘也。」

【13】

因(1)說天(2)之明命曰。這(3)箇物事、卽是氣、便有許多道理在裏。人物之生、都是先有這箇物事、便是天當(4)初分付底。既有這物事、方始具是形以生、便(5)有皮包裹在裏。若有這箇、無這皮殼、亦無所包裹。如(6)草木之生、亦是有箇生意了、便會生出芽蘖、芽蘖出來、便(7)有皮包裹著。而今儒者只是理會這箇、要得順(8)性命之理。佛、老也只是理會這箇物事。老氏便要常把(9)住這氣、不(10)肯與他散、便會長(11)生久視。長生久視也未見得、只是做得到、也便未會死。佛氏也只是見箇物事、便放(12)得下、所以死生禍福都不動。只是他去作(13)弄了。又曰。各(14)正性命、保合太和、聖人於乾卦發此兩句、最好。人之所以爲人、物之所以爲物、都是正箇性命。保合得箇和氣、性命便是當初合下分付底。保合、便是有箇皮殼包裹在裏。如人以刀破其腹、此箇物事便散、却便死。夔孫

〔校勘〕

○「這箇物事」萬曆本、朝鮮古寫本、和刻本は「箇」を「个」に作る。以下同じ。

○「便有許多道理在裏」萬曆本、和刻本は「裏」を「裡」に作る。以下同じ。

○「便有皮包裹著」　成化本、萬暦本、朝鮮古寫本、和刻本は「著」を「着」に作る。
○「不肯與他散」　朝鮮古寫本は「與」を「得」に作る。
○「保合太和」　成化本、萬暦本、朝鮮古寫本、和刻本は「保合大和」に作る。

〔譯〕

「天の明命」の話が出た折に先生が仰った。「これ（天の明命）は、氣であって、多くの道理が中にあるんだ。人や物が生ずると、皆まずこれ（天の明命）を持っているが、それは天が最初に付與したものに他ならないのだ。まずこれ（天の明命）があって、それから始めてこの形を備えて生じ、そして皮が（天の明命を）中に包み込むのだ。もしこれがあって、この外殼が無かったら、包み込むことはできない。

草木の生ずる際のことを言えば、その場合もやはり、この生きようとする意志があれば、若葉を生じさせることができ、若葉が出て來たら、皮狀のものが包み込んでしまうのだ。今の儒者はひたすらこれ（天の明命）に取り組み、性命の道理に從うようにしなければならない。佛教徒や道教徒もひたすらこれに取り組む。（しかし）道教徒はこの「氣」を守ろうとして、それを離散させないようにして、すぐに不老不死になれる、とする。不死の者など見たことがないし、たとえやり拔いたとしても、死なない、というだけのことだ。佛教徒もひたすらこれを認識しようとするが、（彼らは認識した上で）すぐに放下してしまうので、それ故生死や吉凶に動ぜられることがない、とする。しかし佛教徒は（天の明命を）いじくっているだけだ。」

また仰った。「『各おの性命を正し、太和を保合す。』（『周易』乾卦彖傳）と言って、聖人が乾卦においてこの兩句を提唱しているのは、とてもよい。人の人たる所以、物の物たる所以というのは、皆いずれもその性命を正すことにこそあるのだ。この「和氣」を「保合」すれば、「性命」は最初に稟受したままのものに他ならなくなるのだ。「保合」

というのは、この皮が中に包み込んでいる、ということだ。ちょうど人が刀劍で腹を引き裂くと、これ（氣）が散じて死んでしまうというようなものだ。」 林夔孫錄

〔注〕

（1）「因說…」 …の話が出た折に。三浦國雄『「朱子語類」抄』三三五頁參照。

（2）「天之明命」『大學章句』傳一章「大甲曰。顧諟天之明命。」

（3）「這箇物事、卽是氣、便有許多道理在裏。」「明命」は「氣」であって、「理」はその「氣」としての「明命」の中にある、ということを說く。本條は、「氣」が「理」に先行するものとして說くようにも思われるが、全體を通じて、朱子の理氣の先後に對する見解は必ずしも一定していない。「氣」が「理」に先行するように說くものとしては、『語類』卷一、六條、董銖錄（Ⅰ 2）「天下未有無理之氣、亦未有無氣之理。氣以成形而理亦賦焉。」が擧げられ、「理」が先行するように說くものとしては、卷一、九條、林夔孫錄（Ⅰ 2）「問理與氣。曰。有是理便有是氣。」が擧げられる。また兩者に先後はないと說くものとしては、卷一、一一條、萬人傑錄（Ⅰ 3）「或問。必有是理、然後有是氣、如何。曰。此本無先後之可言。……無是氣則是理亦無掛搭處。」がある。

（4）「當初」 最初に。『語類』卷一五、一〇四條、滕璘錄、（Ⅰ 303）に既出。

（5）「便有皮包裹在裏」「包裹」は包み込む、の意。『語類』卷一一九、七條、黃義剛錄（Ⅶ 2869）「先生曰。聖人便是一片赤骨立底天理、光明照耀、更無蔽障。顏子則是有一重皮了。但其他人則被這皮子包裹得厚、剝了一重又一重、不能得便見那裏面物事。」なお心と性に關する以下の發言に照らせば、心は包裹するもの、性は包裹されるもの、ということになり、從って皮、皮殼（氣）によって包裹されるものとは理を指すと考えられる。『語類』卷五、六四條、黃義剛錄（Ⅰ 91）「曰。若以穀譬之、穀便是心、那爲粟、爲菽、爲禾、爲稻底、便是性。

康節所謂心者性之郛郭、是也。包裹底是心、發出不同底是性。」『語類』卷九五、八八條、林夔孫錄（Ⅵ 2438）「心性以穀種論、則包裹底是心。有秫種、有粳種、隨那種發出不同、這便是性。」

（6）「如草木之生、亦是有箇生意了」「生意」は、物が生きようとする意志。『語類』卷二〇、九一條、吳雉錄（Ⅱ 465）に「又曰。以穀種譬之、一粒穀、春則發生、夏則成苗、秋則結實、冬則收藏、生意依舊包在裏面。每箇穀子裏、有一箇生意藏在裏面、種而後生也。仁義禮智亦然。」とあるように、朱子は生命の發育をこの「生意」の働きに關わるものと考えている。また朱子はこの「生意」を、生命が持つ原理としての「生理」と區別して理解し、『語類』卷四、二七條、葉賀孫錄（Ⅰ 61）に「竹椅便有竹椅之理。枯槁之物、謂之無生意、則可。謂之無生理、則不可。」とあるように、枯れた植物は、「生理」はあっても、「生意」は持たない、と考える。

（7）「便有皮包裹著」「著」は動作の完了を現す助辭。

（8）「順性命之理」『周易』說卦傳「昔者聖人之作易也、將以順性命之理、是以立天之道曰陰與陽。」

（9）「把住」守る、の意。『語類』卷九五、一四一條、林夔孫錄（Ⅵ 2450）「內外夾持、如有人在裏面把住、一人在門外把持、不由他不上去。」

（10）「不肯與他散」氣の聚散によって生死を說くことから、氣の擴散は死を意味する。『莊子』外篇「知北游」「人之生、氣之聚也。聚則爲生、散則爲死。」『語類』卷三、一七條、湯泳錄（Ⅰ 36）「氣聚則生、氣散則死。」氣を散じさせないとは、不死を希求する立場を意味し、ここでは道教の養生法を指すものと思われる。

（11）「長生久視也未見得、只是做得到、也便未會死」『朱子語類考文解義』はこの部分を、「也未見得、謂未見其長生者。」と解釋する。また、「長生久視」の語は、『老子』五九章「早服謂之重積德、重積德則無不克、無不克則莫知其極、莫知其極、可以有國。有國之母、可以長久。是謂深根固柢、長生久視之道。」に基づく。「做得到」はやり抜く。朱子の道教と佛教に對する批判は以下を參照。『語類』卷一二六、一六條、余大雅錄（Ⅷ 3013）「老氏只是要長生、節病易見。釋氏於天理大本處見得些分數、然却認爲己有、而以生爲寄。」また朱子は、以下に引く用例に示されるように、いたずらに長く生き長らえることを、道理を體得することよりも價値の低いものと考えており、ここに「只是做得到、也便未會死」とする立場が現れているものと思う。『語類』卷二六、八二條、李壯祖錄（Ⅱ 661）「若人而聞道、則生也不虛、死也不虛。若不聞道、則生也枉了。死也枉了。」

(12)「放得下」「放下」で既出。放り出す、やめる、執着を絶つ。『語類』卷一五、一〇七條、董銖錄、（Ⅰ 303）。『岩波佛教辭典』「放り投げて落とす、放棄するの意。佛教語としては、心身にまつわる一切の執着、またその原因となるすべてのものを捨離すること。」

(13)「作弄」弄ぶ、いじくる、の意。『語類』卷一二六、一三四條、沈僩錄（Ⅷ 3035）「後來達磨入中國……到得後來……不必看經、不必靜坐、越弄得來闊、其實只是作弄這些精神。」

(14)「各正性命、保合太和」『周易』乾卦彖傳「乾道變化、各正性命、保合太和、乃利貞。」『本義』「變者、化之漸。化者、變之成。物所受爲性、天所賦爲命。太和、陰陽會合沖和之氣也。各正者、得於有生之初。保合者、全於已生之後。此言乾道變化、无所不利、而萬物各得其性命以自全。以釋利貞之義也。」

【14】

而今人會說話行動、[1]凡百皆是天之明命、[2]人心惟危、道心惟微、也是天之明命。　　夔孫

〔校勘〕

○「而今人會說話行動」　朝鮮古寫本は「人」を「人之」に作る。

〔譯〕

今、人がしゃべったり行動したりすることができる、それらの一切全てが「天の明命」であり、「人心惟れ危うし、道心惟れ微かなり」もやはり「天の明命」である。　林夔孫録

〔注〕

（1）「凡百」　一切、の意。『語類』巻八〇、三六條、邵浩錄（Ⅵ　2074）「伯恭凡百長厚、不肯非毀前輩、要出脫回護。」

（2）「人心惟危、道心惟微」『尚書』「大禹謨」「人心惟危、道心惟微、惟精惟一、允執厥中。」

傳二章釋新民

【15】

苟[1]日新一句是爲學入[2]頭處。而今爲學、且要理會苟字。苟能日新如此、則下面兩句工夫方能接續做去。而今學者只管要日新、却[3]不去苟字上面著工夫。苟日新、苟者、誠也。　泳[4]

〔校勘〕

○「苟日新一句」　朝鮮古寫本は冒頭に「盤銘三句」の四字が多い。
○「上面著工夫」　朝鮮古寫本は「著」を「着」に作る。
○「却不去苟字上面著工夫」　成化本、萬曆本、朝鮮古寫本、和刻本は「著」を「着」に作る。
○「苟日新、苟者、誠也」　朝鮮古寫本は「苟日新、苟、誠也。要緊在此一字。」となっており、一六條の内容と共通している。
○「泳」　朝鮮古寫本は「泳○賀孫錄同」に作る。

〔譯〕

「苟に日に新た」の一句は學問におけるとっかかりの箇所だ。今、學問をするに際しては、ひとまず「苟」の字に取り組まないといけない。本當に日に新たにすることがこのようであってこそ、はじめて後の二句の工夫（日日に新た、又た日に新た）は續いていけるのだ。

今の學者はひたすら「日に新た」にしようとするだけで、「苟」の字に卽して工夫しようとしない。「苟に日に新た」における「苟に」とは「誠」のことだ。　湯泳錄

〔注〕

（1）「苟日新」『大學章句』傳二章「湯之盤銘曰。苟日新、日日新、又日新。」朱注「苟、誠也。湯以人之洗濯其心以去惡、如沐浴其身以去垢。故銘其盤、言誠能一日有以滌其舊染之汙而自新、則當因其已新者、而日日新之、又日新之、不可略有間斷也。」

（2）「入頭」とっかかり。『朱文公文集』巻五三「答胡季隨」第一書「易傳平淡縝密極好看、然亦極難看。大抵講學須先有一入頭處、方好下工夫。」

（3）「却不去苟字上面著工夫」「去」は心理的な方向を表す助字。三浦國雄『「朱子語類」抄』三四頁。「上面」は、〜の上、〜のところ、〜に卽して。「著」は用いる、行う。

（4）「泳」『朱子語錄姓氏』に出現する「泳」には胡泳と湯泳の二名が有り、兩者を區別する爲に、胡泳の場合はフルネームで記錄者名を記す。從って「泳」一文字の場合は湯泳を指すことになる。三浦國雄『「朱子語類」抄』頁九五。

【16】

苟、[1]誠也。要[2]緊在此一字。　賀孫

〔校勘〕
○朝鮮古寫本は本條を獨立した一條とせず、一五條の末尾に同文が見える。
〔譯〕
「苟」とは「誠」ということだ。重點はこの一字にある。　葉賀孫錄
〔注〕
（1）「苟、誠也。」『大學章句』傳二章「湯之盤銘曰。苟日新、日日新、又日新。」朱注「苟、誠也。」
（2）「要緊」　重點のこと。既出。『語類』卷一四、三七條、葉賀孫錄（Ⅰ　255）參照。

【17】
苟日新。須是眞箇日新、方可日日新、又日新。　泳

〔校勘〕
○「須」　萬曆本、和刻本は「湏」に作る。
○「眞箇日新」　萬曆本、朝鮮古寫本、和刻本は「箇」を「个」に作る。
〔譯〕
「苟に日に新た」について。本當に日に新たにしてこそ、はじめて「日日に新たに、又た日に新たに」できるのだ。
湯泳錄

【18】

舊來看大學日新處、以爲重在後兩句、今看得重在前一句。苟字多訓誠字。　璘

〔譯〕

（先生）以前『大學』の「日新」の箇所を見て、重點は後の二句（「日日新、又日新」）にあると考えていたが、今は、重點は前の一句にあるとわかった。「苟」の字は「誠」字に訓詁することが多い。　滕璘錄

【19】

苟字訓誠、[1]古訓釋皆如此、乍看覺差異。人誠能有日新之功、則須日有進益。若暫能日新、不能接續、則前日所新者、却間斷衰頽了、[2]所以不能日日新、又日新也。　人傑

〔校勘〕

○「須」　萬暦本、和刻本「湏」に作る。

○「却間斷衰頽了」　朝鮮古寫本は「斷」を「断」に作る。

〔譯〕

「苟」の字を「誠」と訓詁するのは、古の訓詁ではいずれもそのようであるが、一見する限り、やや違和感を覚えるが、しかし人に本當に「日新」の工夫があれば、日々進歩があるに違い無い。もしかりそめに「日新」しただけで、

繼續できなければ、前日に新たにしたことは、途切れてだめになってしまい、それ故「日々に新たにし、又日に新た」にすることができなくなってしまうのだ。　萬人傑錄

〔注〕

（1）「苟字訓誠、古訓釋皆如此」『周易』繫辭下傳「苟非其人」『周易集解』引虞翻注「苟、誠。」

（2）「衰頽」劣っている様を言う。『語類』巻四、九二條、徐㝢錄（I 77）「稟得精英之氣、便爲聖、爲賢、便是得理之全、得理之正。……稟得衰頽薄濁者、便爲愚不肖、爲貧、爲賤、爲夭。」

【20】

苟日新、新是對舊[1]染之汙而言。日日新、又日新、只是要常常如此、無間斷也。新與舊、非是去[2]外面討來。昨日之舊、乃是今日之新。

道夫云。這正如孟子操[3]存舍亡說、存與亡、非是有兩物。

曰。然。只[4]是在一念間爾。如顧諟天之明命、上[5]下文都說明德、這裏却說明命。蓋天之所以與我、便是明命。我之所得以爲性者、便是明德。命與德皆以明爲言、是這箇[6]物本自光明、顯然在裏、我却去昏蔽了他、須用日新。說[7]得來、又[8]只是箇存心。

所以明[9]道云、聖賢千言萬語、只是欲人將已[10]放之心約之使反[11]覆入身來。自能尋向上去、下[12]學而上達也。　道夫

〔校勘〕

○「苟日新」　朝鮮古寫本はこの三字無し。
○「無間斷也」　朝鮮古寫本は「斷」を「断」に作る。
○「孟子操存舍亡説」　朝鮮古寫本は「孟子操存舍亡之説」に作る。
○「只是在一念間爾」　朝鮮古寫本は「這只是在一念間爾」に作る。
○「如顧諟天之明命」　朝鮮古寫本は「只如顧諟天之明命」に作る。
○「這裏却説」　萬暦本、和刻本は「裏」字を「裡」に作る。以下同じ。
○「蓋天之所以與我」　萬暦本、和刻本、朝鮮古寫本は「蓋」字を「盖」に作る。
○「是這箇物本自光明」　萬暦本、和刻本は「箇」字を「个」に作る。以下同じ。
○「須用日新」　朝鮮古寫本は「却須用日新」に作る。また萬暦本、和刻本は「須」字を「湏」に作る。
○「説得來」　朝鮮古寫本は「到恁地説得來」に作る。
○「反覆入身來」　「反」を朝鮮古寫本は「及」に作る。「覆」を朝鮮古寫本、朝鮮整版本は「復」に作る。

〔譯〕

「苟に日に新た」の「新」とは、舊來の染みついた汚れに對して言っている。「日日新たに、又た日に新たに」とは、ただ、常にこのようにして、途切れることが無いようにすることだ。「新」と「舊」とは外面に向かって探っていくものではない。昨日「舊」であったものが、今日には「新」となるのだ。

楊道夫は言った。「これはちょうど『孟子』の「操れば則ち存し、舍つれば則ち亡くす」の説が、「存」と「亡」の二つのものがあるのではない（放心を存するか否かの一事でしかない）、というのと似ています。」

先生が仰った。「その通りだ。自分の意識の中でのことに他ならない。「諟の天の明命を顧みる」の前後の文はみな明徳を説くのに、この部分は明命を説く。思うに、天が自分に與えるものがつまり明命で、自分が得て性とするものが、つまり明徳なのだ。「命」と「徳」とはどちらも「明」という言葉を用いるが、それはこれらが元々光り輝いていて、顯然と（心の）中にあるのだが、私たちはそれを昏まし蔽ってしまうので、「日に新たに」しないといけない、ということなのだ。言うならば、それはまた（『孟子』盡心篇の）「心を存す」でもある。

だから明道は以下のように言ったのだ。「古の聖賢の膨大な教えは、要するに失ってしまった良心を探し求めて取り収め、繰り返し我が身に入れさせるものだ。自ら「放心」を求めて向上できたならば、（孔子の言う）下學上達といえよう。」と。」　楊道夫錄

〔注〕

（1）「舊染之汙」　心の汚れを指す。『大學章句』傳二章「湯之盤銘曰。苟日新、日日新、又日新。」朱注「湯以人之洗濯其心以去惡、如沐浴其身以去垢、故銘其盤、言誠能一日有以滌其舊染之汙而自新、則當因其已新者、而日日新之、又日新之、不可略有間斷也。」

（2）「去外面討來」　「討」は探す、求める。

（3）「操存舍亡」　『孟子』「告子」上「孔子曰。操則存、舍則亡。出入無時、莫知其鄉。」

（4）「只是在一念間爾」　「存するも亡ずるも、ただ一念の間にあり、全ては一念のあり方次第に係っている」ということ。『語類』巻一五、一〇七條、董銖錄、（Ⅰ　303）「一念纔放下、便是失其正。自古無放心底聖賢、然一念之微、所當深謹、纔說知至後不用誠意、便不是。」

（5）「上下文都說明德」　『大學』の傳の「大甲曰。顧諟天之明命。」の部分の上文は「康誥曰。克明德。」であり、直後の文は「帝典曰。克明峻德。」であり、いずれも「德」について語っている。

（6）「這箇物本自光明」「本自」は本より。「自」は單に二音節にするために添えられたもの。三浦國雄『「朱子語類」抄』七二頁、卷一四、九二條、一一五條に既出。

（7）「說得來」「言うならば」。校勘で指摘した通り、朝鮮古寫本は「說得來」を「到恁地說得來」に作る。その場合は「ここにまで說き至ったならば」「結局のところ」の意。

（8）「又只是箇存心」『孟子』「盡心」上「存其心、養其性、所以事天也。」朱注「存、謂操而不舍。」

（9）「明道云……」『二程遺書』卷一「聖賢千言萬語、只是欲人將已放之心、約之使反復入身來。自能尋向上去、下學而上達也。」本卷八條の注參照。

（10）「已放之心」失ってしまった良心。『孟子』「告子」上「學問之道無他、求其放心而已矣。」朱注は『孟子』「告子」上のこの部分の注にこの明道語を引く。

（11）「反覆」繰り返すこと。『周易』乾卦象傳「終日乾乾、反復道也。」朱子本義「反復、重復踐行之意。」

（12）「下學而上達」『論語』憲問「子曰。不怨天、不尤人。下學而上達。知我者其天乎。」朱注引程子說曰「學者須守下學上達之語、乃學之要。蓋凡下學人事、便是上達天理。然習而不察、則亦不能以上達矣。」

【21】

湯日日新。書云、終始惟一[1]、時乃日新。這箇道理須是常接續不已、方是日新。才有間斷、便不可。盤銘取沐浴之義[2]。蓋爲早間盥濯[3]才了、晚下[4]垢汙又生、所以常要日新。　德明

〔校勘〕

○「湯日日新」　朝鮮古寫本は「湯之日新」に作る。

○「這箇道理」　萬暦本、朝鮮古寫本、和刻本は「這个道理」に作る。

○「須是常接續不已」　萬暦本、朝鮮古寫本、和刻本は「湏是常接續不已」に作る。

○「才有間斷」　朝鮮古寫本は「才有間断」に作る。

○「蓋爲早間盥濯才了」　萬暦本、朝鮮古寫本、和刻本は「葢」を「盖」に作る。

〔譯〕

湯（の盤銘）には「日日に新た」、『尙書』（「咸有一德」）には「終始惟れ一、時れ乃ち日に新た」と言う。この意味は、常に持續して休むことがないようにしてこそ、始めて「日に新た」だ、ということだ。わずかでも途切れてしまえば、もうだめだ。（湯の）盤銘は沐浴の意味を取っている。思うに早朝に沐浴してやっと終わったばかりでも、晩には垢がまた生ずるのであり、だからいつも「日に新た」にせねばならないのだ。　廖德明錄

〔注〕

（1）「終始惟一、時乃日新」『尙書』「咸有一德」「今嗣王新服厥命。惟新厥德。終始惟一。時乃日新。」集傳「終始有常、而無閒斷、是乃所以日新也。」

（2）「盤銘取沐浴之義」『大學章句』傳二章「湯之盤銘曰。茍日新、日日新、又日新。」朱注「盤、沐浴之盤也。銘、名其器以自警之辭也。茍、誠也。湯以人之洗濯其心以去惡、如沐浴其身以去垢。故銘其盤、言誠能一日有以滌其舊染之汙而自新、則當因其已新者、而日日新之、又日新之、不可畧有間斷也。」

（3）「盥濯」　盥で洗うことを言う。『語類』卷四〇、一一條、黄義剛錄（Ⅲ　1026）「林恭甫問浴沂事。曰。想當時

也眞是去浴。但古人上巳祓禊、只是盥濯手足、不是解衣浴也。」

（4）「晩下」　おそくなってから。『字海便覽』「晩下トハ、バンカタト云フコトナリ」

【22】

徐仁父(1)問。湯之盤銘曰。日日新。繼以作新民(2)。日新是明德事、而今屬之作新民之上。意者、申言新民必本於在我之自新也。

曰。然。莊子(3)言、語道而非其序、則非道矣。橫渠(4)云、如中庸文字、直須句句理會過、使其言互相發。今讀大學、亦然。某年十七八時(5)、讀中庸大學、每早起須誦十遍。今大學可且熟讀。　賀孫

〔校勘〕

○「繼以作新民」　朝鮮古寫本は「継以作新民」に作る。

○「而今屬之作新民之上」　朝鮮古寫本は「屬」を「属」に作る。

○「直須句句理會過」　萬曆本、和刻本は「須」字を「湏」に作る。以下同じ。

〔譯〕

徐容が質問した。「湯の盤銘は「日日に新た」と言い、そのすぐ後に「新たにする民を作す」と言います。「日新」とは「明徳」のことですが、今「日新」を「新たにする民を作す」の上に屬させています。その意は、「民を新たにする」ということが必ず、自分が自ら新たにすることにあるということに基づくことを、丁寧に説いているのでしょ

うか。」

先生「その通りだ。莊子は「道を語りて其の序に非ざれば、則ち道に非ず」と言い、張載は「中庸の文字は一句一句考えて玩味していき、その言葉を互いに照らし合わせて明らかにさせるのがよい。」と言う。今『大學』を讀む場合も同樣である。私は十七、八歳の時に『中庸』や『大學』を讀む時、いつも早起きして必ず十回聲に出して讀んだ。今、諸君もとりあえず『大學』を熟讀してみなさい。」　葉賀孫錄

〔注〕

（1）「徐仁父」　徐容、字仁父、永嘉人、徐寓の弟。『考亭淵源錄』卷一四、『朱子實紀』卷八、『儒林宗派』卷一〇はいずれも朱子の弟子に數える。

（2）「作新民」『大學章句』傳二章「康誥曰。作新民」朱注「鼓之舞之之謂作、言振起其自新之民也。」

（3）「莊子言、語道而非其序、則非道矣」『莊子』「天下」「語道而非其序者、非其道也。語道而非其道者、安取道。」

（4）「横渠云、如中庸文字、直須句句理會過、使其言互相發。」『近思錄』と『中庸輯略』は共にこの語を引いて「如中庸文字輩、直須句句理會過、使其言互相發明。」としている。

（5）「某年十七八時、讀中庸大學」　朱子が若年において辛苦しながら讀書していたことについては以下の記錄がある。『語類』卷一〇四、八條、楊道夫錄（Ⅶ　2612）「某是自十六七時下工夫讀書、彼時四旁皆無津涯、只自恁地硬著力去做。至今日雖不足道、但當時也是喫了多少辛苦、讀了書。」

【23】

鼓之舞之之謂作。(1)如擊鼓然、(2)自然使人跳舞踴躍。(3)然民之所以感動者、由其本有此理。上之人旣有以自明其明德、時時提撕警策、(4)則下之人觀瞻感發、各有以興起其同然之善心、(5)而不能已耳。(6)　僩

〔校勘〕
○「僩」　呂留良本、傳經堂本を除く全ての版本は「僴」に作る。
○「上之人」　朝鮮古寫本は「但上之人」に作る。

〔譯〕
「鼓舞することを、（新民を）起こす、という。」これは太鼓を打つ場合のようなもので、自然と周りのものを躍らせて奮い立たせることができるのだ。しかし民が感動するのも、民にもともとこの理が備わっているからである。上位者（爲政者）がすでに自らの明德を明らかにし、また常に（下のもの）を目覺めさせて勵ませば、下のものたちはそれを見て感動奮發し、それぞれが皆、同じく備えている自己の善心を喚起し、やめようとしてもやめることができないのである。　沈僩錄

〔注〕
（1）「鼓之舞之之謂作」『大學章句』傳二章「康誥曰。作新民。」朱注「鼓之舞之之謂作。言振起其自新之民也。」「鼓之舞之」は『易』に本づく。『易』「繫辭上」「子曰。聖人立象以盡意、……鼓之舞之以盡神。」孔穎達疏「鼓之舞之以盡神者、此一句總結立象盡意、繫辭盡言之美。聖人立象以盡其意、繫辭則盡其言、可以說化百姓之心、百姓之心自然樂順、若鼓舞然、而天下從之。」

（2）「撃鼓」「踴躍」「踴躍」は躍り起こって、勢いよく進むこと。『詩經』「邶風」「撃鼓」「撃鼓其鏜、踊躍用兵。」

（3）「跳舞」『毛詩注疏』「關雎」大序「情動於中、而形於言。言之不足、故嗟歎之。嗟歎之不足、故永歌之。永歌之不足、不知手之舞之、足之蹈之也。」

（4）「提撕警策」「提撕」は「提醒」、「提省」、「提警」、「喚醒」などと同義。精神を覺醒させる、勵ます。「警策」はむちで打っていましめる、勵ます、の意。

（5）「同然之善心」『孟子』「告子」上「至於心、獨無所同然乎。心之所同然者、何也。謂理也、義也。聖人先得我心之所同然耳。故理義之悅我心、猶芻豢之悅我口。」

（6）「而不能已」「不能已」については以下を參照。『大學或問』「旣有是物、則其所以爲是物者、莫不各有當然之則、而自不容已。是皆得於天之所賦、而非人之所能爲也。」「身之所接、則有君臣・父子・夫婦・長幼・朋友之常、是皆必有當然之則、而自不容已、所謂理也。」

【24】

周雖舊邦、其命維新。[1]自新新民、而至於天命之改易、可謂極矣。[2]必如是而後爲止於至善也。倜

〔校勘〕

○「倜」　呂留良本、傳經堂本を含む全ての版本は「倜」に作る。

○「天命之改易」　朝鮮古寫本は「天命之新」に作る。

〔譯〕

「周は舊邦であるが、その天命は新たである」。自らを新たにして民を新たにし、そして天命が改まる事態にまで至ったのは、（新民の）極地と言うべきである。かならずこのようであってこそ、「至善に止まる」ことになるのだ。　沈僩錄

〔注〕

（1）「周雖舊邦、其命維新」『大學章句』傳二章「詩曰。周雖舊邦、其命惟新。」朱注「詩大雅文王之篇。言周國雖舊、至於文王、能新其德以及於民、而始受天命也。」『大學或問』「曰。詩之言周雖舊邦、其命維新、何也。曰。言周之有邦、自后稷以來千有餘年、至於文王、聖德日新而民亦丕變。故天命之以有天下。是其邦雖舊、而命則新也。蓋民之視效在君、而天之視聽在民、君德既新、則民德必新、民德既新、則天命之新亦不旋日矣。」

（2）「可謂極矣」『大學章句』傳二章「是故君子無所不用其極。」朱注「自新・新民、皆欲止於至善也。」

【25】

其命維新、是新民之極、(1)和天命也新。　大雅

〔譯〕

「その天命は新たである」というのは、民を新たにすることを究極なところまで行えば、天命さえも新たにすることができる、ということだ。　余大雅錄

〔注〕

（1）「和天命也新」「和…也…」で「…さえも」「…すらも」。「和」は現代中國語の「連」と同じ。『宋元語言詞典』「和、連、連同。」

傳三章釋止於至善

【26】

緡蠻（1）黃鳥、止于丘隅。物亦各尋箇善處止、可以人而不如鳥乎。　德明

〔校勘〕

○「箇」　萬曆本、朝鮮古寫本、和刻本は「个」に作る。

○「善處」　萬曆本、和刻本は「處」を「處」に作る。

〔譯〕

「緡蠻《めんばん》と鳴く黃鳥は、丘隅に止まる。」物でさえそれぞれ良いところを見つけてそこに止まるのに、「人間がかえって鳥に及ばないようなことがあっていいのか。」　廖德明錄

〔注〕

（1）「緡蠻黃鳥、止于丘隅」「可以人而不如鳥乎」『大學章句』傳三章「詩云。緡蠻黃鳥、止于丘隅。子曰。於止、知其所止、可以人而不如鳥乎。」朱注「緡、詩作綿。詩小雅綿蠻之篇。緡蠻、鳥聲。丘隅、岑蔚之處。子曰以下、孔子說詩之辭。言人當知所當止之處也。」「岑蔚」は、草や樹が深く茂る樣子。

【27】

於⑴緝熙敬止。緝熙是工夫、敬止是功效收殺⑵處。　寓

〔校勘〕

○「收殺處」　萬暦本、和刻本は「處」を「虜」に作る。

○「寓」　傳經堂本は「寓」に作る。

〔譯〕

「ああ、いつも輝き、敬《つつ》しんで止《とど》まる。」「いつも輝く」というのは工夫であり、「敬《つつ》しんで止《とど》まる」というのは、修養の効果が最終的に現れるところだ。　徐寓録

〔注〕

（1）「於緝熙敬止」『大學章句』傳三章「詩云。穆穆文王、於緝熙敬止。爲人君、止於仁。爲人臣、止於敬。爲人子、止於孝。爲人父、止於慈。與國人交、止於信。」朱注「於緝之於、音烏。詩、文王之篇。穆穆、深遠之意。於、歎美辭。緝、繼續也。熙、光明也。敬止、言其無不敬而安所止也。引此而言聖人之止、無非至善。五者乃其目之大者也。學者於此、究其精微之蘊、而又推類以盡其餘、則於天下之事、皆有以知其所止而無疑矣。」

（2）「收殺」『語類』では初出。「收煞」と同じ。收斂、收束。卷二〇、一一〇條、沈僩録（Ⅱ 469）「故生氣到此、自是收斂、若更生去、則無收殺了。」卷二九、六一條、呂燾録（Ⅱ 742）「如此等人、雖是志意高遠、然非聖人有以裁正之、則一向狂去、更無收殺、便全不濟事了。」

【28】

或言。大學以知止爲要。

曰。如君[1]便要止於仁、臣便要止於敬、子便止於孝、父便止於慈。若不知得、何緣到得那地位[2]。只這便是至善處。

道夫問。至善、是無[3]過不及恰好處否。

曰。只是[4]這夾界上些子[5]。如君止於仁、若依[6]違牽制、懦而無斷、便是過、便不是仁。臣能陳[7]善閉邪、便是敬、若有所畏懼、而不敢正[8]君之失、便是過、便不是敬。　道夫

〔校勘〕

○「曰。如君便要止於仁」　朝鮮古寫本は「曰」を「先生曰」に作る。

○「便」　朝鮮整版本は本條の「便」を全て「㑺」に作る。

○「子便止於孝、父便止於慈」　朝鮮古寫本は「子便要止於孝、父便要止於慈」に作る。

○「至善處」、「恰好處」　萬暦本、和刻本は「處」を「䖏」に作る。

○「無斷」　朝鮮古寫本は「斷」を「断」に作る。

○「而不敢正君之失」　呂留良本、傳經堂本以外の諸本は「而」字なし。朝鮮整版本は「正」を「匡」に作る。

〔譯〕

ある人は言った。「『大學』は「止まるところを知る」を要としますね。」

（先生は）おっしゃった。「例えば君であればすなわち仁に止まらなければならず、臣であればすなわち敬に止まらなければならず、子であればすなわち孝に止どまり、父であればすなわち慈に止まるのだ。もし學ぶべきところを知

らなければ、どうやってこのような境地に到達できるのだろうか。他でも無いこのようなところこそが、つまり「至善」というところなのだ。」

私、道夫は問うた。「「至善」というのは、過でも不及でもない、ちょうどいいところなのでしょうか。」(先生は)おっしゃった。「ただ過と不及の間にある、ほんのすこしの隙間だけだ。例えば主君は仁に止まるについては、もし周りを氣にしてどっちつかずの態度を取り、勇氣をもって決斷することができなければ、これはつまり過であり、仁ではない。もし臣下は良い行いを主君に勸め、主君の良からぬ意念を防ぐことができれば、これはつまり敬である。もし主君を恐れてその過失を正すことができなければ、これはつまり過であり、敬ではない。」楊道夫錄

〔注〕

(1)「如君便要止於仁、臣便要止於敬」云々『大學章句』傳三章「爲人君、止於仁。爲人臣、止於敬。爲人子、止於孝。爲人父、止於慈。與國人交、止於信。」

(2)「地位」境地、レベル。卷一四、一二八條を參照。

(3)「無過不及恰好處」「恰好」は「丁度いい」の意。

(4)「只是這夾界上些子」「夾界」は境界。「這夾界上些子」は、過と不及の間にはさまれたわずかの部分。過でもなく不及でもない、ちょうど良いところ。『朱子語類考文解義』「夾界上謂過不及兩間。不入於此、則便入于彼。如非不及、則便入於過也。夾謂兩邊相夾也。」『朱子語類』での類義語としては、「兩夾界處」・「夾界半路」がある。卷一二、三四條、周謨錄(Ⅰ 203)「學者之於善惡、亦要於兩夾界處攔截分曉、勿使纖惡間絕善端。」卷二七、四九條、陳淳錄(Ⅱ 681)「信是枝葉受生氣底、恕是夾界半路來往底。信是定底、就那地頭說。發出忠底心、便是信底言、無忠便無信了。」(徐時儀『「朱子語類」同義近義詞語考』(『寧波大學學報(人文科學版)』第二五卷

第四期、二〇一二年七月）によれば、さらに「兩隔界頭」、「半間半界」、「半間不界」、「不問不界」などの類義語がある）

（5）「些子」　いささか。ほんの少し。

（6）「依違牽制」「依違」とは、或いは依り或いは違う、つまり意見・態度をはっきりせず、曖昧な態度を取ること。『漢書』巻三六「劉歆傳」「今聖上德通神明、繼統揚業、亦閔文學錯亂、學士若茲、雖昭其情、猶依違謙讓、樂與士君子同之。」顔師古注「依違、言不專決也。」「牽制」とは、引かれなずむ、つまりルールや周りのものなどに縛られ、自由に決められないこと。『漢書』巻九「元帝紀」「少而好儒、及卽位、徵用儒生、委之以政。貢・薛・韋・匡、迭爲宰相。而上牽制文義、優游不斷。」顔師古注「爲文義所牽制、故不斷決。」

（7）「陳善閉邪」『孟子』「離婁」上「責難於君謂之恭、陳善閉邪謂之敬、吾君不能謂之賊。」朱注「范氏曰……開陳善道以禁閉君之邪心、惟恐其君或陷於有過之地者、敬君之至也。」

（8）「正君之失」『孟子』「離婁上」「惟大人爲能格君心之非。君仁莫不仁、君義莫不義、君正莫不正、一正君而國定矣。」

【29】

問。至善、如君之仁、臣之敬、父之慈、子之孝者、固如此。就萬物中細論之、則其類如何。

曰。只恰好底便是。坐如尸、[1]便是坐恰好底。立如齊、便是立恰好底。淳　寓同

〔校勘〕

○「便」 朝鮮整版本は本條の「便」を全て「偄」に作る。

○「立如齊」 朝鮮古寫本は「齊」を「齋」に作る。

○「寓同」 呂留良本は「寓」を「㝢」に作る。朝鮮古寫本は「寓錄同」に作る。

〔譯〕

問うた。「「至善」というのは、例えば君の仁であること、臣の敬であること、父の慈であること、子の孝であることは、もとよりのことですが、もし萬事萬物について細かく議論しようとすれば、それはどのようなものでしょうか。」（先生は）おっしゃった。「他でも無い（過不及なく）ちょうどいいところがつまりそれだ。「神主のように坐る」というのは、つまり坐る時のちょうどいい座り方だ。「齋戒しているように立つ」というのは、つまり立つ時のちょうどいい立ち方だ。」 陳淳錄 徐寓の記錄は同じ

〔注〕

（1）「坐如尸」「立如齊」『禮記』「曲禮」上「坐如尸、立如齊」。孔頴達疏「坐如尸者、尸居神位、坐必矜莊。言人雖不爲尸、若所在坐法、必當如尸之坐。……立如齊者、人之倚立、多慢不恭、故戒之云、倚立之時、雖不齊、亦當如祭前之齊、必須磬折屈身。」「齊」は「齋」と同じ。

【30】

周(1)問。注(2)云、究其精微之蘊、而又推類以通其餘。何也。

曰。大倫有五、此言其三、蓋不止此。究其精微之蘊、是就三者裏面窮究其蘊。推類以通其餘、是就外面推廣、如夫婦・兄弟之類。淳(3)(4)

謨錄云。須是就君仁臣敬、子孝父慈與國人信上推究精微、各有不盡之理。此章雖人倫大目、亦只擧得三件。必須就此上推廣所以事上當如何、所以待下又如何。尊卑大小之間、處之各要如此。

〔校勘〕

○「周問」　朝鮮古寫本は「問」に作る。

○「何也」　朝鮮古寫本は「何謂也」に作る。

○「蓋不止此」　成化本、萬暦本、朝鮮古寫本、和刻本は「蓋」を「盖」に作る。

○「裏面」「外面」　成化本、朝鮮古寫本は「裏靣」「外靣」に作る。萬暦本、和刻本は「裏」を「裡」に作る。

○「淳」　傳經堂本は「湻」に作る。

○「國人」　萬暦本、和刻本は「國」を「国」に作る。

○「各有不盡之理」　成化本、朝鮮整版本は「各無不盡之理」に作る。

○「大小之間」　成化本、鮮整版本は「小大之間」に作る。

○「處之」　萬暦本、和刻本は「處」を「處」に作る。

○朝鮮古寫本に「謨錄云」以下は無し。

〔譯〕

周謨が問うた。「注には、「その精微なる奥義を探究し、また類推してほかのところにも通じるようになる」と述べられていますが、これはどういうことでしょうか。」

（先生は）おっしゃった。「人間にもっとも重要な倫理關係は五つあるが、本文はここで三つしか言及しておらず、まだまだあるはずだ。「その精微なる奥義を探究」するというのは、この三つの中でその奥義を探究し盡くすことだ。「類推してほかのところにも通じるようになる」というのは、外へ推し廣げて行き、夫婦・兄弟などにもたどり着くことだ。」　陳淳錄

周謨の記錄で先生はこうおっしゃった。「かならず君仁・臣敬・子孝・父慈と國人信についてその精微なるところを探究しなければならない。そうすればそれぞれ探究し盡くせないほどの理があるのだ。この章は人倫の要目についても、ただ三つしか擧げていない。このため必ずそれらから推し廣げ、上の者にどう事えるべきか、下の者にどう接するべきかというところにたどり着かなければならない。尊卑、大小の間にある様々な人間關係にも、このように對處しなければならない。」　記錄者名缺

〔注〕

（1）「周問」　周謨、字舜弼、南康人。『朱子語錄姓氏』所收。

（2）「注云。究其精微之蘊、而又推類以通其餘」　『大學章句』傳三章「詩云。「穆穆文王、於緝熙敬止。」爲人君、止於仁。爲人臣、止於敬。爲人子、止於孝。爲人父、止於慈。與國人交、止於信。」朱注「於緝之於、音烏。詩、文王之篇。穆穆、深遠之意。於、歎美辭。緝、繼續也。熙、光明也。敬止、言其無不敬而安所止也。引此而言聖人之止、無非至善。五者乃其目之大者也。學者於此、究其精微之蘊、而又推類以盡其餘、則於天下之事、皆有以知其所止而無疑矣。」『大學或問』「曰。五者之目、詞約而義該矣。子之說、乃復有所謂究其精微之蘊而推類以通之者、何其言之衍而不切耶。曰。擧其德之要而總名之、則一言足矣。論其所以爲是一言者、則其始終本末、豈一

言之所能盡哉。……又況傳之所陳。姑以見物各有止之凡例、其於大倫之目、猶且闕其二焉。苟不推類以通之、則亦何以盡天下之理哉。」

（3）「大倫有五」　人間にもっとも重要な人間關係は、君臣・父子・夫婦・兄弟・朋友の五つある。『孟子』「滕文公上「聖人有憂之、使契爲司徒、教以人倫。父子有親、君臣有義、夫婦有別、長幼有序、朋友有信。」

（4）「淳　謨錄云」　『四書纂疏』（『大學』傳三章小注）は陳淳と周謨の記録を合わせ、一條として引用していることから、二人は朱子の一箇所での發言の、前半と後半をそれぞれ記録したと考えられる。

（5）「各有不盡之理」　成化本と朝鮮整版本に従い、「各無不盡之理」とする場合、その譯は「そうすればそれぞれ探求し盡くせない理はないのだ」となる。なお、『四書纂疏』での本條の引用でも、「各無不盡之理」となっている。

【31】

問。如(1)切如磋者、道學也。如琢如磨者、自修也。(2)此是詩人美武公之本旨(3)耶、姑借其詞以發學問自修之義耶。

曰。武公(4)大段是有學問底人。(5)抑之一詩、義理精密。詩中如此者甚不易得。儒用

〔校勘〕

○「自修也」、「自修之義」　成化本、萬暦本、朝鮮古寫本、和刻本は「修」を「脩」に作る。

○「本旨耶、姑借其詞」　朝鮮古寫本は「本旨、抑姑借其詞」に作る。

○「以發學問自修之義耶」 成化本、朝鮮古寫本、朝鮮整版本は「耶」を「邪」に作る。
○「武公大段是有學問底人」 朝鮮古寫本は「武公」を「衞武公」に作る。
○「大段」 成化本、萬曆本、呂留良本、朝鮮古寫本、朝鮮整版本、和刻本は「段」を「叚」に作る。

〔譯〕

問うた。「「（骨や角を）切るように、擦るように」というのは、學問のことを言っているのである。「（玉や石を）のみで打つように、磨きをかけるように」というのは、自ら修養を重ねることである。この文言は、詩人がもともと衞の武公を贊美するつもりで書いたものでしょうか、それともただこれを借りて進學と修養の道理を述べているのでしょうか。」

（先生は）おっしゃった。「武公は相當學問のある人だ。（彼が書いた）『抑』の詩は、その義理は非常に精密である。『詩經』の中にはこのようなものは極めて得難い。」 李儒用錄

〔注〕

（1）「如切如磋者、道學也。如琢如磨者、自修也」『大學章句』傳三章「詩云。瞻彼淇澳、菉竹猗猗。有斐君子、如切如磋、如琢如磨。瑟兮僩兮、赫兮喧兮。有斐君子、終不可諠兮。如切如磋者、道學也。如琢如磨者、自脩也。」朱注「切以刀鋸、琢以椎鑿、皆裁物使成形質也。磋以鑢鐋、磨以沙石、皆治物使其滑澤也。治骨角者、既切而復磋之。治玉石者、既琢而復磨之。皆言其治之有緒、而益致其精也。……道、言也。學、謂講習討論之事。自脩者、省察克治之功。……道學自脩、言其所以得之之由。」なお「道學」、「自修」については、『毛詩注疏』における鄭玄の箋は「道其學而成也。聽其規諫、以禮自脩、如玉石之見琢磨也」と、孔穎達の疏は「云。如切如磋、道學也。郭璞曰。象骨須切磋而爲器、人須學問以成德。又云。如琢如磨、自脩也。郭璞曰。玉石之被琢磨、猶人自脩飾也」

と解釋している。

（2）「此是詩人美武公之本旨耶」　『毛詩注疏』衛風「淇奥」序「淇奥、美武公之德也。有文章、又能聽其規諫、以禮自防。故能入相于周。美而作是詩也。」『詩集傳』衛風「淇奥」序「淇奥、美武公之德也。」

（3）「本旨」　本來の趣旨・意味。

（4）「大段」　大いに、たいそう。

（5）「抑之一詩」　『毛詩注疏』「大雅・抑」序「抑、衛武公刺厲王、亦以自警也。」『詩集傳』大雅「抑」序「抑、衛武公刺厲王、亦以自警也。宣王十六年、衛武公卽位、年九十有五而作此詩、蓋追刺厲王以自警也。」

【32】

至善一章、工夫都在切磋琢磨上。　泳

〔校勘〕

○「至善一章」　朝鮮古寫本は「大學至善一章」に作る。

〔譯〕

「至善」の一章は、その工夫はすべて「切磋琢磨」にある。　湯泳録

【33】

既切而復磋之、既琢而復磨之、方止於至善。不然、雖善、非至也。 節

〔譯〕

切ったらさらに擦り、のみで打ってからさらに磨きをかけ、それで初めて至善に止まることができるのだ。そうしなければ、善に到達できるとしても、それは至極の善ではないのだ。 甘節録

【34】

傳之三章、緊要只是如切如磋、如琢如磨。如切可謂善矣、又須當磋之、方是至善。如琢可謂善矣、又須當磨之、方是至善。

一章主意、只是說所以止於至善工夫、爲下不可諠兮之語拖[1]帶說。到道盛德至善、民不能忘、又因此語[2]一向引去。大[3]概是反覆嗟咏、[4]其味深長。他經引詩、或未甚切、只大學引得極細密。 賀孫

〔校勘〕

○「傳之三章」 朝鮮古寫本は「大學傳之三章」に作る。

○「民不能忘」 朝鮮整版本は「忘」を「忩」に作る。

○「大概」 呂留良本、傳經堂本を含む全ての版本は「概」を「槩」に作る。

○「深長」　呂留良本、傳經堂本、朝鮮整版本は「深」を「湥」に作る。

〔譯〕

傳の第三章は、そのもっとも重要なところはただ「切るように擦るように、のみで打つように磨きをかけるように」の箇處だけだ。切るかのようにすればそれでも善とはいえるが、さらに擦らなければならず、それでこそ至善なのだ。のみで打つかのようにすればそれで善といえるが、さらに磨きをかけねばならず、それでこそ至善なのだ。

この一章の趣旨は、ただ如何にして至善に止まるかの工夫を說くところだけにあり、下の「諠れられない」という文言に持っていこうとするのだ。「崇高な道德は至善であり、民はこれを忘れることができないことを述べている」に至っては、またこの文言から直接導き出されたものなのだ。おおかたは繰り返して詠い、その味わいは奥深く含蓄があるものだ。ほかの經書が『詩經』を引用する時は、十分に切實ではない場合があるが、『大學』の引用だけはきめ細かいところまで考慮を入れている（ため不切實なところがない）。　葉賀孫錄

〔注〕

（1）「拖帶」　引っ張って行く。

（2）「一向」　ひたすら。もっぱら。

（3）「大概」　おおかた。ひととおり。

（4）「其味深長」　『大學章句』傳三章「詩云。瞻彼淇澳、菉竹猗猗。……此以沒世不忘也。」朱注「此兩節咏歎淫泆、其味深長、當熟玩之。」『二程遺書』巻一九「先生云。某自十七八讀論語。當時已曉文義。讀之愈久、但覺意味深長。」

【35】

魏[1]元壽問切磋琢磨之說。

曰。恰[2]似剝了一重、又有一重。學者做工夫、消[3]磨舊習、幾時便去教盡。須是只[4]管磨礲、教[5]十分淨潔。最怕如今於眼前道理略理會得些〻、便自以爲足、更不著力向上去、這如何會到至善田[6]地。賀孫

〔校勘〕

○「魏元壽問切磋琢磨之說」　朝鮮古寫本は「魏元壽問止於至善傳、擧切磋琢磨之說」に作る。

○「去教盡」　朝鮮古寫本は「去得盡」に作る。

○「十分」　成化本、萬暦本、和刻本は「十方」に作る。

○「便」　朝鮮整版本は「㑊」に作る。

○「更」　朝鮮整版本は「㪅」に作る。

○「著力」　成化本、萬暦本、朝鮮古寫本、和刻本は「著」を「着」に作る。

○「向上去」　朝鮮古寫本は「去」を「云」に作る。

〔譯〕

魏元壽が「切磋琢磨」の説についてたずねた。

（先生は）おっしゃった。「これはあたかも、一層を取り除いたら、また一層を取り除かなければならないようなものだ。學ぶ者は修養の工夫を重ねて、身に付けてしまった惡い習慣をなくそうとするが、一體いつになったら殘らずに取り除けることができるだろう。ただひたすら磨きをかけ、十分にきれいになるまでやらなければならない。もっ

ともいけないのは、一旦目の前の道理がややわかるようになったら、それで十分だと思い、さらに努力して上に進もうとしないことだ。これでは、どうして至善というところまで到達できるだろうか。」　葉賀孫録

〔注〕

（1）「魏元壽」　魏椿、字は元壽、建寧府建陽縣の人。『朱子門人』三五八頁。

（2）「恰似」　あたかも～のようである。ちょうど～のようである。

（3）「消磨舊習」　「消磨」はこすり去る。拂拭する。『語類』巻五、三四條、廖謙録（Ⅰ　86）「古人學問便要窮理知至、直是下工夫消磨悪去、善自然漸次可復。」

（4）「只管磨礲」　「磨礲」は「磨礱」と同じ。とぎみがく。『字海便覧』「磨礲トハ、ミガクコトナリ。」

（5）「教」　使役を表す言葉。させる。

（6）「田地」　段階、レベル。「地位」、「地歩」などと同じ。

【36】

骨(1)角却易開(2)解、玉石儘(3)著得磨(4)揩工夫。　賀孫

〔校勘〕

○「開解」　萬暦本、和刻本は「解」を「鮮」に作る。

○「著得」成化本、朝鮮古寫本、和刻本は「著」を「着」に作る。

〔譯〕

骨、角は切り分けたり削ったりするのは簡單だが、玉や石はたいそう手間をかけて磨きをかけなければならない。

葉賀孫錄

〔注〕

（1）「骨角却易開解」云々『大學或問』「曰。切磋琢磨、何以爲學問自脩之別也。曰。骨角脉理可尋而切磋之功易、所謂始條理之事也。玉石渾全堅確而琢磨之功難、所謂終條理之事也。」

（2）「開解」分割したり一部を取り除いたりすること。

（3）「儘著」「儘」はきわめて、あれこれと、の意。「著」は付ける、行うの意。卷一四、三〇條を參照。

（4）「磨揩」「揩磨」と同じ。こすり磨く、磨きをかける。卷一四、一五條を參照。

【37】

瑟[1]、矜莊貌。僩、武貌。恂慄、嚴毅貌。古人直[2]是如此嚴整、然後有那威儀[3]烜赫著見。　德明

〔校勘〕

○「僩」呂留良本、傳經堂本を含む全ての版本は「僩」に作る。

〔譯〕

「瑟」は誇り高くおごそかなさま。「僩」は勇ましいさま。「恂慄」は嚴肅で力強いさま。古の人はまさにこのように嚴かでしっかりしており、しかるのちにその輝く威嚴と禮儀正しさが表れてくるのだ。　廖德明錄

〔注〕

（1）「瑟、矜莊貌」云々　『大學章句』傳三章「瑟兮僩兮、赫兮喧兮。有斐君子、終不可諠兮。」朱注「瑟、嚴密之貌。僩、武毅之貌。」

（2）「直是」「直」は、まさに、まったく、の意。『禪語辭典』「直是」「まさに。」巻一四、一六四條を參照。

（3）「威儀烜赫」『大學章句』傳三章「瑟兮僩兮者、恂慄也。赫兮喧兮者、威儀也。」朱注「赫喧、宣著盛大之貌。……威、可畏也。儀、可象也。」『毛詩注疏』衞風「淇奧」は「赫兮喧兮」を「赫兮咺兮」に作る。

【38】

問。解瑟爲嚴密、是就心言、抑就行言。

曰。是就心言。問。心如何是密處。曰。只是不粗疏、恁地縝密。[1]　寓

〔校勘〕

○「解瑟爲嚴密」　朝鮮古寫本は「大學解瑟爲嚴密」に作る。萬曆本、和刻本は「解」を「觧」に作る。

○「密處」　萬曆本、和刻本は「處」を「處」に作る。

○「粗疏」　成化本、朝鮮古寫本は「麄踈」に作る。萬曆本、朝鮮整版本は「疏」を「踈」に作る。呂留良本、傳經

堂本は「疏」を「疎」に作る。
○「寓」　朝鮮古寫本は「淳○寓同」に作る。

〔譯〕

問うた。「「瑟」を「嚴密」と解釋したのは、心についていうのでしょうか、それとも行いについていうのでしょうか。」

（先生が）おっしゃった。「心についていっている。」問うた。「心は如何にして密といえるのでしょうか。」（先生が）おっしゃった。「ただ粗雜でさえなければ、かくも緻密になれるのだ。」　徐寓錄

〔注〕

（1）「恁地」　このように。卷一四、一八條に既出。

【39】

僩[1]、武毅之貌、能剛强卓立。[2]不如此怠惰闒颯。　僩

〔校勘〕

○「僩」　呂留良本、傳經堂本を含む全ての版本は「僴」に作る。
○「怠惰」　朝鮮古寫本は「息惰」に作る。

〔譯〕

「僩」とは、勇ましくて力強い様子のこと」、（周りに邪魔されずに）力強く、人々から抜きん出てしっかりと立てることだ。これができなければ、人間は怠けて何の取るべきところもないものになる。　沈僩錄

〔注〕
（1）「僩、武毅之貌」『大學章句』傳三章「詩云。瞻彼淇澳、菉竹猗猗。有斐君子、如切如磋、如琢如磨。瑟兮僩兮、赫兮喧兮。有斐君子、終不可諠兮。」朱注「僩、武毅之貌。」
（2）「不如此怠惰闒颯」『字海便覧』「怠惰闒颯トハ、オコタリテ、ツタナキ貌ナリ。」「闒颯」は「闒靸」と同じ。つまらない。見どころがない。巻一三九、一七條、呂燾錄（Ⅷ　3301）「有人後生氣盛時、說盡萬千道理、晚年只恁地闒靸底。」同巻、一一六條、呂燾錄（Ⅷ　3321）「文字奇而穩方好。不奇而穩、只是闒靸。」

【40】
問。瑟者[1]、武毅之貌。恂慄、戰懼之貌。不知人當戰懼之時、果有武毅之意否。
曰。人而懷戰懼之心、則必齋[2]莊嚴肅、又烏可犯。　壯祖[3]

〔校勘〕
○「問」　朝鮮古寫本は「問」の下に「淇澳詩瑟兮僩兮者恂慄也注云」の十三字がある。
○「恂慄戰懼之貌」　朝鮮古寫本は「而恂慄則戰懼之貌也」に作る。
○「壯祖」　朝鮮古寫本は「處謙」に作る。

〔譯〕
質問した。「瑟とは武毅の貌、恂慄とは戰懼の貌、とありますが、人は戰《おの》のき懼れているときに、剛毅な心持ちでいられることなどあるでしょうか。」
先生がおっしゃる。「人が戰のき懼れる心を懐いているときには、必ず嚴肅な氣持ちになるもので、どうして他人がどうこうできようか（それは餘人が入り込めない嚴肅さなのだ）。」　李壯祖錄

〔注〕
（1）「瑟者云云」『大學章句』には「瑟、嚴密之貌。僩、武毅之貌。」とあって、「瑟」は「嚴密」とし、「僩」のほうを「武毅」とする。また「恂慄、戰懼之貌」については、續く『章句』に「恂慄、戰懼也。」とする。
（2）「齋莊」「齋莊」は嚴肅につつしむさま。『史記』卷六「秦始皇本紀」「遂登會稽宣省習俗、黔首齋莊、群臣誦功。」『河南程氏遺書』卷一五、五四條「一者無他、只是整齊嚴肅、則心便一。」
（3）「壯祖」朝鮮古寫本の記錄者「處謙」は李壯祖の字。

【41】
問。恂慄、何以知爲戰懼。
曰。莊子云、木處、則恂慄危懼。(1)　廣
〔譯〕
質問した。「恂慄、というのは、どうしてそれが戰き懼れることだとわかるのでしょうか。」

先生のお答え。「荘子に「木の上にいると、びくびくしておそれおののく」と言っている。」　輔廣録

〔注〕

（1）「莊子云」　現在の『莊子』は「恂慄危懼」ではなく「惴慄恂懼」に作る。『莊子』「齊物論」「民濕寢則腰疾偏死、鰌然乎哉。木處則惴慄恂懼、猨猴然乎哉。三者孰知正處。」この「恂」の字を、朱子ははじめ『論語』鄉黨の「孔子於鄉黨恂恂如也」の「恂」（同所集注「信實貌」）と同じと考えていたが、のち鄭玄が「峻」とする（『禮記』「大學」鄭注「恂字或作峻、讀如嚴峻之峻、言其容貌嚴栗也」）のに従ったのは、この『莊子』の「木處則惴慄恂懼」を讀んでそのように考えた、としている。『語類』巻一七、五七條、楊道夫錄（Ⅱ 388）「且如恂字、鄭氏讀爲峻、某始者言此只是恂恂如也之恂。何必如此。及讀莊子、見所謂木處則惴慄恂懼、然後知鄭氏之音爲當。如此等處、某於或問中不及載也。要之、如這般處須是讀得書多、然後方見得。」『大學章句』傳三章、朱注「恂、鄭氏讀作峻。」

【42】

大率切而不磋、亦未到至善處。琢而不磨、亦未到至善處。瑟兮僩兮、則誠敬存於中矣[(1)]。未至於赫兮喧兮、威儀輝光[(2)][(3)]著見於外、亦未爲至善。

此四句是此段緊切處、專是說至善。蓋不如此、則雖善矣、未得爲至善也。至於民之不能忘、若非十分至善、何以使民久而不能忘。古人[(4)]言語精密有條理[(5)]如此。　銖

〔校勘〕

○「蓋不如此」　朝鮮古寫本、萬曆本、和刻本は「蓋」を「盖」に作る。

○「喧兮」　成化本、萬曆本、朝鮮整版本、和刻本は「烜兮」に作る。朝鮮古寫本は「煊兮」に作る。

〔譯〕

およそ骨を切り出してもみがかなければ、やはりまだ至善のところにまでは到達していない。玉を切り出してもみがかなければ、やはりまだ至善のところにまでは到達していない。嚴肅剛直であれば、誠敬はその中にあるのだが、嚴肅な立居振舞のもつ輝きがはっきりと外にあらわれるところまで至っていなければ、やはりまだ至善とはいえない。この「如切如磋、如琢如磨、瑟兮僩兮、赫兮喧兮」という四句が、この段の中の肝要な箇所であり、ひとえに至善を説いているのだ。思うにこの四句のようでなければ、たとえ善であったとしても、まだ至善とはなしえないのだ。「民が忘れることが出來ない」という部分についても、もし十分に至善でなければ、どうして民に對していつまでも忘れることが出來ないようにさせることができようか。こんなふうに古人の文章というものは精密できっちり道理が通っているものなのだ。　董銖錄

〔注〕

（1）「誠敬」『語類』巻六、三〇條、王過錄（Ⅰ　103）「先生問諸友、誠敬二字如何分。各擧程子之說以對。先生曰。敬是不放肆底意思、誠是不欺妄底意思。」

（2）「威儀」『大學章句』傳三章「赫兮喧兮者、威儀也。」朱注「威可畏也、儀可象也。引詩而釋之、以明明德者之止於至善、道學自脩、言其所以得之之由。恂慄威儀、言其德容表裏之盛。」『書經』「顧命」「思夫人自亂于威儀」集傳「威者有威可畏、儀者有儀可象、擧一身之則而言也。蓋人受天地之中以生。是以有動作威儀之則。成王思夫人之所以爲人者自治於威儀耳也。」

（３）「輝光」『周易』大畜「彖曰。大畜、剛健篤實輝光、日新其德。」
（４）「古人言語精密」『朱文公文集』續集巻二「答蔡季通」「古人文字精密如此、而後人讀之鹵莽如此。甚可歎也。」
（５）「條理」『孟子』「萬章」下「孔子之謂集大成。集大成也者、金聲而玉振之也。金聲也者、始條理也。玉振之也者、終條理也。始條理者、智之事也。終條理者、聖之事也。」集注「條理、猶言脈絡。」

銖

【43】

民之不能忘也、只是一時不忘、亦不是至善。

又曰。瑟兮僩兮、赫兮喧兮者、有所主於中[1]、而不能發於外、亦不是至善。務飾[2]於外、而無主於中、亦不是至善。

〔校勘〕
○朝鮮古寫本巻一六は本條を載せない。
○「喧兮」　成化本、萬曆本、和刻本は「諠兮」に作る。朝鮮整版本は「咺兮」に作る。
○「飾」　萬曆本、和刻本は「餙」に作る。

〔譯〕
「「民の忘る能はざるなり」とあるが、一時的に忘れないだけでは、やはり至善ではない。」
またおっしゃった。「「瑟たり僩たり、赫たり喧たり」とあるのは、心の中でそれを主宰するものが確立していても、それが外に現れ出てくることができなければ、やはりこれは至善ではない。外面を飾ることばかりに心をくだいても、肝腎の心に主宰がなければ、これもまた至善ではない。」　董銖錄

〔注〕

（1）「主於中、發於外」『孟子』「告子」上「惻隱之心、人皆有之」集注「恭者、敬之發於外者也。敬者、恭之主於中者也。」『禮記』「樂記」「誠於中、形於外。」

（2）「飾於外」『論語』「學而」「子曰巧言令色鮮矣仁」集注「巧好、令善也。好其言、善其色、致飾於外、務以悅人、則人欲肆而本心之德亡矣。」

【44】

問⑴前王不忘云云。

曰。⑵前王遠矣、⑶盛德至善、⑷後人不能忘之。君子⑸賢其賢、如堯舜⑹文武之德、後世尊仰之、豈非賢其所賢乎。⑺親其親、如⑻周后稷之德、子孫宗之、以爲先祖先父之所自出、豈非親其所親乎。　寓

〔校勘〕

○「周后稷」　朝鮮古寫本は「周之后稷」に作る。

○「先父」　朝鮮古寫本は「先公」に作る。

〔譯〕

「前王忘れず」云々について質問した。

先生のお答え。「前王の徳は遠い存在だけれども、その盛徳が至善であるので、後の人は忘れることはできないということだ。「君子は其の賢を賢とす」とは、たとえば堯・舜・文王・武王の徳は、後世に至るまで尊仰されている。これがその賢であるものを賢とするということでなくてなんであろう。「其の親を親とす」とは、たとえば周の后稷の徳を、子孫がたっとび、先祖先父がそこから出るものであると考えるようなもので、これが自らの親族を親しむということでなくてなんであろう。」　徐寓録

（1）「前王不忘云云」『大學章句』傳三章「詩云、於戯前王不忘。君子賢其賢而親其親、小人樂其樂而利其利、此以沒世不忘也。」朱注「詩、周頌烈文之篇。於戯、歎辭。前王謂文武也。君子、謂其後賢後王。小人、謂後民也。此言前王所以新民者、止於至善、能使天下後世無一物不得其所。所以既沒世而人思慕之、愈久而不忘也。此兩節咏歎淫泆、其味深長、當熟玩之。」『毛詩』周頌「烈文」毛傳「前王武王也。」鄭箋「於乎先王、文王武王。」

（2）「前王遠矣」　前王の徳が遠く現在まで續いていること。『春秋左氏傳』昭公元年「劉子曰。美哉禹功、明德遠矣。微禹、吾其魚乎。吾與子弁冕端委、以治民臨諸侯、禹之力也。子盍亦遠績禹功、而大庇民乎。」正義「遠績禹功者、勸之爲大功、使遠及後世、若大禹也。謂勸武何不遠慕大禹之績、而立大功以庇民也。」

（3）「盛德」『大學章句』傳三章「盛德至善、民之不能忘也。」『周易』繫辭上傳「日新之謂盛德。」

（4）「後人」『尚書』「君奭」「我不以後人迷。」正義「我不用使後世人迷惑、故欲教之也。」

（5）「賢其賢」『論語』「學而」「子夏曰。賢賢易色。」

（6）「文武之德」『中庸章句』一八章「武王末受命、周公成文武之德、追王大王王季、上祀先公以天子之禮。」

（7）「親其親」『中庸章句』二〇章「凡爲天下國家有九經、曰、脩身也、尊賢也、親親也、敬大臣也、體群臣也、子庶民也、來百工也、柔遠人也、懷諸侯也。」

（8）「后稷之德」周頌「思文」「思文后稷、克配彼天。」同詩末句鄭箋「書說、烏以穀俱來、云穀紀后稷之德。」正義「書說烏以穀俱來、云穀以記后稷之德者、尙書旋機鈐及合符后皆有此文。注云、稷好農稼、今烏銜穀、故云記之也。」『詩集傳』周頌「思文」「思文、后稷配天也。周頌有祭天之詩三焉。其一曰……其二曰……其三曰思文。后稷配天、此所謂郊稷禘其祖之所自出而以其祖配之者也。」

【45】

問。君子賢其賢而親其親。

曰。如[1]孔子仰文武之德、是賢其賢。成康以後、思[2]其恩而保其基緒[3]、便是親其親。　木之

〔譯〕

「君子は其の賢を賢として其の親に親しむ」について質問した。

先生のお答え。「たとえば孔子が文王・武王の德を尊仰したのが、「其の賢を賢とす」だ。成王・康王以後の子孫が、その恩を思ってその基礎を築いた業績を保とうとしたのが、「其の親に親しむ」だ。」　錢木之錄

〔注〕

（1）「孔子仰文武之德」『中庸章句』三〇章「仲尼祖述堯舜、憲章文武。」同一八章「武王末受命、周公成文武之德。」

『禮記』「孔子閒居」「孔子曰。……其在詩曰。嵩高惟嶽、峻極于天。……此文武之德也。」

（2）「思恩」『文選』巻四七、陸機「漢高祖功臣頌」「俯思舊恩、仰察五緯。」

（3）「基緒」『尙書』「太甲」上「肆嗣王丕承基緒。」孔傳「子孫得大承基業。」

【46】

或問至善章。曰。此章前[1]三節是說止字、中一節說至善。後面烈文一節、又是咏歎此至善之意。　銖

〔校勘〕

○「中一節」　朝鮮古寫本は「中節」に作る。

〔譯〕

ある人が「至善」の章について質問した。先生のお答え。「この章は、最初の三節は「至善に止まる」のなかの「止」字について說明し、あいだの一節が「至善」を說明している。そのあとの「烈文」の一節は、これに加えてこの至善の意味するものを詠嘆しているのだ。」　董銖錄

〔注〕

（1）「前三節」云々　前三節は「詩云邦畿千里……詩云緡蠻黄鳥……詩云穆穆文王……」の三節、中一節は「詩云瞻彼淇澳……」の一節、烈文一節は「詩云於戲前王不忘……」の一節。

傳四章釋本末

【47】

問[1]。聽訟吾猶人也、必也使無訟乎。

曰。固是以[2]修身爲本、只[3]是公別底言語多走作[4]。如云凡人聽訟、以曲爲直、以直爲曲、所以人得以盡其無實之辭、聖人理無不明、明[5]無不燭、所以人不敢如此、却是聖人善聽訟、所以人不敢盡其無實之辭、正與經意相反。聖人正是說聽訟我也無異於人、當使其無訟之可聽、方得。若如公言、則當云聽訟吾過人遠矣、故無情者不敢盡其辭、始得。聖人固不會錯斷了事。只是它所以無訟者、却不在於善聽訟、在於意誠心正、自然有以薰[6]炙漸染、大服民志、故自無訟之可聽耳。

如[7]成人有其兄死而不爲衰者、聞子皐將至、遂爲衰。子皐何嘗聽訟、自有以感動人處耳。僩

〔校勘〕

○「修身」　成化本、萬曆本、朝鮮古寫本、和刻本は「脩身」に作る。

○「過人遠矣」　朝鮮古寫本は「矣」字がない。

○「無情者不敢」　成化本は「不」字の部分を空格とする。

○「不爲衰」　萬曆本は「衰」を「哀」に作る、下の「衰」も同じ。朝鮮古寫本は「不爲之衰」に作る。

○「子皐何嘗聽訟」　朝鮮古寫本は「子皐」の下に「又」字があり、「聽訟」の下に「了致然只是」の五字がある。

○「處耳」　朝鮮古寫本は「處故耳」に作る。

〔譯〕

「訟を聽くは吾れ猶お人のごときなり。必ずや訟無からしめんや。」を問うた。

先生がおっしゃった。「當然「修身を以て本と爲す」のではあるが、しかし君の解釋の別の箇所は逸脱していると ころが多い。もし「凡人が訴訟を扱うときには、曲がっているものをまっすぐだとし、まっすぐなものを曲がってい るとしてしまうので、だから當事者にその內實を伴わないことばで主張を通させてしまうことになるのだ。聖人は明 らかにしない理はなく、その明知はすべてのことを照らすので、だから當事者が虛僞の申し立てをできなくなるのだ。」 と言ってしまうと、聖人が訴訟の扱いを上手にするから當事者が內實を伴わない言葉で主張を通そうとはしないのだ、 ということになってしまい、それではまさしく經文の意味とは反對になってしまう。

聖人がここでまさに言わんとしているのは、「訴訟の扱いについては自分も人とはまったく異ならないのであり、 聽くべき訴訟が無くなるようにすべきなのだ。」ということなのであって、そのように理解してこそはじめて通じる のだ。もし君の言うような意味だとするなら、經文は「訟を聽くは吾れ人に過ぎたること遠し。故に情無き者は敢て 其の辭を盡くさず」となっていて始めて合致する。聖人はもちろん事柄の處斷を誤ったりすることはあり得ない。し かし、聖人が「訟無し」とする理由は、訴訟をうまく處理するということが問題ではなく、「意誠、心正」というこ とが肝要なのであり、そうすれば自然と聖人の薰陶がしだいに浸透していって、おおいに人々を心服させていくから、 だから自然と斷決すべき訴訟などなくなっていくのである。

たとえば「成の國に兄が死んでも喪服をつけなかった男がいた。男は子皐が長官としてやってくるということを聞 きつけた。かくてその男は喪服をつけた」という話があるが、これは子皐が訴訟を處理したわけではない。おのずと

人の心を動かすことがあったということなのだ。」　沈僩錄

〔注〕

（1）「問」　ここで質問者はおそらく、この『大學』の文章について漠然と質問したのではなく、朱子の言及からもわかるように、自身の解釋を語った上で質問したのであろう。『大學章句』傳四章「子曰。聽訟、吾猶人也、必也使無訟乎。無情者不得盡其辭、大畏民志、此謂知本。」朱注「猶人、不異於人也。情、實也。引夫子之言、而言聖人能使無實之人不敢盡其虛誕之辭。蓋我之明德旣明、自然有以畏服民之心志。故訟不待聽而自無也。觀於此言、可以知本末之先後矣。」『論語』「顏淵」「子曰。聽訟、吾猶人也。必也使無訟乎。」集注「范氏曰。聽訟者、治其末、塞其流也。正其本、淸其源、則無訟矣。楊氏曰。子路片言可以折獄、而不知以禮遜爲國、則未能使民無訟者也。故又記孔子之言、以見聖人不以訟爲難、而以使民無訟爲貴。」なお、この聽訟の解釋を朱子は「新民」に關係づけて說いている。『大學或問』「是以雖其聽訟無以異於衆人、而自無訟之可聽。蓋己德旣明、而民德自新、則得其本之效也。或不能然而欲區區於分爭辨訟之間、以求新民之效、其亦末矣。」

（2）「以修身爲本」『大學章句』經「自天子以至於庶人、壹是皆以脩身爲本。」

（3）「只是」　しかし。なのに。輕い轉折。

（4）「走作」　橫道にそれること。『語類』卷一二六、四七條、葉賀孫錄（Ⅷ　3018）「言釋氏之徒爲學精專、曰。便是某常說、吾儒這邊難得如此。看他下工夫、直是自日至夜一念走作別處去。」

（5）「明無不燭」『藝文類聚』卷一四、沈約「齊明帝謚議」「崢嶸之下、澤靡不懷。寥廓之上、明無不燭。」

（6）「薰炙」　薰陶を受ける。『韓詩外傳』卷六「名聲足以薰炙之、威强足以一齊之。」

（7）「成人有其兄」云々　『禮記』「檀弓」下「成人有其兄死而不爲衰者、聞子皐將爲成宰、遂爲衰。」正義「子皐、

孔子弟子。」なお「衰」は、喪服のうち、上半身に身につけるものを指すが、ここでは喪服のこと。『禮記』「喪服」「斬衰裳。」鄭注「服、上曰衰、下曰裳。」

【48】

使他無訟、在我之事、本也。恁地看、此所以聽訟爲末。[1]　泳

〔校勘〕

○「爲末」　朝鮮古寫本は「之本」に作る。

〔譯〕

當事者に訴訟を起こさせないようにするというのは、わたし自身のありようが問題になる話であって、「本」である。そう考えれば、訴えを聽いて評決をすることは「末」だということになる。　湯泳錄

〔注〕

（1）「此所以」　同様の表現は『語類』卷三、一九條、李閎祖錄（Ⅰ　37）「人將死時、熱氣上出、所謂魂升也。下體漸冷、所謂魄降也。此所以有生必有死、有始必有終也。夫聚散者氣也。若理則只泊在氣上、初不是凝結自爲一物。」

【49】

無情者不得盡其辭、便是説那無訟之由。然惟先有以服其心志、所以能使之不得盡其[1]虚誕之辭。　義剛

〔校勘〕

○「惟先」　朝鮮古寫本は「惟是先」に作る。

〔譯〕

實情のないものにそのうそを主張をさせない、というのはつまり、例の「訴訟がなくなる」という理由を説明しているのだ。しかしながら、ただまず先に民の氣持ちを信服させていてこそ、民にその虚誕の主張を通させないようにできるのだ。　黄義剛録

〔注〕

（1）「虚誕」『禮記』「中庸」の鄭玄注に既に「無實者、多虚誕之辭。」と見え、朱子もそれに従っている。四七條注（1）參照。

【50】

大畏民志者、大有以[1]畏服[2]斯民[3]自欺之志。　卓

〔譯〕

おおいに民の志を畏れさせる、というのは、この民が自らを欺いてしまうという心の動きを大いに畏れ服さしめる

ということだ。　黄卓錄

〔注〕

（1）「畏服」「畏」を「畏服」とするのは、衞湜『禮記集說』巻一五一「横渠張氏曰。大畏民志、大畏服其民志。」朱子も同様に章句において「自然有以畏服民之心志。」としている。四七條注（1）參照。

（2）「斯民」『孟子』「萬章」上「予將以斯道覺斯民也。」

（3）「自欺」『大學章句』第六章「所謂誠其意者、毋自欺也。如惡惡臭、如好好色、此之謂自謙。故君子必愼其獨也。」朱注「自欺云者、知爲善以去惡、而心之所發有未實也。」

傳五章釋格物致知

【51】

[1]劉圻父說。[2]人心之靈、莫不有知、而天下之物、莫不有理。[3]恐明明德便是性。
曰。不是如此。[4]心與性自有分別。[5]靈底是心、[6]實底是性。[7]靈便是那知覺底。如向父母則有那孝出來、向君則有那忠出來、這便是性。[8]如知道事親要孝、事君要忠、這便是心。張子曰。[9]心統性情者也。[10]此說得最精密。

次日、圻父復說過。先生曰。[11]性便是那理。[12]心便是盛貯該載、[13]敷施發用底。

問。[14]表裏精粗無不到。

曰。表便是外面理會得底。裏便是就自家身上至親至切、至隱至密、[15]貼骨貼肉處。今人處事、多是自說道、[16]且恁地也不妨。這箇便不是。這便只是理會、[17]不曾到那貼底處。若是知得那貼底時、自是決然不肯恁地了。　義剛　子寰同

〔校勘〕

○「恐明明德便是性」　朝鮮古寫本は「恐」を「云」に作る。
○「曰不是如此」　朝鮮古寫本は「曰」を「先生曰」に作る。
○「盛貯該載」　萬曆本、和刻本は「該」を「詼」に作る。
○「貼骨貼肉處」　朝鮮古寫本は「貼骨皮底」に作る。
○「這箇便不是」　萬曆本、朝鮮古寫本、和刻本は「箇」を「个」に作る。

○「義剛　子寰同」　朝鮮古寫本には「子寰同」の三字なし。

〔譯〕

劉圻父が述べた。「『人の心という靈なるものには必ず知が具わっており、天下の物には必ず理が具わっている。』（『大學章句』傳五章）と有ります。恐らく、明徳を明らかにすればそれが性だ、ということでしょうか。」

先生「そういうことではない。心と性とには自ずと區別がある。靈なるもの（＝虚靈）が心であり、實なるもの（＝實理）が性である。靈とは、かの知覺する主體である。たとえば父母に對しては、かの孝が生ずる、主君に對しては、かの忠が生ずる、という場合、その生じてくるものが性だ。たとえば親に事えるには孝であるべし、君に事えるには忠であるべしと認識する場合、その認識する主體が心だ。張子は「心は性情を統ぶるものなり。」と言った。この命題は極めて精密である。」

翌日、圻父は（同じ話題に）再び言及した。先生「性とは、かの理に他ならない。心とは、（理をその中に）收藏し搭載し、（理を）あまねく作用させ發現させるものだ。」

「表裏精粗、到らないところはない。」（『大學章句』傳五章）についてお尋ねした。

先生「表とは、外面的な取り組むべき事柄だ。裏とは、自己の身における、極めて親身で極めて切實、極めて隱奥で極めて深密、骨に徹し肉に徹するところである。今の人が事に處する場合、大概は「とりあえずはこの程度でも構わないだろう」等と言う。しかしそんなのはだめだ。そんなのでは、ただ單に取り組みました、というだけのことであって、かのとことんのところまでには全く至っていない。もしもかのとことんまで認識が及んでいたならば自ずと、そんな（おざなりな）態度は斷じてとろうとはしなかったはずだ。」　黄義剛錄　劉子寰錄も同じ

〔注〕

（1）「劉圻父」 劉子寰、字圻父。『朱子語錄姓氏』所收。ただし『朱子語錄姓氏』諸本のうち、成化本、萬曆本、呂留良本、傳經堂本、和刻本は全て「字所父」に作り、朝鮮整版本のみ「字圻父」に作る。なお『考亭淵源錄』卷二三及び『朱子實紀』卷八はともに「字圻父」に作る。

（2）「人心之靈、莫不有知」云々。『大學章句』傳五章「所謂致知在格物者、言欲致吾之知、在卽物而窮其理也。蓋人心之靈、莫不有知、而天下之物、莫不有理。惟於理有未窮、故其知有不盡也。」

（3）「恐明明德便是性」「明德を明らかにすれば、それが性ではないだろうか。」明明德の營みによって氣稟物欲を拂拭すれば、天命の性を回復し得るはずだ、というのが質問者の發言の趣旨であろう。同方向の內容を示す資料を擧げておく。卷一四、一一五條、湯泳錄「明德、是我得之於天、而方寸中光明底物事。統而言之、仁義禮智。以其發見而言之、如惻隱・羞惡之類。以其見於實用言之、如事親・從兄是也。如此等德、本不待自家明之。但從來爲氣稟所拘、物欲所蔽、一向昏昧、更不光明。而今却在挑剔揩磨出來、以復向來得之於天者、此便是明明德。」本條において、この質問者の發言に對して朱熹が否定的なのは、明德と心・性の關係を問題にしたからだと思われる。明德と心・性の關係については〔補說1〕を參照。

（4）「心與性自有分別」『語類』卷四、三九條、黃螢錄（Ⅰ 64）「若是指性來做心說、則不可。今人往往以心來說性。須是先識得、方可說。（必大錄云。若指有知覺者爲性、只是說得心字。）」同、卷五、六〇條、楊道夫錄（Ⅰ 90）「景紹問心性之別。曰。性是心之道理、心是主宰於身者。」

（5）「靈底是心」『語類』卷五、二三條、陳淳錄（Ⅰ 85）「問。靈處是心、抑是性。曰。靈處只是心、不是性。性只是理。」同、二七條、甘節錄（Ⅰ 85）「所覺者、心之理也。能覺者、氣之靈也。」同、二八條、甘節錄（Ⅰ 85）「心者、氣之精爽。」同、二九條、呂燾錄（Ⅰ 85）「心官至靈、藏往知來。」

（6）「實底是性」『語類』卷四、三九條、黃嵤錄（Ⅰ　64）「蓋性中所有道理、只是仁義禮智、便是實理。吾儒以性爲實、釋氏以性爲空。」同、卷五、一四條、廖德明錄（Ⅰ　83）「性是實理、仁義禮智皆具。」同、四五條、林學蒙錄（Ⅰ　88）「或問心性之別。曰。……性雖虛、都是實理。心雖是一物、却虛、故能包含萬理。……（方子錄云。性本是無、却是實理。心似乎有影象、然其體却虛。）」

（7）「靈便是那知覺底」「知覺底」は、知覺する者、知覺する主體、卽ち心を指す。『語類』卷二〇、九六條、程端蒙錄（Ⅱ　465）「知覺便是心之德。」同、卷六〇、五四條、襲盖卿錄（Ⅳ　1432）「問。合虛與氣有性之名、合性與知覺有心之名。曰。虛只是說理。橫渠之言、大率有未瑩處。有心則自有知覺、又何合性與知覺之有。」なお、知覺するのは心であって性ではない。知覺を性とする見解を朱熹は明確に否定する。『語類』卷五九、七條、潘植錄（Ⅳ　1376）「問。生之謂性。曰。告子只說那生來底便是性。手足運行、耳目視聽與夫心有知覺之類。他却不知生便屬氣稟。」

（8）「如知道事親要孝、事君要忠、這便是心」『語類』卷七八、一九三條、蕭佐錄（Ⅴ　2010）「道心是知覺得道理底。人心是知覺得聲色臭味底。」

（9）「心統性情者也」『張載集』拾遺、性理拾遺「張子曰。心統性情者也。」

（10）「此說得最精密」『語類』卷一八、八二條、沈僩錄（Ⅱ　411）「後來橫渠說得極精。云、心統性情者也。」同卷五九、四三條、周謨錄（Ⅳ　1385）「故橫渠云。心統性情者也。此說最爲當。」

（11）「性便是那理」『河南程氏遺書』卷一八、七二條「性卽是理。」同、卷二二上、七一條「性卽理也。」『語類』卷五、七〇條、劉砥錄（Ⅰ　93）「伊川性卽理也、橫渠心統性情、二句、顚撲不破。」

（12）「心便是盛貯該載」邵雍『擊壤集』序「性者道之形體也、性傷則道亦從之矣。心者性之郛廓也、心傷則性亦從之矣。身者心之區宇也、身傷則心亦從之矣。物者身之舟車也、物傷則身亦從之矣。」『語類』卷四、三九條、黄畣錄（Ⅰ 64）「又曰。邵堯夫說、性者道之形體、心者性之郛郭。此說甚好。蓋道無形體、只性便是道之形體。然若無箇心、却將性在甚處。須是有箇心、便收拾得這性、發用出來。」同、卷五、六四條、黄義剛錄（Ⅰ 91）「曰。若以穀譬之、穀便是心、那爲粟爲菽爲禾爲稻底、便是性。康節所謂心者性之郛郭、是也。包裹底是心、發出不同底是性。」同、四八條、林夔孫錄（Ⅰ 88）「性是理、心是包含該載、敷施發用底。」

(13)「敷施發用底」類似の表現については前注所引參照。「敷施」は、あまねく施す、まねく行う。『書經』「皋陶謨」「翕受敷施、九德咸事、俊乂在官。」孔安國傳「翕、合也。能合受三六之德而用之、以布施政教、使九德之人皆用事。謂天子如此、則俊德治能之士並在官。」理が發現する場は心である、とする見解に關しては以下を參照。『語類』卷一八、九七條、呂燾錄（Ⅱ 416）「蓋理雖在物而用實在心也。……然則理之體在物而其用在心也。」

(14)「表裏精粗」『大學章句』傳五章「是以大學始教、必使學者卽凡天下之物、莫不因其已知之理而益窮之、以求至乎其極。至於用力之久、而一旦豁然貫通焉、則衆物之表裏精粗、無不到、而吾心之全體大用、無不明矣。此謂物格、此謂知之至也。」「表裏精粗」については〔補說2〕を參照。

(15)「貼骨貼肉處」骨肉に徹する、骨身にしみる。「貼」は、張り付く、ぴったりくっつく、密着する。次の條では「貼肉」は、文字通り「肌に密着する」の意で用いられている。『語類』卷二九、一一二條、沈僩錄（Ⅱ 754）「問。夫子安仁、顏淵不違仁、子路求仁。曰。……然都是去得箇私意了。只是有粗細。子路譬如脫得上面兩件襤褸底衣服了。顏子又脫得那近裏面底衣服了。聖人則和那裏面貼肉底汗衫都脫得赤骨立了。」

(16)「且恁地也不妨」とりあえずはこの程度でも構わないだろう。「恁地」は文言の「如此」に同じ。「也」は、～も、～でも。「不妨」は、差し支えない、構わない。

（17）「不曾到那貼底處」「貼底處」は、底に着くところ、徹頭徹尾。「到那貼底處」は、とことんまで至る、徹底的にやり通す。『語類』巻七四、一六一條、晏淵錄（Ⅴ 1906）「地卑、便會廣。世上更無卑似地底。又曰。地卑、是從貼底謹細處做將去、所以能廣。」

〔補說1〕「明德と心・性」

明德と心・性の關係は、如何に把握すべきか。この點に關する朱熹の見解は、實は必ずしも明示的ではない。

①『語類』巻一四、六五條（記錄者名缺）「或問。明德便是仁義禮智之性否。曰。便是。」

②同、巻一四、一一五條、湯泳錄「明德、是我得之於天、而方寸中光明底物事。統而言之、仁義禮智。以其發見而言之、如惻隱・羞惡之類。」（注（3）既引）

③同、巻五、四四條、余大雅錄（Ⅰ 88）（朱熹）曰。「……明德合是心、合是性。」曰。「性却實。以感應虛明言之、則心之意亦多。」（朱熹）曰。「此兩箇、說著一箇、則一箇隨到、元不可相離、亦自難與分別。捨心則無以見性、捨性又無以見心。……」

④同、巻一四、八五條、呂燾錄（Ⅰ）「但要識得這明德是甚物事、便切身做工夫、去其氣稟物欲之蔽。能存得自家個虛靈不昧之心、足以具衆理、可以應萬事、便是明得自家明德了。」

①や②は、明德を性と見なす資料であると判斷できるだろう。因みに②に對する譯注において、三浦國雄氏も、「明德は性に置換される」云々との解說を施しておられる（『「朱子語類」抄』一八一頁）。

一方③は、「明德は性よりもむしろ心と見なすべきではないか」という趣旨の門人の發言が、必ずしも否定されていない。そして④は、「虛靈不昧之心」云々の表現と明德に對する朱熹の概念規定（『大學章句』經、朱注「明德者、人之所得乎天、而虛靈不昧、以具衆理而應萬事者也。」）とを照合すれば、明德を心と見なす朱熹の立場が看取される。本條でも、「靈底是心、實底是性」という朱熹の發言から判斷すれば、「明德（＝虛靈不昧）は心である」とする立場を讀み取っておくべきだろう。

なお朝鮮の朱子學者韓元震（一六八二〜一七五〇）の『朱子言論同異攷』卷二「心性情」にこの點に關する記述があるので以下に引いておく（ソウル大學校奎章閣藏本、括弧內は引用者による補足）。

大學明德註曰。虛靈不昧、以具衆理而應萬事（『大學章句』經、朱注）。孟子盡心註曰。心者人之神明、所以具衆理而應萬事（『孟子集注』「盡心」上、朱注）。答潘謙之書曰。心之知覺、所以具此理而行此情（『朱文公文集』卷五五「答潘謙之」第一書）。三言之訓、無一字不同。而所謂虛靈・神明・知覺、又是一般名心之語、則明德只是心、心卽是明德者、可見矣。

（雙行原注）心與明德雖非二物、其稱名則不同。謂之心、則幷擧氣稟。故人不能皆同。謂之明德、則只指其光明而不及其氣稟、故人不能有異。此又不可不知也。

〔補說2〕「表裏精粗」

『大學章句』傳五章には「衆物之表裏精粗」とあり、後出の五四條には「理之表裏精粗」「理固自有表裏精粗」との表現が見えるが、いずれも同趣旨。物に內在する理の二側面、卽ち「所當然之則」と「所以然之故」とを、それぞれ「表・粗」と「裏・精」で表現したもの。

『大學或問』「至於天下之物、則必各有所以然之故與其所當然之則。所謂理也。人莫不知、而或不能使其精粗隱顯、究極無餘、則理所未窮。」

『大學或問』「自其一物之中、莫不有以見其所當然而不容已、與其所以然而不可易者。必其表裏精粗、無所不盡、而又益推其類以通之。至於一日脫然而貫通焉、則於天下之物、皆有以究其義理精微之所極、而吾之聰明睿智、亦皆有以極其心之本體而無不盡矣。」

「所當然之則」とは、例えば「親に事えるには孝であるべし」「兄に事えるには悌であるべし」がこれに當たり、「所以然之故」とは「親に事えるには何故に孝であるべきか」「兄に事えるには何故に悌であるべきか」がこれに當たる。『語類』巻一八、九三條、周謨錄（Ⅱ　414）「問。或問。物有當然之則、亦必有所以然之故、如何。曰。如事親當孝、事兄當弟之類、便是當然之則。然事親如何却須要孝、從兄如何却須要弟、此卽所以然之故。」『語類』巻一八、九四條、輔廣錄（Ⅱ　414）「或問。莫不有以見其所當然而不容已、與其所以然而不可易者。先生問。每常如何看。廣曰。所以然而不可易者、是指理而言、所當然而不容已者、是指人心而言。曰。下句只是指事而言。凡事、固有所當然而不容已者、然又當求其所以然者何故。其所以然者、理也。……今之學者、但止見一邊。……且如爲忠爲孝、爲仁爲義、但只據眼前理會得箇皮膚便休、都不曾理會得那徹心徹髓處。」

巻一六、五一條と巻一八、九四條の所説を合わせれば、以下のように整理できるだろう。

表粗――外面理會得底――眼前理會得箇皮膚――所當然
裏精――就自家身上至親至切至隱至密、貼骨貼肉處――徹心徹髓處――所以然

因みに後出の五六條には「表者、如父慈子孝。」とあり、五五條には「須是表裏精粗、無不到。有一種人、只就皮殼上做工夫、却於理之所以然者、全無是處。」とある。これも、「表粗――所當然」「裏精――所以然」という對應關係の證左となる資料である。

「今人處事、多是自說道、且恁地也不妨。」云々とは、當爲（「所當然之則」）を當爲として認識するのみで、なぜそ

うしなければならないのかという理由（「所以然之故」）に對する切實な認識が缺如する場合、人は往々にしておざなりな態度に墮してしまうことを述べたもの。

なお「表裏精粗」に關しては佐野公治『四書學史の研究』（創文社、一九八八年）四五頁以下、吾妻重二『朱子學の新研究』（創文社、二〇〇四年）三二五頁以下にそれぞれ詳細な考察がある。

【52】

問。①因其已知之理推而致之、以求至乎其極。是因②定省之孝以至於③色難④養志、因⑤事君之忠以至於⑥陳善閉邪之類否。曰。此只說得外面底。須是表裏皆如此。若是⑦做得大者而小者未盡、亦不可。做得小者而大者未盡、尤不可。⑧須是無分毫欠闕、方是。

⑨且如陸子靜說、良知良能、四端根心。只是他弄這物事。⑩其他有合理會者、渠理會不得、却禁人理會。⑪鵝湖之會、渠作詩云。⑫易簡工夫終久大。彼所謂易簡者、苟簡容易爾、全看得不子細。

⑬乾以易知者、⑭乾是至健之物、至健者、要做便做、⑮直是易。坤是至順之物、順理而爲、無所不能、故曰簡。⑯此言造化之理。至於⑰可久則賢人之德、⑱可久者、日新而不已。可大則賢人之業、可大者、富有而無疆。⑲易簡有幾多事在、豈容易苟簡之云乎。　人傑

〔校勘〕

○「問因其已知之理」朝鮮古寫本は「問」の下に「先生所補格物章云」の八文字有り。

○「此言造化之理」　朝鮮古寫本には「言」字がない。

○「人傑」　朝鮮古寫本にはこの下に雙行小注が有り、鵝湖の會における陸九淵詩の全文が引用されている（今、句讀點を補う）。「按陸詩云。墟墓興哀宗廟欽、斯人千古不磨心。涓流積至滄溟水、拳石崇成泰華岑。易簡工夫終久大、支離事業竟浮沉。欲知自下升高處、眞僞先須辨只今。」

〔譯〕

質問「「自分が已に知った理に據ってそれを推し極めていき、その極處にまで至ることを求める」（『大學章句』傳五章）について。これは、定（夜には寝床を整える）や省（朝にはご機嫌を伺う）による孝から更に進んで、色難し（孝子の眞情がその動作容貌に自ずと現れ出ることこそが難しい）や養志（父母の志のあるところを汲んで父母にお事えする）というところにまで至り、（單に）主君にお事えするという忠から更に進んで、善を陳《の》べて邪を閉ざす（主君に善道を述べ勸めて邪悪に陥ることを防ぐ）というところにまで至る、というたぐいのことでしょうか。」

先生「君が擧げているのは外面的な事柄（＝表・粗に屬する事柄）に過ぎない。是非とも表裏全てにわたってそうあるべきなのだ。假に大きなもの（大綱）の方はできていても小さなもの（個別の道理）の方に遺漏があるとすれば、それもだめだ。小さなものの方はできていても大きなものの方に遺漏があるとすれば、それは一番だめだ。是非とも（表裏にわたって）毛筋ばかりの缺落もない、ということであって、それでこそよいのだ。

例えば陸子靜は「良知良能」を說き、「四端は心に根ざす」と說く。彼は單にそれらのもの（良知良能や四端）を弄んだだけに過ぎない。それ以外にも取り組むべき事柄はあるのに、彼はそれらに取り組むことができなかったばかりか、人がそれらに取り組むことを禁じさえしたのだ。鵝湖の會に際して彼が作った詩に云う。「易簡の工夫は終に久大なり。」しかし彼が言うところの易簡とは、苟簡《おざなり》で容易《たやすい》ということに過ぎないのであって、全くもってとらえ方が緻密ではないのだ。

「乾は易を以て知《つかさど》る」とは、乾はこの上なく健（剛健）なるものであって、この上なく健であるからには、やろうと思ったことは直ちに成し遂げてしまい、全くもって「易」なのだ。坤はこの上なく順（柔順）なるものであって、理に順って爲すから、できないことはなく、それ故に「簡」と言うのだ。これは造化の理を述べたものである。「久遠に持續することができれば、それは賢人の徳である」という語の、久遠に持續することができるとは、日々に新たにして已まないということだ。「廣大たり得れば、それは賢人の業である」という語の、廣大たり得るとは、全てを内に包含して邊際がないということだ。「易簡」には一體いかばかり（多く）の事柄が含まれていることであろうか。それが一體どうして容易苟簡の意などであり得ようか。　萬人傑錄

〔注〕

（1）「因其已知之理」云々　『大學章句』傳五章「是以大學始教、必使學者卽凡天下之物、莫不因其已知之理而益窮之、以求至乎其極。」

（2）「定省之孝」『禮記』「曲禮」上「凡爲人子之禮、冬溫而夏凊、昏定而晨省。」鄭玄注「安、定其牀衽也。省、問其安否何如。」

（3）「色難」『論語』「爲政」「子夏問孝。子曰。色難。有事、弟子服其勞。有酒食、先生饌。曾是以爲孝乎。」朱注「食音嗣。色難、謂事親之際、惟色爲難也。食、飯也。先生、父兄也。饌、飲食之也。曾、猶嘗也。蓋孝子之有深愛者、必有和氣。有和氣者、必有愉色。有愉色者、必有婉容。故事親之際、惟色爲難耳。服勞奉養、未足爲孝也。舊說、承順父母之色爲難、亦通。」

（4）「養志」『孟子』「離婁」上「孟子曰。事孰爲大。事親爲大。……曾子養曾晳、必有酒肉。將徹、必請所與。問

有餘、必曰有。曾晳死、曾元養曾子、必有酒肉。將徹、不請所與。問有餘、曰亡矣、將以復進也。此所謂養口體者也。若曾子、則可謂養志也。事親若曾子者、可也。」朱注「曾晳、名點、曾子父也。曾元、曾子子也。曾子養其父、每食必有酒肉。食畢將徹去、必請於父曰。此餘者與誰。或父問此物尙有餘否、必曰有。恐親意更欲與人也。曾元不請所與。雖有言無。其意、將以復進於親、不欲其與人也。此但能養父母之口體而已。曾子則能承順父母之志而不忍傷之也。」

（5）「事君之忠」『論語』「八佾」「定公問。君使臣、臣事君、如之何。孔子對曰。君使臣以禮、臣事君以忠。」『孝經』「士章」「故以孝事君則忠、以敬事長則順。」『禮記』「祭義」「事君不忠、非孝也。」

（6）「陳善閉邪」『孟子』「離婁」上「故曰。責難於君謂之恭、陳善閉邪謂之敬、吾君不能謂之賊。」本巻二八條に既出。

（7）「做得大者而小者未盡」「做得小者而大者未盡」後出の五四條には「表・粗――下面許多――細下工夫」「裏・精――上面一截――大體」と整理し得るような發言が見られる。また『語類』巻三四、一五九條、董銖錄（Ⅲ893）には「道有大小精粗。大者精者、固道也。小者粗者、亦道也。觀中庸言、大哉聖人之道、洋洋乎發育萬物、峻極於天、此言道之大處。優優大哉、禮儀三百威儀三千、是言道之小處。」とある。これらを踏まえてここでは、「表・粗――當爲たる所以」という方向で理解しておく。

（8）「須是無分毫欠闕、方是」「須是…方是」は、ぜひとも…であって、それでこそよい。

（9）「且如陸子靜說」云々　陸九淵（字子靜、號象山、一一三九～一一九三）『陸九淵集』巻一「與曾宅之」「孟子曰。所不慮而知者、其良知也。所不學而能者、其良能也。此天之所與我者。我固有之。非由外鑠我也。」同、巻二「與陶贊仲」「孟子曰。仁義禮智根於心。其生色也、睟然見於面、盎於背、施於四體、四體不言而喩。」（前者

は『孟子』「盡心」上に據る。後者も同じく『孟子』「盡心」上からの引用。）

（10）「其他有合理會者、渠理會不得、却禁人理會」以下に示す通り朱熹は、「陸九淵は自己の内面・涵養のみを重視し外面・省察を輕視する」「專ら生知安行のみに立脚して學知以下を無視する」「門人に讀書させない」「陸九淵門下は窮理に取り組まない」等と批判している。いずれも『語類』巻一二四。二七條、湯泳錄（Ⅷ 2974）「聖賢之教、無内外本末上下。今子靜、却要理會内、不管外面。」二八條、滕璘錄（Ⅷ 2974）「陸子靜云、涵養是主人翁、省察是奴婢。」三七條、黃㽦錄（Ⅷ 2976）「今陸氏、……只是專主生知安行、而學知以下、一切皆廢。又只管理會一貫、理會一。」四七條、沈僩錄（Ⅷ 2978）「因坐中有江西士人問爲學、曰。公們都被陸子靜誤、教莫要讀書、誤公一生。」五八條、廖德明錄（Ⅷ 2984）「從陸子靜學、如楊敬仲輩、持守得亦好、若肯去窮理、須窮得分明。然它不肯讀書、只任一己私見、有似箇稊稗。」（楊敬仲は楊簡、稊稗は穀物に似た雑草、まがいもの）

（11）「鵝湖之會」淳熙二年（一一七五）、鵝湖寺（江南東路信州鉛山縣）において、呂祖謙（字伯恭、號東萊）の仲介により、朱熹と陸九齡（字子壽、號復齋）・陸九淵（字子靜、號象山）兄弟が對面し、學問の異同をめぐって討論した。『陸九淵集』巻三六「年譜」淳熙二年（一一七五）乙未先生三十七歳條「呂伯恭約先生與季兄復齋、會朱元晦諸公于信之鵝湖寺。……鵝湖之會、論及教人。元晦之意、欲令人泛觀博覽而後歸之約。二陸之意、欲先發明人之本心而後使之博覽。朱以陸之教人爲太簡。陸以朱之教人爲支離。此頗不合。」

（12）「易簡工夫終久大」『陸九淵集』巻二五「鵝湖和教授兄韻」「墟墓興哀宗廟欽、斯人千古不磨心。涓流積至滄溟水、拳石崇成泰華岑。易簡工夫終久大、支離事業竟浮沈。欲知自下升高處、眞僞先須辨只今。」

（13）「乾以易知」云々『易經』「繫辭上傳」「乾道成男、坤道成女。乾知大始、坤作成物。乾以易知、坤以簡能。」朱熹『周易本義』「知猶主也。……乾、健而動、卽其所知便能始物、而无所難、故爲以易而知大始。坤、順而靜、凡其所能皆從乎陽而不自作、故爲以簡而能成物。」

（14）「乾是至健之物」云々　『易經』「說卦傳」「乾、健也。坤、順也。」同「繫辭下傳」「夫乾、天下之至健也、德行恆易以知險。夫坤、天下之至順也、德行恆簡以知阻。」朱熹『周易本義』「至健則所行无難、故易。至順則所行不煩、故簡。然其於事皆有以知其難而不敢易以處之也。是以其有憂患、則健者如自高臨下而知其險。順者如自下趨上而知其阻。蓋雖易而能知險、則不陷於險矣。既簡而又知阻、則不用於阻矣。所以能危能懼而无易者之傾也。」

（15）「直是易」「直是」は、全くもって。本卷三七條に既出。

（16）「此言造化之理」「繫辭上傳」のうち「乾道成男、坤道成女。」以下は、天地陰陽による造化の理を述べたもの、「易則易知、簡則易從。」以下は人の營爲について述べたものである。次注を參照。なお「造化之理」の用例については以下を參照。『北齊書』卷四五、文苑傳「樊遜」「臣聞……造化之理、既寂寞而無傳。報應之來、固難得而妄說。」『禮記』「中庸」孔穎達疏「道之至極、如造化之理、雖聖人、不知其所由。故云、及其至也、雖聖人、亦有所不知焉。」

（17）「可久則賢人之德」『易經』「繫辭上傳」「易則易知、簡則易從。易知則有親、易從則有功。有親則可久、有功則可大。可久則賢人之德、可大則賢人之業。易簡而天下之理得矣。」朱熹『周易本義』「人之所爲、如乾之易、則其心明白而人易知。如坤之簡、則其事要約而人易從。易知則與之同心者多、故有親。易從則與之協力者衆、故有功。有親則一於內、故可久。有功則兼於外、故可大。德謂得於己者。業謂成於事者。上言乾坤之德不同、此言人法乾坤之道至此、則可以爲賢矣。」

（18）「可久者、日新而不已」「可大者、富有而無疆」『易經』「繫辭上傳」「盛德大業、至矣哉。富有之謂大業、日新之謂盛德。」『周易本義』「張子曰。富有者、大而无外。日新者、久而无窮。」ここで朱熹は「繫辭上傳」における

「賢人之德」と「盛德」、「賢人之業」「大業」とを、それぞれ對應させて理解している。なお「無疆」は『易經』「坤」象傳「坤厚載物、德合無疆。」等。

(19)「易簡有幾多事在」「在」は斷定の語氣を示す句末の助字。本卷五條に既出。

【53】

[1]任道弟問。致知章、前說窮理處云。[2]因其已知之理而益窮之。且經文物[3]格而后知至、却是知至在後。今乃云、因其已知而益窮之、則又在格物前。

曰。知先自有。才要去理會、便是這些知萌露。若[4]懵然全不向著、便是知[5]之端未曾通。才思量著、便[6]這箇骨子透出來。且如做些事錯、才知道錯、便是向好門路、却不是方始去理會箇知。[7]只是如今須著因其端而推致之、使四[8]方八面、[9]千頭萬緒、無有些不知、無[10]有毫髮窒礙。[11]孟子所謂知皆擴而充之、若火之始然、泉之始達。擴而充之、便是致字意思。　賀孫

〔校勘〕

○「任道弟問」　朝鮮古寫本は以下の「致知章前說窮理處云因其已知之理而益窮之且經文物格而后知至却是知至在後今乃云因」の部分を雙行小注とする。

○「曰知先自有」　朝鮮古寫本、朝鮮整版本は「先」を「元」に作る。朝鮮整版本卷末「考異」「元自有　元一作先、有一作亦」

○「才要去理會」　朝鮮古寫本は、本條に三出する「才」を全て「纔」に作る。
○「若懵然全不向著」　朝鮮古寫本は、本條に三出する「著」を全て「着」に作る。
○「便這箇骨子透出來」　朝鮮古寫本は、本條に二出する「箇」を全て「个」に作る。
○「知皆擴而充之」　朝鮮古寫本は、本條に二出する「擴」を全て「廣」に作る。

〔譯〕

弟の任道が質問した。「致知章（傳五章）では、前の方の窮理を說く箇所に、「其の已に知るの理に因りて益々これを窮む」とあります。そもそも經文に「物格りて后に知至る」とあるからには、「知至る」は（「物格る」よりも）後に位置を占めることになるはずです。ところが今、「其の已に知るの理に因りて益々これを窮む」と言えば、（「致知」が）格物よりも前に位置を占めることになってしまいます。」

先生「知が（格物に）先だつということも、當然に有るのだ。わずかにでも（格物に）取り組もうとしたならば、それはつまりこの知が萌芽發現しているということなのだ。もしもぼんやりして全く（格物の實踐に）向かおうとしないのであれば、それはつまり知の端緒が全く現出していないということだ。わずかにでも（格物に取り組もうと）思うならば、それはつまり、知の核となる部分が現れ出ているということなのだ。たとえば何事かをやり損なった場合、やり損なったと氣づいた途端、既にしてよりよい方法を目指すものなのであって、やり損なって初めて「知」に取り組む、というわけではないのだ（＝ことさらに取り組むまでもなく、知は自ずとたちはたらいている）。（傳五章に話を戻せば）今はただ、是非ともその端緒《とっかかり》（＝「已知之理」）に卽してそれを推し致《きわめ》るべきなのであって、あらゆる方面にわたって、ありとあらゆる情況に卽して、些かたりとも知らぬ事はないようにし、毛筋ばかりも疑難がないようにすべきなのだ。孟子の所謂「（四端の）全てを擴充することを知るべきであって、それは火が燃え始めたようなもの、泉が湧き始めたようなものである。」であって、ここでいう擴充こそ、まさに「致」字の趣旨に他ならないのだ。」　葉賀孫録

〔注〕

（1）「任道弟」　葉任道。葉賀孫の弟。巻一四、三三條、葉賀孫録にも「謂任道弟讀大學云」云々とある。同條注を參照。

（2）「因其已知之理而益窮之」　『大學章句』傳五章「是以大學始敎、必使學者卽凡天下之物、莫不因其已知之理而益窮之、以求至乎其極。」

（3）「物格而后知至」　『大學章句』經。

（4）「若懵然全不向著」　「懵然《ぼうぜん》」は、不明、無知の様。『白氏長慶集』巻四五「與元九書」「然僕又自思、關東一男子耳。除讀書屬文外、其他懵然無知。」「不向著」の「著」は、動作の持續をあらわす助字。

（5）「知之端」　『孟子』「公孫丑」上「惻隱之心、仁之端也。羞惡之心、義之端也。辭讓之心、禮之端也。是非之心、智之端也。」

（6）「便這箇骨子透出來」　「骨子」は眼目。核になるもの。『語類』巻六四、九九條、陳文蔚録（Ⅳ 1580）「問。不誠無物。曰。誠、實也。且如人爲孝、若是不誠、恰似不曾。誠便是事底骨子。」

（7）「只是如今須著因其端而推致之」　「如今」は、今。「須著」は、必ず～しなければなれない、必ず～すべきである。「因其端而推致之」に類似する表現として以下が有る。『大學章句』傳九章「康誥曰。如保赤子。心誠求之、雖不中不遠矣。未有學養子而后嫁者也。」朱注「此引書而釋之、又明立敎之本不假强爲、在識其端而推廣之耳。」

（8）「四方八面」　あらゆる方面にわたって、つぶさに餘さず。巻一五、八條に「居甫問。格物工夫、覺見不周給。

曰。須是四方八面去格。」とある。

（9）「千頭萬緒」　千變萬化の樣相を示すもの。種々のもの。ありとあらゆる情況。『語類』卷六、五一條、董銖錄（I　105）「人只是此仁義禮智四種心。如春夏秋冬、千頭萬緒、只是此四種心發出來。」

（10）「無有毫髮窒礙」　「窒礙」は、滯り、行き詰まり、疑難。『語類』卷一一、五九條、萬人傑錄（I　184）「看文字、不可落於偏僻。須是周匝。看得四通八達、無些窒礙、方有進益。」同、七六條、葉賀孫錄（I　186）「某向時與朋友說讀書、也教他去思索、求所疑。近方見得、讀書只是且恁地虛心就上面熟讀、久之自有所得、亦自有疑處。蓋熟讀後、自有窒礙不通處、是自然有疑、方好較量。今若先去尋箇疑、便不得。」

（11）「孟子所謂知皆擴而充之」云々　『孟子』「公孫丑」上「凡有四端於我者、知皆擴而充之矣。若火之始然、泉之始達。苟能充之、足以保四海。苟不充之、不足以事父母。」

【54】

(1)致知、則理在物而推吾之知以知之也。(2)知至、則理在物而吾心之知已得其極也。

或問。(3)理之表裏精粗、無不盡、而吾心之分別取舍、無不切。(4)既有箇定理、如何又有表裏精粗。

曰。(5)理固自有表裏精粗、人見得亦自有高低淺深。有人只理會得(6)下面許多、都不見得上面一截。(7)這喚做知得表、知得粗。又有人合下便看得大體、都不就中間細下工夫。這喚做知得裏、知得精。

二者都是偏。故大學必欲格物致知。到物格知至、則表裏精粗、無不盡。　賀孫

〔校勘〕

○「既有箇定理」 朝鮮古寫本は「箇」を「个」に作る。

○「人見得亦自有高低淺深」 朝鮮古寫本は「淺深」を「深淺」に作る。

〔譯〕

（先生がおっしゃった）「致知とは、理が物にあって、吾が知を推しきわめてその理を知ることである。知至るとは、理が物にあって、吾が心の知が（窮理の結果）その極致を得ることである。」

ある者がお尋ねした。「（傳五章に）「理の表裏精粗にわたって盡くさないところはなく、吾が心における分別取舍には適切でないものはない。」とあります。既に一個の定理がある以上、どうしてその上、更に表裏精粗があるのでしょうか。」

先生「理には本より表裏精粗が有り、人の（理に對する）認識にも自ずと高低淺深が有る。ある人は、ただ下面の多くの道理に取り組むだけで、その一層上の一面を全く認識しない。こういうのを「表を知る」「粗を知る」と稱するのだ。またある人は、いきなり大綱を把握しはするが、そこに至るまでのところでの事細かな實踐が全くない。こういうのを「裏を知る」「精を知る」と稱するのだ。

この兩者にはどちらにも偏りが有る。それ故に『大學』は必ず格物致知の實踐を要請するのだ。（格物致知の實踐の結果）物格り知至る段になると、表裏精粗にわたって盡くさないところはないのだ。」 葉賀孫錄

〔注〕

（1）「致知」『大學章句』經、朱注「致、推極也。知、猶識也。推極吾之知識、欲其所知無不盡也。」

（2）「知至」『大學章句』經、朱注「知至者、吾心之所知無不盡也。」

（3）「理之表裏精粗」云々　現行の『大學章句』傳五章は「至於用力之久、而一旦豁然貫通焉、則衆物之表裏精粗、無不到、而吾心之全體大用、無不明矣。此謂物格、此謂知之至也。」に作るが、本條及び以下の資料に徴すれば、『大學章句』の未定稿段階では「理之表裏精粗無不盡、而吾心之分別取舍無不切」に作っていた可能性が有る。『朱文公文集』巻五〇「答周舜弼」第一〇書所引周謨（字舜弼）語「補亡之章謂、用力之久而一旦廓然貫通焉、則理之表裏精粗、無不盡、而心之分別取舍、無不切。」『語類』本巻、五九條、陳淳錄「周問。大學補亡、心之分別取舍、無不切。」なお巻一五、一五一條、葉賀孫錄にも「或問。格物致知、到貫通處、方能分別取舍。」云々とある。

『大學章句』序は淳熙十六年己酉（一一八九、朱熹六十歳）二月甲子の紀年を持つが、周知の通り朱熹は死の直前に至るまで『大學章句』の改訂に取り組み續けた（王懋竑『朱子年譜』慶元六年庚申、七十一歳「三月辛酉、改大學誠意章。甲子、先生卒。」）。今日に傳わる『四書集注』の源流を爲すのは淳祐系統本（淳祐年間＝一二四一～一二五二の刊本、及びその系統のテキスト）と興國本（當時、興國軍治下で刊行されたテキスト）の二本であるが、そのいずれもが晩年絶筆に近いテキストと考えられている。因みに呉志忠校訂本（台灣藝文印書館印行本、中華書局新編諸子集成本、等）は淳祐系統本を、四書大全本は興國本を、それぞれ底本とする（以上、『四書集注』のテキスト問題については、佐野公治『四書學史の研究』第四章の一「章句集注のテキストについて」を參照、創文社、一九八八年）。

因みに今日の通行本との異同を示す上記諸資料に關して、陳淳の所聞は紹熙元年庚戌（一一九〇）及び慶元五年己未（一一九九）、葉賀孫所聞は紹熙二年辛亥（一一九一）以降（師事期間は全四次）、そして「答周舜弼」第一〇書は慶元三年丁巳（一一九七）に繫年されている（以上、田中謙二「朱門弟子師事年攷」一三四頁、二一九頁、陳來『朱子書信編年考證　增訂本』四三六頁）。ただし、これらの發言において陳淳・葉賀孫・周謨が、發言當時における最新の改訂本に據っていたとは限らないので、假に上記異同がある段階における未定稿の内容を今日に傳えるものであるとしても、その具體的時期までは特定し難いということになる。

なお卷一四、八六條、徐寓錄「問。大學注言、其體虛靈而不昧、其用鑒照而不遺。此二句是說心、說德。」云々の末尾に「按注是舊本」との黎靖德校語が有り、これも草稿段階の『大學章句』の一端を示す資料である。『大學章句』の異同に關しては、吉原文昭『南宋學研究』所收「大學章句研究――その改訂の跡附を中心として」を參照（研文社、二〇〇二年）。

（4）「旣有箇定理」『大學或問』「知止云者、物格知至、而於天下之事、皆有以知其至善之所在。是則吾所當止之地也。能知所止、則方寸之間、事事物物皆有定理矣。」

（5）「理固自有表裏精粗」「固自」は、もともと、もとより。「本自（もともと）」「已自（すでに）」「都自（全て）」等と同樣、「自」は單に二音節にするために添えられたもの。三浦國雄『「朱子語類」抄』七一頁、九六頁。

（6）「下面許多」「上面一截」「下面」は個別具體的な局面。「上面」はより抽象度の高い局面。「一截」は一層。なお本條の内容は以下のように整理できる。

┌表・粗――下面許多――細下工夫（所當然之則）
└裏・精――上面一截――大體（所以然之故）

（7）「這喚做知得表」「喚」は、呼ぶ、稱する。

【55】

問表裏精粗。(1) 曰。須是表裏精粗、無不到。有一種人、只就皮殼上做工夫、却於理之所以然者、全無是處。又有一種人、思慮向裏去、又嫌眼前道理粗、於事物上都不理會。此乃談玄説妙之病、(2) 其流必入於異端。(3) 銖

〔校勘〕

○朝鮮古寫本卷一六は本條を收錄しない。

○「問表裏精粗」　成化本、朝鮮整版本は「問」を「或問」に作り、萬曆本、和刻本は「問」の上に一字分の空格が有る。なお呂留良本、傳經堂本は底本と同じく「問」に作る。

○「只就皮殼上做工夫」　成化本は「上」字の第一畫と第二畫を缺く。朝鮮整版本卷末「考異」に「殼上　上一作一」

○「却於理之所以然者全無是處」　朝鮮整版本卷末「考異」「是處。是、大學小註作見」なお〔參考〕を參照のこと。

○「思慮向裏去」　萬曆本、和刻本は「裏」を「裡」に作る。

〔譯〕

表裏精粗についてお尋ねした。先生「是非とも「表裏精粗にわたって到らぬところはない」というようにすべきだ。ある種の人たちは、單に皮殼（＝表皮・表面）のところで工夫を行うのみで、理の然る所以に關しては、全く正しいところがない。またある種の人たちは、思慮が裏面にのみ向い、加えて眼前の（個別具體的な）道理が粗雜煩瑣であることを嫌い、事物に卽して取り組もうとは全くしない。これこそは、玄を談じ妙を說く、という病弊に他ならないのであって、そのいきつくところ、必ずや異端に陷ってしまうであろう。」　董銖錄

〔注〕

（1）「表裏精粗」本條の内容は、以下のように整理できる。

表・粗――皮殼上――眼前道理（所當然之則）
裏・精――向裏――理之所以然（所以然之故）

（2）「談玄說妙之病」「玄妙」は『老子』第一章「玄之又玄、衆妙之門。」等に典據を持つ語。「談玄說妙」とは、「玄妙」に關する以下の用例に徵すれば、眼前の日常卑近な事柄や六經に記された聖賢の言語を差し置いて、新奇高遠を追求する態度を指す。『語類』卷一〇一、七六條、董銖錄（Ⅶ 2568）「某舊見李先生時、說得無限道理、也曾去學禪。李先生云。汝恁地懸空理會得許多、而面前事、却又理會不得。道亦無玄妙、只在日用間、著實做工夫處理會、便自見得。」同、卷一〇四、一四條、訓葉賀孫（Ⅶ 2756～）「前日得公書、備悉雅意。聖賢見成事迹、一一可考而行。今日之來、若捨六經之外、求所謂玄妙之說、則無之。近世儒者、不將聖賢言語爲切己之事、必於上面求新奇可喜之論、屈曲纏繞、詭祕變怪。不知聖賢之心、本不如此。」同、卷一一八、四八條、訓周明作（Ⅶ 2850）「據某看、學問之道、只是眼前日用底、便是。初無深遠玄妙。」なお「談玄說妙」に類似する表現として、「說高說妙」（『語類』卷八、八九條、廖謙錄、Ⅰ 140）、「說玄說妙」（卷一〇一、一〇條、吳必大錄、Ⅶ 2559）、「談虛說妙」（卷一二一、二九條、廖謙錄、Ⅷ 2927）、「說空說妙」（卷一二一、八〇條、廖謙錄、Ⅷ 2940）等が有る。

（3）「其流必入於異端」『朱文公文集』卷四六「答黃商伯」第四書所引黃灝（字商伯）語「豈非學者不能居敬以持養、格物以致知、專務反求於心、迫急危殆、無科級依據、或流入於異端。」なお「異端」は、『論語』「爲政」「子曰。攻乎異端、斯害也已。」等。

〔參考〕

『四書大全』大學或問、傳五章の小注に以下の一條がある。「表者、人物所共由。裏者、吾心所獨得。有人只就皮殼上用工、於理之所以然者、全無見處。有人思慮向裏去多、於事物上、都不理會。此乃說玄說妙之病。二者都是偏。若到物格知至、則表裏精粗無不盡。」

【56】

問表裏。曰。表者、人物之所共由[1]。裏者、吾心之所獨得[2]。表者、如父慈子孝[3]、雖九夷八蠻[4]、也出這道理不得。裏者、乃是至隱至微、至親至切、切要處。

因擧子思云。語大[5]、天下莫能載。語小、天下莫能破。

又說裏字云。莫見乎隱[6]、莫顯乎微。此箇道理、不惟一日間、離不得、雖一時間、亦離不得、以至終食之頃[7]、亦離[8]不得。　夔孫

〔校勘〕

○朝鮮古寫本卷一六は本條を收錄しない。

○「此箇道理」　朝鮮古寫本、和刻本は「箇」を「个」に作る。

○「以至終食之頃」　萬曆本、和刻本は「食」を「身」に誤る。

〔譯〕

表裏についてお尋ねした。先生「表とは、人や物が共に依據すべきところである。裏とは、自己の心において獨り、

體得しているところである。表とは、例えば父は慈、子は孝の類であって、たとえ九夷八蠻（＝野蠻な異民族）であっても、それらの道理から逸脱することはできない。裏とは、この上なく隱微（＝心の深奥に關わる事柄）、この上なく親切（身近で切實）にして、切實重要なところに他ならない。」

そこで子思の語を擧げて言われた。「（道について）その大きいことを論ずれば、天下もこれを載せることができず、その小さいことを論ずれば、天下もこれを砕くことができない。」（『中庸章句』一二章）

さらに「裏」字について言われた。「「隱より見《あら》わるるはなく、微より顯《あきら》かなるはなし」（『中庸章句』一章）だ。この道理は、單に一日の間も離れることはできないというだけにはとどまらず、一時《いっとき》の間（＝二時間）であっても、やはり離れることはできず、さらには食事一回分の間でさえ、やはり離れることはできないのだ。」　林夔孫録

〔注〕

（1）「人物之所共由」『中庸或問』「大而父子君臣、小而動静食息、不假人力之爲而莫不各有當然不易之理、所謂道也。是乃天下人物之所共由」『中庸章句』朱注「大本者、天命之性、天下之理皆由此出、道之體也。達道者、循性之謂、天下古今之所共由、道之用也。」『中庸或問』「以其古今人物之所共由、故曰天下之達道。」

（2）「吾心之所獨得」下文において「至隱至微」「莫見乎隱、莫顯乎微」が言及されていることからも明らかなように、朱熹はここで「獨得」の「獨」字に、『中庸』における「獨」の字義（「獨者人所不知而己所獨知之地也」）を重ね合わせている。卽ちここでの「獨得」には、他者にはわからないような自己の心の深奥において體得している、というニュアンスが含まれており、それ故に「裏」の概念規定として援用されるのである。なお以下の用例を參照。『語類』卷六、一七條、程端蒙録（Ⅰ　101）「道者、人之所共由。德者、己之所獨得。」同、卷三四、四六條、程端蒙録（Ⅲ　864）「道者、人之所共由。如臣之忠、子之孝、只是統擧理而言。德者、己之所獨得。如

能忠、能孝、則是就做處言也。」

（3）「如父慈子孝」『禮記』「禮運」「何謂人義。父慈子孝、兄良弟弟、夫義婦聽、長惠幼順、君仁臣忠、十者、謂之人義。」『春秋左氏傳』隱公三年、傳「君義臣行、父慈子孝、兄愛弟敬、所謂六順也。」『春秋左氏傳』昭公二十六年、傳「君令臣共、父慈子孝、兄愛弟敬、夫和妻柔、姑慈婦聽、禮也。」『晏子春秋』「外篇」上「君令臣忠、父慈子孝、兄愛弟敬、夫和妻柔、姑慈婦聽、禮之經也。」『管子』「立政九敗解」「使君德臣忠、父慈子孝、兄愛弟敬、禮義章明。」『大學章句』傳三章「爲人子止於孝。爲人父止於慈。」

（4）「九夷八蠻」『書經』周書「旅獒」「惟克商、遂通道于九夷八蠻。」孔安國傳「四夷慕化、貢其方賄。九八、言非一、皆通道路、無遠不服。」『論語』「衛靈公」「子張問行。子曰。言忠信、行篤敬、雖蠻貊之邦行矣。言不忠信、行不篤敬、雖州里行乎哉。」

（5）「語大」云々『中庸章句』一二章「君子之道、費而隱。……故君子、語大、天下莫能載焉、語小、天下莫能破焉。」朱注「君子之道、……其大無外、其小無內、可謂費矣。然其理之所以然、則隱而莫之見也。」

（6）「莫見乎隱」『中庸章句』第一章「莫見乎隱、莫顯乎微、故君子愼其獨也。」朱注「隱、暗處也。微、細事也。獨者、人所不知而己所獨知之地也。言幽暗之中、細微之事、跡雖未形、而幾則已動。人雖不知而己獨知之、則是天下之事、無有著見明顯而過於此者。是以君子既常戒懼、而於此尤加謹焉。所以遏人欲於將萌、而不使其潛滋暗長於隱微之中、以至離道之遠也。」

（7）「終食之頃」『論語』「里仁」「君子無終食之間違仁。」朱注「終食者、一飯之頃。」

（8）「離不得」一瞬たりとも道理から離れるべきではない、という發想に關しては以下を參照。『中庸章句』一章「道也者、不可須臾離也。可離非道也。」

【57】

傳(1)問表裏之説。曰。所説博(2)我以文、約我以禮、便是。博我以文、是要四方(3)八面都見得周匝無遺、是之謂表。至(4)於約我以禮、又要逼(5)向身己上來、無一毫之不盡、是之謂裏。

子升(6)云。自古學問、亦不過此二端。曰。是。但須見得通透。 木之

〔校勘〕

○朝鮮古寫本卷一六は本條を收録しない。

○「無一毫之不盡」 成化本は「毫」を「豪」に作る。

〔譯〕

傅が表裏の説についてお尋ねした。先生「所謂「我を博むるに文を以てし、我を約するに禮を以てす」が、これに當たる。「我を博むるに文を以てす」とは、四方八面の全てにわたって遍く把握して遺漏がないようにすることであって、このことを「表」と言う。「我を約するに禮を以てす」の方はと言えば、これも自己の身に肉薄接近し、毫も盡くさぬところがないようにする、これを「裏」と言う」。

子升が言う。「古來の學問も、この二端（博文・表と約禮・裏）に他なりませんね。」先生「そうだ。ただし是非ともそこのところに認識が透徹しなければならない。」 錢木之録

〔注〕

（1）「傅問」　傅は未詳。傅姓の門人は複數存在するので（『朱子門人』二二八頁以下）、特定し難い。なお巻一五、二四條、林夔孫錄（Ⅰ　286）も「傅問」で始まる。

（2）「博我以文、約我以禮」『論語』「子罕」「夫子循循然善誘人。博我以文、約我以禮、欲罷不能。」朱注「循循、有次序貌。誘、引進也。博文約禮、教之序也。言夫子道雖高妙而教人有序也。」なお『論語』中の類似の表現として以下が有る。「雍也」「子曰。君子博學於文、約之以禮。」「顏淵」「子曰。博學於文、約之以禮。」

（3）「四方八面」　あらゆる方面にわたって、つぶさに餘さず。　五三條に既出。

（4）「至於約我以禮…是之謂裏」「禮、理也」「禮、履也」は常訓であるが、ここでは「禮」と「裏」の音通が意識されていた可能性がある。因みに「禮」は上聲八薺、「理」「履」「裏」はともに上聲四紙（ともに平水韻）。

（5）「逼向身己上」「逼向」は、迫り向かう。「逼向身己上」とは、我が身に肉薄接近するとの意。五一條に「裏便是就自家身上至親至切、至隱至密、貼骨貼肉處。」とあるように、自己の骨肉骨髓に徹する如くに親切切實に取り組め、ということ。

（6）「子升云」　子升は未詳。巻一四、一四六條、錢木之錄（Ⅰ　276）と同、一六三條、錢木之錄（Ⅰ　280）はいずれも「子升問」で始まっており、かつ朝鮮古寫本は兩條とも「子升」を「子升兄」に作っているので、子升は錢木之（字子山）の兄、もしくは同族同輩行の人物である可能性もある。

【58】

問（1）精粗。

曰。如管仲之仁、亦謂之仁、此是粗處。至精處、則顏子三月之後、或違之。又如充無欲害人之心、則仁不可勝用。充無欲穿窬之心、則義不可勝用、害人與穿窬固爲不仁不義、此是粗底。然其實一念不當、則爲不仁不義處。 夔孫

〔校勘〕
○朝鮮古寫本巻一六は本條を收錄しない。

〔譯〕
「精粗」ということについて質問した。
先生がおっしゃった。「（『論語』憲問篇の）管仲の仁もまた仁のことだというのは、（仁を）大ざっぱに說いたものだ。（仁の）精髓を說いたものについては、（『論語』雍也篇の）顏子が三ヶ月の後に、時として仁に違うことがある、という場合の仁が、それだ。
また（『孟子』盡心下の）「人能く人を害せんと欲すること無きの心を充たせば、則ち仁勝げて用う可からず。人能く穿窬すること無からんするの心を充たせば、則ち義勝げて用う可からず。」というのの、「人を害する」ことと「穿窬する」こととは、不仁や不義のことに他ならないが、それは不仁不義を大ざっぱに說いたものだ。しかし實際には、わずかな閒でも意念が正しい狀態でなければ、取りも直さず不仁不義なのだ。」 林夔孫錄

〔注〕
（1）「精粗」 ここでは、「粗」を「大ざっぱ」、「精」を「精髓」として理解した。以下を參照。『語類』巻一五、一三八條、周明作錄（Ⅰ 309）「又問。大學表裏精粗如何。曰。自是如此。粗是大綱、精是裏面曲折處。」

（2）「管仲之仁」　孔子が管仲の仁を認めた發言として以下の二つがある。『論語』「憲問」「子路曰。桓公殺公子糾、召忽死之、管仲不死。曰。未仁乎。子曰。桓公九合諸侯、不以兵車、管仲之力也。如其仁。如其仁。」（朱注）「如其仁、言誰如其仁者。又再言以深許之。蓋管仲雖未得爲仁人、而其利澤及人、則有仁之功矣。」『論語』「憲問」「子貢曰。管仲非仁者與。桓公殺公子糾、不能死、又相之。子曰。管仲相桓公、霸諸侯、一匡天下、民到於今受其賜。微管仲、吾其被髮左衽矣。豈若匹夫匹婦之爲諒也、自經於溝瀆而莫之知也。」（朱注）「諒、小信也。經、縊也。莫之知、人不知也。」但し一方で孔子は管仲に對して否定的評價も遺している。『論語』「八佾」「子曰。管仲之器小哉。或曰。管仲儉乎。曰。管氏有三歸、官事不攝、焉得儉。〔朱注「三歸、臺名。事見說苑。攝、兼也。家臣不能具官、一人常兼數事、管仲不然。皆言其侈。」〕然則管仲知禮乎。曰。邦君樹塞門、管氏亦樹塞門。邦君爲兩君之好、有反坫、管氏亦有反坫。管氏而知禮、孰不知禮。〔朱注「屏謂之樹、塞猶蔽也。設屏於門以蔽内外也。好謂好會。坫在兩楹之閒、獻酬飲畢、則反爵於其上。此皆諸侯之禮、而管仲僭之。不知禮也。」〕」

（3）「顏子三月之後或違之。」『論語』「雍也」「子曰。回也、其心三月不違仁、其餘則日月至焉而已矣。」（朱注）「三月、言其久。仁者、心之德。心不違仁者、無私欲而有其德也。日月至焉者、或日一至焉、或月一至焉、能造其域而不能久也。」

（4）「如充無欲害人之心……義不可勝用。」『孟子』「盡心」下「孟子曰。人皆有所不忍、達之於其所忍、仁也。人皆有所不爲、達之於其所爲、義也。人能充無欲害人之心、而仁不可勝用也。人能充無穿踰之心、而義不可勝用也。」朱注「充、滿也。穿、穿穴。踰、踰牆。皆爲盜之事也。能推所不忍、以達於所忍、則能滿其無欲害人之心、而無不仁矣。能推其所不爲、以達於所爲、則能滿其無穿踰之心、而無不義矣。」

（5）「一念」「わずかなの間」。『語類』巻一、一二八條、葉賀孫（Ⅰ　215）「靜坐久之、一念不免發動、當如何。」

【59】

周問[1]大學補亡、[2]心之分別取舍無不切。

曰。[3]只是理徹了、[4]見善、[5]端的如不及、見不善、端的如探湯。[6]好善、便端的如好好色、惡不善、便端的如惡惡臭。[7]此下須連接誠意看。此未是誠意、是[8]醞釀誠意來。　淳

謨錄云。此只是連著誠意說。知之者切、則見善眞如不及、見不善眞如探湯、而無纖毫不實故爾。

〔校勘〕

○朝鮮古寫本巻一六は本條を收錄しない。

○「惡不善、便端的如惡惡臭」　萬暦本、和刻本は三出する「惡」を全て「悪」に作る。

○「纖毫不實」　成化本は「毫」を「豪」に作る。

〔譯〕

周謨は『大學』の亡逸を補った部分（『大學章句』傳五章）の「心の分別取舍切ならざる無し。」について質問した。

先生が仰った。「理が透徹してしまいさえすれば、善を見ること、あたかも自分にまだ至らぬところが有るかのように切實にし（＝よりいっそう善に勵み）、不善を見ること、あたかも熱湯に手を入れた時のように切實にする（＝熱湯からすぐ手を引っ込めるかのようにすみやかに不善を避ける）。そして、善を好んでは、目に心地よいものを好む時のように切實にし、不善を悪んでは、悪臭を悪む時のように切實にするのだ。これ以下（格物致知以下の工夫）

は、「誠意」と關連させて讀まなければならない。これ（格物致知の段階）はまだ誠意ではなく、誠意を釀成している段階なのだ。」　陳淳錄

周謨の記錄には以下のように言う。これはただ誠意とつなげて說いているものだ。知ることが切實であれば、善を見ること、本當に自分にはまだ至らぬところがある、というようにし、不善をみること、本當に熱湯に手を入れた時のようにし、微塵も不實がないからだ。

〔注〕

（1）「大學補亡」　朱子が現行の『大學』のテキストにおいて失われていると考え、それを補った「格物致知」に對する補傳（傳第五章）を指す。

（2）「心之分別取舍無不切」　現行の『大學章句』の傳第五章は「衆物之表裏精粗無不到、而吾心之全體大用無不明矣。」となっており、本條の解釋と一致しない。傳五章について、「心之分別取舍無不切」と說くのは、卷一六、五四條、葉賀孫錄（Ⅱ　324）も同じ。なお、『朱文公文集』卷五〇「答周舜弼」第一〇書は、本條の質問者である周謨に對する書簡であるが、その中に、「用力之久而一旦廓然貫通焉、則理之表裏精粗無不盡、而心之分別取舍無不切。」とあり、これによって「心之分別取舍無不切」としていた時期が確かに存在していることがわかる。朱子の傳五章における解釋の變遷については吉原文昭『南宋學研究』（研文社、二〇〇二年）所收「大學章句研究」を參照。

（3）「只是理徹了」　「理徹」は道理に透徹すること。『語類』には「看理徹」「見得理徹」等の用例がある。『語類』卷一一七、二五條、訓陳淳（Ⅶ　2815）「看理徹、則我與理一。然一下未能徹、須是浹洽始得。」『語類』卷一一八、五一條、訓與立歠（Ⅶ　2851）「只是見理不徹後如此。若見得理徹、自然心下無事。」

（4）「見善、端的如不及。見不善、端的如探湯。」『論語』「季氏」「孔子曰。見善如不及、見不善如探湯。吾見其人矣、吾聞其語矣。」朱注「探、吐南反。眞知善惡而誠好惡之。顏、曾、閔、冉之徒、蓋能之矣。語、蓋古語也。」

（5）「端的」「切實に」『語類』卷一〇、陳淳錄（Ⅰ 172）「聖人言語如千花、遠望都見好。須端的眞見好處、始得。」入矢義高監修『禪語辭典』（一九九一年、思文閣出版）を參照。

（6）「好善、便端的如好好色。惡不善、便端的如惡惡臭。」『大學章句』傳第六章「所謂誠其意者、毋自欺也。如惡惡臭、如好好色、此之謂自謙、故君子必愼其獨也。」朱注「使其惡惡則如惡惡臭、好善則如好好色、皆務決去、而求必得之、以自快足於己、不可徒苟且以殉外而爲人也。然其實與不實、蓋有他人所不及知而己獨知之者、故必謹之於此以審其幾焉。」

（7）「此下須連接誠意看」格物致知の次に誠意が連接する必然性に關しては、後出の六九條にも「此繼於物格知至之後、故特言所謂誠其意者、毋自欺也。」とある。

（8）「醞釀」「釀成する」『語類』卷一〇八、七一條、葉賀孫錄（Ⅰ 2690）、「問治亂之機。曰。今看前古治亂、那裏是一時做得。少是四五十年、多是一二百年醞釀、方得如此。」

【60】

李問。吾(1)之所知無不切。

曰。某(2)向說得較寬、又覺不切。今說較切、又少些寬舒意。所以又說道、表裏精粗無不盡也。自見得切字却約向裏面。

賀孫

〔校勘〕
○朝鮮古寫本巻一六は本條を收錄しない。
○「却約向裏面」　萬曆本、和刻本は「裏」を「裡」に作る。

〔譯〕
李氏が「吾の知る所切せざる無し」について質問した。
先生がおっしゃた。「私は以前（「吾之所知無不切」として）說き方が比較的緩やかであったが、一面では切實さに缺けるとも感じていた。今は（「吾心之分別取舍無不切」として）說き方が比較的切實にはなったが、一面では緩やかさ伸びやかさの趣を缺いている。だから、さらに「表裏精粗盡くさざる無し」というのだ。自然と「切」の字が、内面に向かってかえって引き締められていくのがわかる。」　葉賀孫錄

〔注〕
（1）「吾之所知無不切」　現行本の『大學章句』の傳五章の内容と異なるが、『語類』本條後半の「表裏精粗無不盡也」とともに、『大學章句』傳五章の舊稿の內容を示すものと思われる。當該箇所を「理之表裏精粗無不盡、而吾心之分別取舍無不切」に作る舊稿が存在したらしいことに關しては、五四條及び同條注を參照。「吾之所知無不切」は、その更に前段階の舊稿か。ただし、本條の「吾之所知無不切」の句は、傳五章の舊本である可能性の他に、大學經に對する朱注の舊本である可能性も考えられることは以下を參照。趙順孫『四書纂疏』の大學經に對する朱子の注「推極吾之知識、欲其所知無不盡也。」に對して「黃氏曰。章句本云欲其所知無不切也。今改切作盡。」とある。『四書纂疏』は引用の「黃氏」の名を明らかにしないが、『四庫提要』は姓名を擧げており、これによると黃氏とは、黃榦か黃士毅のことと考えられる。いずれにしても直接朱子の教えを受けた者であって、

朱子生前の言説に基づくものと考えられる。なお『御纂朱子全書』巻八、大學二は、本條を引用した上で「案此條所擧是舊本」との注記を施している。

（2）「某向說得較寬」「向」は、先に、以前。「較」は、やや。

【61】

安卿[1]問全體[2]大用。

曰。體[3]用元不相離、如人行坐[4]。坐則此身全坐、便是體。行則此體全行、便是用。　道夫

〔譯〕

安卿（陳淳）が全體大用（心の本來の完全なる本質と、その偉大なる働き）について質問した。

先生が仰った。「體用というのは本來、切り離せないのであって、ちょうど、人が歩いたり座ったりするのとに似ている。座っていれば、この身體は丸ごと座っているが、それがつまり「體」ということで、歩けばこの「體」が丸ごと歩くが、これがつまり「用」ということだ。」　楊道夫録

〔注〕

（1）「安卿」『語錄姓氏』によると、「安卿」は、陳淳と林學履の兩人の可能性が考えられる。田中謙二『朱門弟子師事年攷』は、楊道夫の師事期を、淳熙十六年（一一八九）から紹熙三年（一一九二）、林學履を紹熙四年（一一九三）以降の師事としており重ならず、一方、陳淳の第一師事期は、紹熙元年（一一九〇）から紹熙二年（一

一九一）としており、楊道夫と陳淳の師事期は重なっている。よって、本條の「安卿」は陳淳を指すものと考えられる。

（2）「全體大用」「心の本來の完全なる本質と、その偉大なる働き」『語類』卷一四、七四條、沈僴錄（Ⅰ　261）に旣出。『大學章句』傳第五章に「至於用力之久、而一旦豁然貫通焉、則衆物之表裏精粗無不到、而吾心之全體大用無不明矣。」とあり、本條はこれに關わる議論である。

（3）「體用元不相離」『伊川易傳』序「至微者理也、至著者象也。體用一源、顯微無間。」に基づく。「體用」についての同種の議論については以下を參照。『語類』卷一七、五〇條、徐寓錄（Ⅱ　386）「問。全體大用、無時不發見於日用之間。如何是體。如何是用。曰。體與用不相離。且如身是體、要起行去、便是用。赤子匍匐將入井、皆有怵惕惻隱之心。只此一端、體用便可見。如喜怒哀樂是用、所以喜怒哀樂是體。」

（4）「行坐」「行くこと、座ること」『文集』卷二二「乞宮觀狀」「精神氣力、日見凋枯、行坐無力、語言少氣、思慮應接、失後忘前。」

【62】

問。格物章補文處不入敬意、何也。

曰。敬已就[1]小學處做了。此處只據本章直說、不必雜在這裏。壓[2]重了、不淨[3]潔。寓

〔校勘〕

○「雜在這裏」 萬曆本、和刻本は「裏」を「裡」に作る。
○「壓重了、不淨潔。」 朝鮮古寫本は「不淨潔」の三字が無い。
○「寓」 朝鮮古寫本は「寓」の後に、「淳錄同」とある。

〔譯〕

質問。「格物章の文を補った箇所（傳第五章）は、「敬」のことを入れてませんが、どうしてでしょうか。」先生が仰った。「「敬」というのは既に小學のところでやってしまっているのだ。この箇所はあくまでも（經文の格物致知に對する傳文としての）傳第五章としての本旨に卽して直接に說いているのであり、必ずしもここで（「敬」を）交える必要はない。詰め込んでしまうと、簡潔でない。」 徐寓錄

〔注〕

（1）「小學」 「大學章句序」に「人生八歲、則王公以下、至於庶人之子弟、皆入小學」とあるように、上古の世では、まず小學で學んだ後に大學に入って學んだ、とされている。また既出の『語類』卷一四、一九條、魏椿錄に「今人不曾做得小學工夫、一旦學大學、是以無下手處。」とあるように、朱子は小學を學んでいなければ、大學を學んでも成果がないと考えていた。また、『大學或問』下に、「聖人蓋有憂之、是以於其始敎爲之小學、而使之習於誠敬。」とあるように、朱子は、小學では「誠」や「敬」が學ばれた、としている。

（2）「壓重」 「壓重」は「詰め込む」の意。

（3）「淨潔」 「淨潔」は「簡潔」であること。

【63】

問。所補致知章何不效其文體。(1)

曰。亦曾效而爲之、竟不能成。劉原父(2)却會效古人爲文、其集中有數篇論、全似禮記。　必大

〔校勘〕

○朝鮮古寫本巻一六は本條を收錄しない。

〔譯〕

質問。「格物章の補文は、どうしてその（『大學』の）文體を模倣しなかったのですか。」

先生が仰った。「以前まねて書いたこともあったが、結局果たせなかった。劉敞は（私とは）逆に古人を模倣して文章を書くことができ、その文集にいくつかの論述があるが、見事に『禮記』に似ている。」　吳必大錄

〔注〕

（1）「何不效其文體」　傳一章は「康誥曰」、傳二章は「湯之盤銘曰」、傳三章は「詩云」、傳四章は「子曰。聽訟、吾猶人也、必也使無訟乎。」で始まっており、經書の引用で說き起こす體裁を取るのに對して、傳五章は「所謂致知在格物者」で始まっており、體例體裁が異なること等を指すか。

（2）「劉原父」　劉敞、字原父、臨江新喩の人、慶曆六年の進士。文集に『公是集』がある。『語類』巻一三九、七○條、吳振錄（Ⅷ　3313）「劉原父才思極多、湧將出來、每作文、多法古、絕相似。有幾件文字學禮記、春秋說學公穀、文勝貢父。」（貢父は、劉攽、字貢父、劉敞の弟。）劉敞は『禮記』の文體に似せて『儀禮』を注釋したが、朱子はこれに對して以下のような發言を殘した。『語類』巻八五（儀禮總論）、七條、陳文蔚錄（Ⅶ　2194）

「儀禮是經、禮記是解儀禮。如儀禮有冠禮、禮記便有冠義。儀禮有昏禮、禮記便有昏義。以至燕射之類、莫不皆然。只是儀禮有士相見禮、禮記却無士相見義。後來劉原父補成一篇。文蔚問。補得如何。曰。他亦學禮記下言語、只是解他儀禮。」。『語類』卷八五（儀禮總論）、一〇條、萬人傑錄（Ⅵ 2195）「劉原父補亡記、如士相見義、公食大夫義儘好。蓋偏會學人文字、如今人善爲百家書者。又如學古樂府、皆好。意林是專學公羊、亦似公羊。其他所自爲文章如雜著等、却不甚佳。」劉敞撰『公是集』卷三七には「士相見義」「公食大夫義」「致仕義」「投壺義」があり、これらが劉敞が『禮記』の文體に模して書いた文章であると考えられる。

傳六章釋誠意

【64】

誠其意、只是實其意。只作一箇虛字[1]看、如正字之類。端蒙

〔校勘〕

○朝鮮古寫本卷一六は本條を收錄しない。

○「只作一箇虛字看」　萬曆本、和刻本は「箇」を「个」に作る。

〔譯〕

「其の意を誠にす」とは、つまりその意識を實あるものとすることに他ならない。（「誠意」の「誠」は）一個の虛字と見なして讀めば、「正す」という字と同じになってしまう。程端蒙錄

〔注〕

（1）「虛字」　實字と虛字については卷一五、一三九條、楊道夫錄（Ⅰ　309）を參照。「大學中大抵虛字多。如所謂欲、其、而后、皆虛字。明明德、新民、止於至善、致知、格物、誠意、正心、修身、齊家、治國、平天下、是實字。今當就其緊要實處著工夫。如何是致知、格物以至于治國、平天下、皆有節目、須要一一窮究著實、方是。」

【65】

說許多病痛、都[1]在誠意章。一齊要除了、下面有些小爲病痛、亦[2]輕可。若不除去、恐因此滋[3]蔓、則病痛自若。　泳

〔校勘〕

○「一齊要除了」　呂留良本、傳經堂本、朝鮮整版本は底本に同じ。成化本、萬曆本、朝鮮古寫本、和刻本は「要除」を「格物」に作る。朝鮮整版本卷末の「考異」には「要除、一作格物」とあり、また『朱子語類考文解義』の校勘には「要除　一作格物、按非是、下同」とある。「格物」に作る諸本のうち一番古いのは呂留良本であるから、呂留良が意を以て改めた可能性もある。呂留良本は康熙刊本、朝鮮整版本は英祖四十七年（乾隆三十六年、一七七一）刊本、傳經堂本は光緒六年（一八八〇）賀瑞麟序刊本である。

〔譯〕

多くの弊害について言えば、それはみな「誠意」章にあるのだ。（誠意の段階で、多くの弊害を）一擧に取り除いてしまうべきであって（そうすれば）、その後（の工夫）においては、少しくらい弊害があっても、それはささいなものに過ぎない。もし、（誠意において）取り除いていなければ、恐らくはこれによって次第に蔓延して、弊害はそのままだ。　湯泳錄

〔注〕

（1）「都在誠意章、一齊要除了」「一齊」は、一齊に、同時に、一擧に。朱熹は八條目全體の中で誠意を突破すべき最大の難關と考えていた。卷一五、八七條、楊道夫錄（Ⅰ　299）「知至意誠、是凡聖界分關隘。未過此關、雖有小善、猶是黑中之白。已過此關、雖有小過、亦是白中之黑。過得此關、正好著力進步也。」同、八八條「某

嘗謂誠意一節、正是聖凡分別關隘去處。若能誠意、則是透得此關。透此關後、滔滔然自在去爲君子。不然、則崎嶇反側、不免爲小人之歸也。」同、八九條、李方子錄「論誠意、曰。過此一關、方是人、不是賊。又曰。過此一關、方會進。」（原注）「一本云。過得此關、道理方牢固。」

（2）「亦輕可」「輕可」は、ほんの些細な、ちょっとした。宋元の俗語。類似の語に「小可」「微可」がある。『語類』巻一〇六、外任、二六條、葉賀孫錄（Ⅶ 2647）「刺陝西義勇事、何故這箇人恁地不曉事。儂智高反、亦是輕可底事、何故恁地費力。」田中謙二『朱子語類外任編譯注』七四頁。

（3）「滋蔓」「段々と蔓延する」『左傳』隱公元年「不如早爲之所、無使滋蔓。」

【66】

問。誠意是如何。

曰。心只是有一①帶路、②更不著得兩箇物事。如今人要做好事、③都自無力。其所以無力是如何。只爲他有箇爲惡底意思在裏面牽繫。要去做好事底心是實、要做不好事底心是虛。④被那虛底在裏面夾雜、⑤便將實底一齊打壞了　賀孫

〔校勘〕

○「更不著得」　成化本、萬曆本、朝鮮古寫本、和刻本は「著」を「着」に作る。

○「兩箇物事」　萬曆本、朝鮮古寫本、和刻本は「箇」を「个」に作る。

○「他有箇爲惡底意思」　萬曆本、朝鮮湖寫本、和刻本は「箇」を「个」に作る。萬曆本、和刻本は「惡」を「悪」

に作る。
○「只爲他有箇」　萬暦本、朝鮮古寫本、和刻本は、「箇」を「个」に作る。
○「在裏面牽繫」　萬暦本、和刻本は「裏」を「裡」に作る。朝鮮古寫本はこの下に「又曰」の二字有り。
○「要去做好事底心」　朝鮮古寫本は「去」字無し。
○「被那虚底在裏面夾雜」成化本、朝鮮整版本、朝鮮古寫本は「面」字がなく、朝鮮整版本は「考異」において「裏下一有面」と記す。

〔譯〕

質問。「誠意というのは、どういうことでしょうか。」

先生が仰った。「心には一本の道筋が有るだけで、決して二つのものをくっつけられない。今時の人は善いことを行おうとしても、全く無力だ。その無力である理由は何だろうか。それは、彼に悪を行う意志が有って、それが心の中で引っ張っているからに他ならない。善いことを行おうとする心は「實」であり、善くないことを行おうとする心は「虚」である。かの「虚」であるものが心の中で混ざり合ってしまい、「實」であるものを同時にダメにしてしまうのだ。」　葉賀孫錄

〔注〕

（1）「一帶路」「一本の道」。「帶」は細長いものを數える際の量詞。

（2）「更不著得兩箇物事」　ここでいう「兩箇物事」とは、例えば「要去做好事底心」と「要做不好事底心」であり、「著」（くっつける）とはその兩方が「夾雜」すること。要するに誠意は「一心」であって「二心」ではないということ。卷一六、八八條、沈僩錄（Ⅱ　331）「又曰。自慊則一、自欺則二。自慊者、外面如此、中心也是如此、

表裏一般。自欺者、外面如此做、中心其實有些子不願、外面且要人道好。只此便是二心、誠僞之所由分也。」

（3）「都自無力」「都自」は、全く。「都」一文字と同義。巻一五、八四條に既出。

（4）「被那虚底在裏面夾雜」「被」は受動態の文で行爲者を導く。～に、～から（～される、～られる）。「夾雜」は、「混ざり合う」『語類』巻一三、一七條、魏椿録（Ⅰ　224）「人之一心、天理存、則人欲亡。人欲勝、則天理滅、未有天理人欲夾雜者。」

（5）「將實底」「將」は「～を」の意。現代語の「把」に同じ。

〔參考〕

この條の後半は、以下の『語類』巻一三、九〇條、葉賀孫録（Ⅰ　236）と一致する。「要做好事底心是實、要做不好事底心是虚。被那虚底在裏夾雜、便將實底一齊打壞了。」

【67】

詣學升堂云云、(1)教授請講說大義。

曰。大綱(2)要緊、只是(3)前面三兩章。(4)君子小人之分、却在誠其意處。誠於爲善、便是君子、不誠底便是小人、更無別說。

琮

〔校勘〕

○朝鮮子諸本巻一六は本條を收録しない。

○「云云」　成化本、萬暦本、和刻本は小字で一行で記す。朝鮮整版本は小字雙行で「云云」と記す。呂留良本、傳經堂本は底本に同じ。この部分は黎靖徳が節略した可能性がある。

〔譯〕

（先生は）州學に行かれ、講堂に上られた、中略。教授は大義について講義することをお願いした。先生「大綱であり重要なところは、最初の二、三章（三綱領を指す）だ。君子と小人の區別については、「其の意を誠にす」ということにある。善を爲すことに誠實なのがつまり君子であり、誠實でないのがつまり小人であり、他に言うことは何もない。」　吳琮錄

〔注〕

（1）「教授」　ここでは潭州州學教授。教授は州學の教官。『宋史』巻一六七、職官志「教授」

（2）「要緊」「重要なところ」『語類』巻一四、三七條、葉賀孫錄（Ⅰ　255）に既出。

（3）「前面三兩章」「三兩」は「兩三」と同じで二〜三。

（4）「君子小人之分、却在誠其意處」『語類』巻一五、八八條、周謨錄（Ⅰ　299）「某嘗謂誠意一節、正是聖凡分別關隘去處。若能誠意、則是透得此關。透此關後、滔滔然自在去爲君子。不然、則崎嶇反側、不免爲小人之歸也。」同、九〇條、龔蓋卿錄「意誠只是要情願做工夫。……未過此一關、猶有七分是小人。」

〔參考〕

『語類』巻一〇六、四〇條、吳琮錄（Ⅷ　2654）に、本條と內容がほぼ一致し、やや詳細な記述が見える。「在潭州時諸學。陞堂以百數。籤抽八齋、每齋一人出位講大學一章。講畢、教授以下請師座講說大義。曰。大綱要緊、只是前面三兩章。君子小人之分、却在誠其意處。誠於爲善、便是君子。不誠底、便是小人、更無別說。琮」

巻一六、六七條は、この巻一〇六、吳琮錄を省略したものであり、また巻一〇六、吳琮錄は、朱子が知潭州として潭州に赴任していた時期の講義の記錄であることがわかる。朱子は紹熙四年（一一九三）十二月に知潭州・荊湖南路經略安撫使に任命され、翌年の五月五日に、潭州すなわち湖南省長沙に着任した。八月には寧宗の卽位に伴って臨安で煥章閣待制兼侍講を命ぜられるので、本條は、紹熙五年（一一九四）五月五日から八月に至る、およそ三ヶ月間に行われた講義を記錄したものということになる。（以上は田中謙二『朱子語類外任篇譯注』一五一頁參照。）

【68】

器遠(1)問。物格、知至了、如何到誠意又說毋(2)自欺也。毋者、禁止之辭。曰。物旣格、旣至、到這裏方(3)可著手下工夫。不是物格、知至了、下面許多一齊掃(4)了。若如此、却不(5)消說下面許多。看下面許多、節(6)節有工夫。　賀孫　自欺

〔校勘〕

○「到這裏」　萬曆本、和刻本は「裏」を「裡」に作る。

○「著手」　成化本、萬曆本、朝鮮古寫本、和刻本は「著」を「着」に作る。

○「賀孫　自欺」　朝鮮古寫本には「自欺」の二字無し。

〔譯〕

曹叔遠が質問した。「すでに物が格って、知が至ってしまっているのに、どうしてその上誠意の段に到って更に「自

ら欺くこと毋かれ」と説くのでしょうか。「毋」というのは禁止の辭でしょうか。」

先生が仰った。「物が既に至り、知が既に至り、ここに到って初めて實際に工夫することができるのだ。物が至り、知が至ってしまえば、その後のいくつもの節目は一擧にとっぱらってしまう、というのではない。もしそうであれば、かえってその後の多くの節目を説く必要がないはずだ。その後にいくつもの節目があるのを見るに、一節一節に工夫があるのだ。」　葉賀孫錄　「自欺」の句について

〔注〕

（1）「器遠」　曹叔遠、器遠は字。巻一五、一條、葉賀孫錄（Ⅰ　282）に既出。

（2）「毋自欺」『大學章句』傳六章「所謂誠其意者、毋自欺也。」朱注「毋者、禁止之辭。自欺云者、知爲善以去惡、而心之所發有未實也。」

（3）「方可著手下工夫」「方」は、はじめて。「著手」は着手する。實際に手がける。「下工夫」は工夫に取り組む、實践する。

（4）「掃了」「とっぱらってしまう」『語類』巻一四、六二條、葉賀孫錄（Ⅰ　260）「吾儒更著讀書、逐一就事物上理會道理。他便都掃了這箇。他便恁地空空寂寂、恁地便道事都了。」

（5）「不消…」「…する必要がない」巻一四、七條、陳淳錄（Ⅰ　250）に既出。

（6）「節節有工夫」「節節」は、一節一節、隨處に、逐一に。

【69】

亞夫問[1]。欲正其心者、先誠其意。此章當說所以誠意工夫當如何。

曰。此繼於物格、知至之後、故特言所謂誠其意者、毋自欺也。若知之已至、則意無不實。惟是知之有毫末未盡、必至於自欺。

且如做一事當如此、決定只著[2]如此做、而不可以如彼。若知之未至、則當做處便夾帶[3]這不當做底意在。當如此做、又被那要如彼底心牽惹、這[4]便是不實、便都[5]做不成。　賀孫

〔校勘〕

○「亞夫問」　朝鮮古寫本は、「亞夫問」の後に、「誠意章云」の四字有り。

○「毫末未盡」　成化本は「毫」を「豪」に作る。

○「決定只著」　成化本、萬曆本、朝鮮古寫本、和刻本は、「著」を「着」に作る。

○「要如彼底心」　朝鮮古寫本は「心」を「心下」に作る。

○「賀孫」　朝鮮古寫本は、「賀孫」の後に「○誠意章皆在兩个自字上用功夫人傑」とある。

〔譯〕

亞夫（晏淵）が質問した。「「其の心を正さんと欲する者は、先ず其の意を誠にす。」この章は誠意を行う方法としての工夫はいかにすべきか、ということを説いたものに違いありません。」

先生が仰った。「これは、物が格り、知が至った後に續くから、「所謂其の意を誠にする者は、自ら欺く毋かれ」と殊更に言うのだ。もし、知ることが極限にまで至っていれば、意思は誠實でないものはない。ただ知ることにおいて、

ほんの少しでも盡くしていない點があれば、必ず「自ら欺く」という事態に至るのだ。ちょうど、あることを行うのにはこのようにすべきであるという時、必ずやひたすらこのようにすべきなのであって、あのようにはしてはならない、というのと同じだ。もし知が未だ至っていなければ、しなければならない、というところに、したくないという意志がまぎれこんでしまうのだ。このようにしなければならないという時に、またあのようにしようとする心に引っ張られてしまうと、これでは實ではなく、何をやってもなしとげられないのだ。」葉賀孫錄

〔注〕

（1）「亞夫」晏淵、字亞夫、號蓮塘、涪陵人。『宋元學案補遺』卷六九所收。『語錄姓氏』は、晏淵の記錄を、癸丑（一一九三年）のものとする。

（2）「決定只著如此做」「決定」は、きっと、必ず。「著」は、〜すべきである、〜せねばならない。『語類』卷一四、三〇條、葉賀孫錄「看大學、固是著逐句看去。」『語類』卷六二、呂燾錄（Ⅳ 1484）「守常底固是是。然到守不得處、只著變、而硬守定則不得。」

（3）「夾帶這不當做底意在」「夾帶」は、混入する、持ち込む。「在」は斷定の語氣を示す句末の助字。

（4）「這便是不實」六六條「要去做好事底心是實、要做不好事底心是虛。」

（5）「都做不成」「都」は、全て。「做不成」は爲し遂げることができない。「…不成」は、…し遂げることができない。

【70】

問。知①不至與自欺者如何分。

曰。小②人閒居爲不善、無所不至。見君子而后厭然、揜其不善、而著其善、只爲是知不至耳。

問。當其知不至時、亦自不知其至於此、然其勢必至於自欺。

曰。勢必至此。

頃之、復曰。不③識不知者、却與此又別。論④他箇、又却只是見⑤錯、故以不善爲善、而不自知耳。其與知不至而自欺者、固是五⑥十歩笑百歩、然却又別。問。要之二者、其病源只是缺了格物工夫。曰。然。　道夫

〔校勘〕

○「小人閒居」　成化本、和刻本は「閒」を「間」に作り、朝鮮古寫本は「問」に誤る。

○「見君子而后」　成化本、萬曆本、朝鮮古寫本、朝鮮整版本、和刻本は「后」を「後」に作る。

○「然其勢」　朝鮮古寫本は「然却其勢」に作る。

○「論他箇」　萬曆本、和刻本は「箇」を「个」に作る。朝鮮古寫本は「他箇」に作る。

〔譯〕

質問する。「知が至っていないのと、自ら欺くというのは、どのように區別するのでしょうか。」

おっしゃる。「（『大學』に）「小人閒居して不善を爲し、至らざる所なし。君子を見て而して后に厭然として、其の不善を揜《おお》い、而して其の善を著す」というのは、知が至っていないからである。」

質問する。「知が至っていない時には、自分自身、自ら欺くことに至るとは分かっていないのですが、しかし、勢

い必ず自ら欺くということになるのでしょうか。」

おっしゃる。「勢い必ずそうなる。」

しばらくして、またおっしゃる。「知らず識らず（不善を行ってしまう）者は、これ（知が至っておらず自らを欺く者）とはまた異なる。それについていえば、ただ認識が間違っているので、不善を善であると考え、自分では分かっていないだけなのだ。その者と、知が十分でなく自らを欺いている者とは、もとより五十歩百歩の違いであるが、やはり違いはあるのだ。」たずねる。「つまりは、兩者の病源とは、格物の修錬が足りないということですね。」おっしゃる。「その通り。」　楊道夫錄

〔注〕

（1）「知不至」『大學』經「物格而后知至、知至而后意誠。」注「知至者、吾心之所知無不盡也。知旣盡、則意可得而實矣。」

（2）「小人閒居爲不善、無所不至。見君子而后厭然、揜其不善、而著其善」『大學章句』傳六章「小人閒居爲不善、無所不至。見君子而后厭然、揜其不善、而著其善。人之視己、如見其肺肝然、則何益矣。此謂誠於中、形於外、故君子必愼其獨也。」注「閒、音閑。厭、鄭氏讀爲黶。閒居、獨處也。厭然、消沮閉藏之貌。此言小人陰爲不善、而陽欲揜之、則是非不知善之當爲與惡之當去也、但不能實用其力以至此耳。然欲揜其惡而卒不可揜、欲詐爲善而卒不可詐、則亦何益之有哉。此君子所以重以爲戒、而必謹其獨也。」

（3）「不識不知者、却與此又別」「不識不知」は、「知らず識らずのうちに」。『毛詩』大雅・文王之什・皇矣「帝謂文王、予懷明德。不大聲以色、不長夏以革。不識不知、順帝之則。」「識らず知らず」（不識不知）不善を行ってしまうものと、「知が至っておらず」（知不至）不善を行ってしまうものは、異なるということ。前者は、そもそ

も認識が間違っていて（見錯）善悪をはき違えてしまう（以不善爲善）ので、不善を犯していてもその自覺がない（不識不知）。一方、後者は、善悪是非の判斷はできているが、その認識が切實ではない（眞知ではない）ため、自らを欺いて不善を犯してしまう。また次のものを參照。『朱文公文集』巻五九「答趙恭父」第四書「又論亦有眞知而自欺者、此亦未然。只此自欺、便是知得不曾透徹。此間昨晩有嘗鼠藥而中毒者、幾致委頓。只此便是不曾眞知砒霜能殺人、更何疑耶。」

（4）「他箇」「あれ」または「あの」。『語類』巻一〇、一〇〇條、呂燾錄（Ⅰ 175）「千載而下、讀聖人之書、只看得他箇影象。大概路脈如此。」同書、巻一二四、一二條、楊道夫錄（Ⅷ 2970）「有自象山來者。先生問。子靜多說甚話。曰。却如時文相似、只連片滾將去。……先生曰。信如斯言、雖聖賢復生與人說、也只得恁地。自是諸公以時文之心觀之、故見得它箇是時文也。便若時文中說得恁地、便是聖賢之言也。公也須自反、豈可放過。」『語類』の用例では、後ろに名詞を伴うものが多く、名詞用法は少ない。

（5）「見錯」理解を間違える、認識を誤る。『語類』巻九九、三七條、鄭可學錄（Ⅶ 2538）「問。横渠有「清虛一大」之說、又要兼清濁虛實。……問。『西銘』所見又的當、何故却於此差。曰。伊川云。譬如以管窺天、四旁雖不見、而其見處甚分明。渠他處見錯、獨於『西銘』見得好。」

（6）「五十歩笑百歩」『孟子』「梁惠王」上「孟子對曰。王好戰、請以戰喩。塡然鼓之、兵刃既接、棄甲曳兵而走。或百歩而後止、或五十歩而後止。以五十歩笑百歩、則何如。」

【71】

問劉棟[1]。看大學自欺之說如何。

曰。不知義理、却道我知義理、是自欺。

先生曰。自欺是箇半[2]知半不知底人。知道善我所當爲[3]、却又不十[4]分去爲善。知道惡不可作、却又是自家所愛、舍他不得。這便是自欺。不[5]知不識、只喚欺不知不識、却不喚做自欺。　道夫

〔校勘〕

○「問劉棟」　朝鮮古寫本は「先生問劉棟」に作る。
○「曰不知義理」　朝鮮古寫本は「曰」を「云」に作る。
○「自欺是箇」　萬曆本、朝鮮古寫本、和刻本は「箇」を「个」に作る。
○「却又不十分去爲善」　朝鮮古寫本は「分」を「成」に作る。
○「只喚欺」　成化本、朝鮮古寫本、朝鮮整版本、和刻本は「欺」を「做」に作る。萬曆本、呂留良本、傳經堂本は底本に同じ。

〔參考〕

本條は、眞德秀『西山讀書記』卷一七に「自欺是箇半知半不知底人。知道善我所當爲、却又不十成去爲善。知道惡不可作、却又自家所愛、捨他不得。這便是自欺。」と引かれる。また眞德秀『四書集編』、趙順孫『四書纂疏』などにも引かれるが、「不知不識」以下は、いずれも「不知不識、只喚做」となっている。

〔譯〕

（先生が）劉棟に質問する。「『大學』の「自ら欺く」という說をどのように理解するか。」

答える。「義理をわかっていないのに、自分は義理が分かっていますというのが、自ら欺くということです。」

先生がおっしゃる。「「自ら欺く」というのは、半ば分かっていて半ば分かっていない者のことである。善行を行うべきであることを自ら知っていながら、十分に善行を行わず、悪行は行ってはいけないことを知っていながら、自ら（それを）愛着するあまり、悪行を捨て去ることができない、こういうのが自らを欺くということだ。知らず識らずに（無自覺なまま）やっているのは、ただ「知らず識らず」とだけいい、「自らを欺く」とはいわない。」　楊道夫錄

〔注〕

（1）「劉棟」　陳榮捷『朱子門人』に收める（三一三～三一四頁）。字・貫籍など未詳。

（2）「半知半不知」　『語類』卷九七、五六條、黄䇭錄（Ⅶ　2491）「伯豐問。程子曰「覺悟便是信」、如何。曰。未覺悟時、不能無疑、便半信半不信。已覺悟了、別無所疑、卽是信。」

（3）「知道善我所當爲……知道惡不可作……」『語類』卷一五、一〇一條、沈僩錄（Ⅰ　302）「問。物未格時、意亦當誠。曰。固然。豈可說物未格、意便不用誠。自始至終、意常要誠。如人適楚、當南其轅。豈可謂吾未能到楚、且北其轅。但知未至時、雖欲誠意、其道無由。如人夜行、雖知路從此去、但黑暗行不得。所以要得致知。知至則道理坦然明白、安而行之。今人知未至者、也知道善之當好、惡之當惡。然臨事不如此者、只是實未曾見得。若實見得、自然行處無差。」

（4）「十分」　朝鮮古寫本、眞德秀『西山讀書記』には「十成」に作る。意味は同じ。

（5）「不知不識、只喚欺不知不識、却不喚做自欺」　校勘記に示したとおり、他の版本では「只喚做」に作る。ここでは、「做」に讀みかえた。「喚」は、よぶ、稱する。

【72】

或問誠其意者毋自欺。

曰。譬如一[1]塊物、外面是銀、裏面是鐵、便是自欺。須是表裏如一、便是不自欺。然所以不自欺、須是見得分曉。譬如今人見[2]烏喙之不可食、知水火之不可蹈、則自不食不蹈、如[3]寒之欲衣、飢之欲食、則自[4]是不能已。今人果[5]見得分曉、如烏喙之不可食、水火之不可蹈、見善如飢之欲食、寒之欲衣、則此意自實矣。　祖道

〔校勘〕

○「外面是銀、裏面是鐵」　成化本、朝鮮古寫本は「面」を「靣」に作る。萬曆本、和刻本は「裏」を「裡」に作る。

○「此意自實矣」　朝鮮古寫本は「自」を「自是」に作る。

〔譯〕

ある者が、「その意を誠にするとは、自らを欺かないことである」について質問する。

おっしゃる。「たとえばひとかたまりのものがあるとして、表面は銀なのに、中身は鐵であるのは、つまり「自ら欺く」ということである。表裏が同じくなるようにしてこそ、自ら欺かないということなのである。だから自ら欺かないようにするには、はっきりと認識する必要がある。

たとえば、人は、附子を食べてはいけないことや、水や火を踏み歩いてはいけないことを知っているので、自ら食べたり踏んだりはせず、寒い時には服を着ようとし、お腹が空けば食べようとするのは、自ずから已むことができないようなものである。もし人が、（悪に對しては）附子を食べてはならず、水や火を踏み歩いてはならないようであ

り、善に對しては、お腹が空いた時に食べようとし、寒い時に服を着ようとするように、はっきりと（切實に）認識すれば、これが意が自ずから誠であるということである。」　曾祖道錄

〔注〕

（1）「一塊物」「塊」は量詞。『寒山詩』第五八首「我見百十狗、箇箇毛鬇鬡。臥者渠自臥、行者渠自行。投之一塊骨、相與啀喍爭。良由爲骨少、狗多分不平。」

（2）「見烏喙之不可食、知水火之不可蹈」　悪行をなすべからざることをはっきりと認識することの喩え。「烏喙《うかい》」は、トリカブト、附子。『戰國策』「燕策」一「人之飢所以不食烏喙者、以爲雖偷充腹而與死同患也。」この二つの喩えは、巻一五、一四六條に既出。「問。知至了意便誠、抑是方可做誠意工夫。曰。……且如這一件事知得不當如此做、末梢又却如此做、便是知得也未至。若知得至時、便決不如此。如人既知烏喙之不可食、水火之不可蹈、豈肯更試去食烏喙、蹈水火。若是知得未至時、意決不能誠。」同條の注（6）および（7）を參照。

（3）「如寒之欲衣、飢之欲食」　善行をなすべきことをはっきりと認識することの喩え。この喩えは、巻一四、一五七條に既出。「或問定靜安慮四節。曰。物格、知至、則天下事事物物皆知有箇定理。定者、如寒之必衣、飢之必食、更不用商量。云云」同條の注（3）を參照。善を行うことと結びつけたものとしては、朱文公校『韓昌黎先生集』巻四〇「舉張正甫自代狀」「稟正直之性、懷剛毅之姿、嫉惡如仇讎、見善若飢渴。」

（4）「自是」「おのずから」。

（5）「果」「もし」。

〔參考〕

本條は、眞徳秀『四書集編』および胡渭『大學翼眞』に引かれる。『四書集編』は、朝鮮古寫本と同じく、「此意自

是實矣」に作る。

【73】

自欺、[1]非是心有所慊、外面雖爲善事、其中却實不然、乃自欺也。譬如一塊銅、[2]外面以金裹之、便不是眞金。　人傑

〔校勘〕

○「外面雖爲善事」　朝鮮古寫本は「外」の前に「盖」字あり。成化本、朝鮮古寫本は「面」を「靣」に作る。

〔譯〕

「自らを欺く」とは、心が快く滿ち足りた狀態でなく、そと見には善いことを行っているようでも、中身は實際にはそうではないというのが、「自らを欺く」ということである。たとえば、ひとかたまりの銅があるとして、外側は金で覆い包んであったとしても、中身は本物の金ではないようなものである。　萬人傑錄

〔注〕

（1）「自欺、非是心有所慊」「自欺とは、心が快くない（滿足していない）ということである。」『大學章句』傳六章「所謂誠其意者、毋自欺也。如惡惡臭、如好好色。此之謂自謙。故君子必愼其獨也。」注「謙讀爲慊、苦劫反。……謙、快也、足也。」『孟子』「公孫丑」上「敢問何謂浩然之氣。曰。難言也。其爲氣也、至大至剛、以直養而無害、則塞于天地之間。其爲氣也、配義與道。無是、餒也。是集義所生者。非義襲而取之也。行有不慊於心、則餒矣。」集注「……慊、快也、足也。言所行一有不合於義、而自反不直、則不足於心而其體有所不充矣。」『大學』

の「自慊」と『孟子』の「不慊於心」の「慊」の訓詁は、ともに「快也、足也」であるが、朱子はそれぞれにニュアンスの違いがあるとする。本巻八三條に詳しい。「自欺」と「自慊」の關係については、本巻八七條を參照。

（2）「譬如一塊銅、外面以金裹之、便不是眞金」　表面は金だが中身は銅だとする本條の譬喩は、本巻七二條で、「表面は銀だが中身は鐵」と喩えるのに同じ。

【74】

所[1]謂誠其意者、毋自欺也。注云。心之所發、陽善陰惡、則其好善惡惡、皆爲自欺而意不誠矣。而[2]今說自欺、未說到與人說時、方謂之自欺。只是自家知得善好要爲善、然心中却覺得微有些沒緊要底意思、便是自欺、便是虛僞不實矣。正如金已[3]是眞金了、只是鍛錬得微不熟、微有些渣滓去不盡、顏[4]色或白或靑或黃、便不是十分精[5]金矣。顏[6]子有不善未嘗不知、便是知之至。知之未嘗復行、便是意之實。

又曰。如[7]顏子地[8]位、豈有不善。所謂不善、只是微有差失、便能知之。才[9]知之、便更[10]不萌[11]作。只是那微有差失、便是知不至處。　僩

〔校勘〕

○「陽善陰惡」　成化本、萬曆本、和刻本は「陰」を「隂」に作る。

○「鍛錬」　成化本、萬曆本、朝鮮古寫本、朝鮮整版本、和刻本は「煉」に作る。

○「微有些渣滓」　成化本、萬曆本、朝鮮古寫本、朝鮮整版本は「渣」を「査」に作る。

○「只是那微有差失」　朝鮮古寫本は「是」を「他」に作る。

〔譯〕

（『大學章句』傳六章にいう）「所謂其の意を誠にすとは、自ら欺くこと毋れなり。」注に、「心の發する所、陽には善にして陰には惡なれば、則ち其の善を好み惡を惡むこと、皆な自ら欺きて意誠ならざると爲す」という。いま「自ら欺く」というのは、まだ他人に話していない時（獨りの場合）に、「自ら欺く」というのである。自ら善行を行うべきことを知っていながら、かえって心の中で少しでも重要ではないと考えるのは、つまり自ら欺くということであり、僞りであって不實であるということだ。

まさしく、金が本物の金であったとしても、精錬して少しでも十分でないところがあり、少しでも不純物が取り盡くされていなければ、その色は白くなったり青くなったり黄色くなったりして、それは十分に精錬された金ではない。（程伊川はいう、）顏回は、不善があれば、決してそれを知らなかったことはなかったというのが、知が至っているということであり、（不善を）知れば、それを再び行うことは決してなかったというのが、意が誠實であるということである。

また（程伊川は）、「顏回の境地には、不善などあろうか。いわゆる不善とは、わずかでも間違いがあれば、すぐにそれに氣づくのだ。少しでも氣づけば、ただちに全く萌すことはしない」という。その「わずかでも間違いがあれば」というのが、知が至っていないということである。　沈僩錄

〔注〕

（1）「所謂誠其意者毋自欺也、注云、心之所發、陽善陰惡、則其好善惡惡、皆爲自欺而意不誠矣」　現行本『大學章句』のこの部分の注は、「誠其意者、自脩之首也。毋者、禁止之辭。自欺云者、知爲善以去惡、而心之所發、有

未實也。……言欲自脩者知爲善以去其惡、則當實用其力、而禁止其自欺。」となっている。朱子は、『大學章句』傳六章の當該箇所の注を何度も書き直したようである。『語類』本卷の他條に、これに關する議論が見える。本卷、八八條、沈僩錄「問。「誠其意者、毋自欺也。」近改注云。「自欺者、心之所發、若在於善、而實則未能、不善也。」若字之義如何。」同、一〇七條、沈僩錄「問。誠意章自欺注、今改本恐不如舊注好。曰。何也。曰。今注云「心之所發、陽善陰惡、則其好善惡惡、皆爲自欺而意不誠矣。」恐讀書者不曉。又此句、或問中已言之、却不如舊注云「人莫不知善之當爲、然知之不切、則其心之所發、必有陰在於惡而陽爲善以自欺者。故欲誠其意者無他、亦曰禁止乎此而已矣。」此言明白而易曉。曰。不然。……。」同、一〇八條、沈僩錄「敬子問。「所謂誠其意者、毋自欺也。」注云「外爲善而中實未能免於不善之雜。」某意欲改作「外爲善而中實容其不善之雜」、如何。」これらを整理すれば、次の通りである。

「近改注」（八八條）「自欺者、心之所發、若在於善、而實則未能、不善也。」

「舊注」（一〇七條）「人莫不知善之當爲。然知之不切、則其心之所發、必有陰在於惡而陽爲善以自欺者。故欲誠其意者、無他、亦曰禁止乎此而已矣。」

「今注」（一〇七條）「心之所發、陽善陰惡、則其好善惡惡、皆爲自欺而意不誠矣。」

「（敬子問）注」（一〇八條）「外爲善而中實未能免於不善之雜。」

現行本注「誠其意者、自脩之首也。毋者、禁止之辭。自欺云者、知爲善以去惡、而心之所發有未實也。……言欲自脩者知爲善以去其惡、則當實用其力、而禁止其自欺。」

吉原文昭『南宋學研究』（研文社、二〇〇二年）、六八〇～六八一頁を參照。

（2）「而今說自欺、未說到與人說時、方謂之自欺」「未說到與人說時」が難解であるが、「まだ他人に話していない時」と理解した。他者に對して僞り欺くのではなく、自分自身を欺くことが「自欺」である。どちらかの「說」は衍字かも知れない。「與」は動作が向けられる對象を表す助字。

（3）「已是」すでに。

（4）「顏色」いろ。現代漢語の「顏色」に同じ。『杜工部集』「秋雨歎」其一「雨中百草秋爛死、階下決明顏色鮮。」

（5）「精金」不純物が取り除かれ、十分に精錬された金。『語類』卷八〇、萬人傑錄（Ⅵ 2090）「陸子靜看得二程低、此恐子靜看其說未透耳。譬如一塊精金、却道不是金。非金之不好、蓋是不識金也。」

（6）「顏子有不善未嘗不知、便是知之至、知之未嘗復行、便是意之實」程子の言葉。『論語集注』「雍也」「哀公問。弟子孰爲好學。孔子對曰。有顏回者好學、不遷怒、不貳過。不幸短命死矣。今也則亡、未聞好學者也。」集注「程子曰。顏子之怒、在物不在己、故不遷。有不善、未嘗不知、知之、未嘗復行、不貳過也。」『河南程氏外書』にも見える。卷二（365）「大學之道、在明其明德。明德乃止於至善也。知旣至、自然意誠。顏子有不善、未嘗不知、知之至也。知之至故、未嘗復行。他人復行、知之不至也。」典據は、『易』「繫辭下」「君子知微知彰、知柔知剛、萬夫之望。子曰。顏氏之子、其殆庶幾乎。有不善未嘗不知、知之未嘗復行也。」

（7）「如顏子地位、豈有不善。所謂不善、只是微有差失、便能知之。才知之、便更不萌作」注（6）に同じく、『論語集注』「雍也」篇に引かれる程子の言葉。集注「程子曰。……又曰。如顏子地位、豈有不善。所謂不善、只是微有差失。纔差失、便能知之。纔知之、便更不萌作。」『河南程氏外書』卷五（376）にも見え、程伊川の言葉である。

（8）「地位」境地。卷一四、一五に既出。

（9）「才…便…」「少しでも…すれば…だ」。

（10）「更不」「全然〜しない」。否定の强調。

（11）「萌作」　萌す。「萌動」に同じ。『語類』巻三〇、四六條、輔廣錄（Ⅶ　774）「問。黎兄疑張子謂「慊於己者、不使萌於再」、云「夫子只説「知之未嘗復行」、不是説其過再萌於心。」廣疑張子之言尤加精密。至程子説「更不萌作」、則兼説「行」字矣。曰。萌作亦只是萌動。蓋孔子且恁大體説。至程子・張子、又要人會得分曉、故復如此説到精極處。」

【75】

[1]所謂自欺者、非爲此人本不欲爲善去惡。但此意[2]隨發、常有一念在內[3]阻隔[4]住、[5]不放教表裏如一、便是自欺。但當致知。[6]分別善惡了、然後致其愼獨之功、而[7]力[8]割去物欲之雜、而后意可得其誠也。　壯祖

〔校勘〕

○朝鮮古寫本は、本條の前に「先生忽言。或人問。自慊之説不合將好善惡惡毎欲欺人爲自欺。因曰」の二七字あり。

○「愼獨」　底本の中華書局本のみ「愼」に作り、他本は「謹」に作る。

○「壯祖」　朝鮮古寫本は「處謙」に作る。處謙は、李壯祖の字。

〔譯〕

いわゆる「自ら欺く」というのは、その人がもとから善を行い悪を去ろうとしないということではない。ただ、この（善を行い悪を去る）氣持ちがおこるとすぐに、ある一念が内面においてそれを阻み隔絶させてしまい、表裏を同

じくさせないのが、つまり自ら欺くということである。ただ知を致すべきである。善悪の判断ができたら、その後、愼獨の功夫を行い、人欲が本然の性に夾雜するのを努力して拂い去れば、その後、意を誠にすることができる。　李壯祖錄

〔注〕

（1）「所謂自欺者、非爲此人本不欲爲善去惡」『大學章句』傳六章、注「此言小人陰爲不善、而陽欲揜之、則是非不知善之當爲與惡之當去也、但不能實用其力以至此耳。」

（2）「隨」「隨」は、「～するたびに」「～するとすぐに」。ただし、「隨」には「縱」と同じく「たとえ～だとしても」の用法があり（太田氏前掲書、三四四頁）、この意に取ると、「ただ、この（善を行い惡を去る）氣持ちがおこったとしても」となる。

（3）「阻隔」　隔絶される。『語類』卷五九、三四條、葉賀孫錄（Ⅳ　1382）「或問。「不能盡其才」之意如何。曰。才是能去恁地做底。性本是好、發於情也只是好、到得動用去做也只是好。「不能盡其才」是發得略好、便自阻隔了、不順他道理做去。」朱子學における「隔」については、三浦氏前掲書に詳しい。「「隔」という言葉によって朱子が表現しようとしたものは何であるか、……濁った氣によって理本來の渾然たる一體性が損なわれて、理と理の間に隙間ができる、という意味ではないか。空間がそのまま時間に轉位するのは、中國的思考のひとつの特徴であるとするならば、理と理の間の空隙は、同時に理の流行の停滞をも意味するはずである。さらに推測を逞しくすれば、人欲とは、かかる理の流行の間斷の謂ではないだろうか。」（三六九～三七〇頁）

（4）「住」　動作の繼續を表す助字。「動作の最終狀態が不動のものとして存續することをあらわす。がんらい《住》はとどまることを意味し、多く運動に關する動詞に用いられる。」（太田氏前掲書、二二〇頁）。

（5）「放教」　二字で使役を表す。太田氏前掲書、二四二頁。
（6）「分別善惡了、然後致其愼獨之功」『大學章句』傳六章「所謂誠其意者、毋自欺也。如惡惡臭、如好好色、此之謂自謙。故君子必愼其獨也。」注「……獨者、人所不知而己所獨知之地也。……使其惡惡則如惡惡臭、好善則如好好色、皆務決去、而求必得之、以自快足於己、不可徒苟且以殉外而爲人也。然其實與不實、蓋有他人所不及知而己獨知之者、故必謹之於此以審其幾焉。」
（7）「剷去」　取り除く。除去する。『釋名』「釋用器」「鏟、濤也。既剷去壟上草、又辟其土、以壅苗根、使壟下爲溝、受水潦也。」
（8）「物欲之雜」『朱文公文集』巻一五「經筵講義」『大學』「「所謂誠其意者、毋自欺也。」臣熹曰。毋者、禁止之辭也。人心本善、故其所發、亦無不善。但以物欲之私、雜乎其間。是以爲善之意有、所不實而爲自欺耳。能去其欲、則無自欺、而意無不誠矣。」

【76】
只今有[1]一毫不快於心、便是自欺也。　道夫

〔校勘〕
○朝鮮古寫本は、本條の前に「問。所謂誠其意者、毋自欺也。切謂毋者、禁止之詞、而謹獨則又所以爲禁止之地。人既知學、其於善惡、亦嘗有以識別之矣。但知有未至、故善善而不能進於善、惡惡而不能去其惡、見從欲之爲美、而

陰肆於幽隱之間、未知循理之爲樂、而勉强矯飾以自著於顯明之處、殊不知有諸中、必形諸外。在人固未必可欺而在我者已先無實矣。豈不爲自欺者乎。曰。此是大段狼狽處。」の字あり。

○「一毫」　成化本は「毫」を「豪」に作る。

○「於心」　成化本、朝鮮古寫本、朝鮮整版本は「於」を「于」に作る。

〔譯〕

今わずかでも心に心地よくないことがあれば、それがつまり「自ら欺く」ということだ。　楊道夫錄

〔注〕

（1）「有一毫不快於心、便是自欺也」「快」とは、『大學』傳六章の「自謙」の朱注「謙、快也、足也」のこと。本巻73條の注（1）を參照。

【77】

看[1]如今未識道理人、說出道理、便恁地包藏隱伏、他元不曾見來。這亦是自欺、亦是不實。想他當時發出來、[2]心下必不安穩。　賀孫

〔校勘〕

○「說出道理」　朝鮮古寫本は「待說出道理」に作る。

○「便恁地包藏隱伏」　萬曆本は「便」を「使」に作る。

〔譯〕

今の道理を分かっていない人が、道理を説く様子を見ると、そのように包み隠しているが、彼はもともと（道理を）體得していないのである。これも自らを欺くことであり、誠實ではないということである。思うに、彼が（道理を）口にしているその時、心の内はきっと安らかではないはずだ。　葉賀孫録

〔注〕

（1）「如今」　いま。

（2）「心下」　心のなかで。巻一四、一五に既出。

【78】

國秀問[1]。大學誠意、看來有三樣。一則內全無好善惡惡之實、而專事掩覆於外者[2]、此不誠之尤也。一則雖[3]知好善惡惡之爲是、而隱微之際、又苟且以自瞞底。一則知有未至、隨意應事、而自不覺陷於自欺底。曰。這箇不用恁地分、只是一路、都是自欺。但有深淺之不同耳。　燾

〔校勘〕

○朝鮮古寫本は巻一六に本條を収めず。

○「這箇」　萬暦本、和刻本は「箇」を「个」に作る。

○「深淺」　朝鮮整版本は「深」を「湥」に作る。

〔譯〕

余國秀が質問する。「『大學』の「誠意」には、三つの場合があるように思います。一つは、内面に善を好み惡を憎む誠實さが全くなく、外面を覆って（その内面を隱す）ことに專念する者で、これは意が誠でない最たるものです。一つは、善を好み惡を憎むことが正しいことを知っていながら、隱微の際（獨りでいる時）に、おざなりに自らを瞞く者。一つは、知がまだ至っていないままに、考えもなく事に應じて、自ら欺くことに陷っていることに自分では氣づいていない者です。」

おっしゃる。「これは、そのように分ける必要はなく、ただ一つのことで、全て自らを欺くということだ。ただ深い淺いの違いがあるだけだ。」呂燾錄

〔注〕

（1）「國秀」余宋傑のこと。『考亭淵源錄』卷一三「余宋傑、字國秀、南康建昌人。」『朱子門人』八七～八八頁。『朱文公文集』卷六二には、余宋傑宛ての二通の書を収める。

（2）「專事」「もっぱら～ばかりする」。『論語集注』「八佾」「林放問禮之本。」注「林放、魯人。見世之爲禮者專事繁文、而疑其本之不在是也。故以爲問。」

（3）「雖知好善惡惡之爲是、而隱微之際、又苟且以自瞞底」「隱微之際」は、「人に知られない、暗い場所や、細かなことにおいて」。「愼獨」の「獨」。『中庸章句』「莫見乎隱、莫顯乎微、故君子愼其獨也。」注「見、音現。隱、暗處也。微、細事也。獨者、人所不知而己所獨知之地也。言幽暗之中、細微之事、跡雖未形而幾則已動、人雖不知而己獨知之、則是天下之事無有著見明顯而過於此者。是以君子既常戒懼、而於此尤加謹焉、所以遏人欲於將萌、而不使其滋長於隱微之中、以至離道之遠也。」『大學或問』「至此而復進之、以必誠其意之說焉。則又欲其謹之於

幽獨隱微之奧以禁止其苟且自欺之萌。」

〔參考〕

元、劉因『四書集義精要』卷二「或問。自欺有三様。一則全無實而專事假託掩覆於外者、此其尤者也。一則雖知好善惡惡之爲是、而隱微之際、又苟且以自欺者。一則知有未至、隨意應事、而不自覺陷於自欺者。曰。是有此三様意思。然却不是三路、只是一路、有淺深之不同。燾」

【79】

次早云。夜來國秀說自欺有三様底、後來思之、是有這三様意思。然却不是三路、只是一路、有淺深之不同。

又因論、以(1)假託換掩覆字云。假託字又似重了、掩覆字又似輕、不能得通(2)上下底字。

又因論。誠與不誠、不特見之於外、只裏面一念之發、便有誠僞之分。譬如一粒粟、外面些皮子好、裏面那(3)些子不好。(4)如某所謂其好善也、陰有不好者、以拒於內、其惡惡也、陰有不惡者、以挽其中。蓋好惡未形時、已有那些子不好不惡底藏在裏面了。燾

〔校勘〕

○朝鮮古寫本は卷一六に本條を收めず。

○「裏面」　萬曆本、和刻本は「裏」を「裡」に作る。

○「陰有不好者」「陰有不惡者」　萬曆本、和刻本は「陰」を「隂」に作る。

○「蓋好悪未形時」　萬暦本、和刻本は「蓋」を「盖」に作る。

〔譯〕

翌朝おっしゃる。「昨晩、余國秀がいった「自ら欺く」には三つの場合があるというのは、後で考えてみると、やはりこの三つの意味がある。しかしそれらは三つの（異なった）ことではなく、一つのことであり、淺い深いの違いがあるだけだ。」

また、（國秀の）「掩覆」の語を「假託」の語に言い換える話を論じておっしゃるに、「假託の語では重いし、掩覆の語では輕い、かといってそのいずれをも表現できる語も思い浮かばない。」

また論ずるに、「誠實と不誠實とは、外側に現れている場合だけでなく、ただ内部において一念が發していれば、（その時點で）誠か僞（不誠）かは分かれている。例えば、一粒の粟があるとして、外側の皮は良いが、内側のものはよくないというのは、私のいう、「善を好む場合にも、陰に（善を）好まない者がいて、その中で（好善の氣持ちを）拒絶し、惡を憎む場合にも、陰に（惡を）憎まない者がいて、そちら側に引っぱりこむ」ということだ。思うに、「（善を）好み（惡を）憎む」というのがはっきり形にあらわれていない時に、すでにそれらの（善を）好まず（惡を）憎まないものは内部に隠されているのだ。」　呂燾錄

〔注〕

（1）「以假託換掩覆字……」「假託」は、ここでは「嘘をつく」「僞裝する」の意。「掩覆」は、本心をおおい隠して、僞る意。

（2）「通上下」「あらゆるものに通じる」。『論語』「雍也」「子貢曰。如有博施於民而能濟衆、何如。可謂仁乎。子曰。何事於仁、必也聖乎。堯舜其猶病諸。」集注「博、廣也。仁以理言、通乎上下。聖以地言、則造其極之名也。

乎者、疑而未定之辭。病、心有所不足也。言此何止於仁、必也聖人能之乎。則雖堯舜之聖、其心猶有所不足於此也。以是求仁、愈難而愈遠矣。」『語類』巻三三、六四條、黃義剛錄（Ⅲ 844）「衆朋友說「博施濟衆」章。先生曰。「仁以理言」、是箇徹頭徹尾物事、如一元之氣。「聖以地言」、也不是離了仁而爲聖、聖只是行仁到那極處。仁便是這理、聖便是充這理到極處、不是仁上面更有箇聖。而今有三等、有聖人、有賢人、有衆人。仁是通上下而言、有聖人之仁、有賢人之仁、有衆人之仁、所以言「通乎上下」。」

（3）「那些子」「些子」は、「多少の」「少しの」。『唐五代語言詞典』（上海教育出版社、一九九八年）三八八頁、參照。貫休『禪月集』巻二「苦熱寄赤松道者」「天雲如燒人如炙、天地爐中更何適。蟬喘雷乾氷井融、些子清風有何益。」『語類』に用例多數。

（4）「如某所謂其好善也、陰有不好者、以拒於內、其惡惡也、陰有不惡者、以挽其中」この說は、『大學或問』に見える。『大學或問』「夫不知善之眞可好、則其好善也、雖曰好之而未能無不好者以拒之於內。不知惡之眞可惡、則其惡惡也、雖曰惡之而未能無不惡者以挽之於中。是以不免於苟焉以自欺而意之所發有不誠者。」

【80】

人[1]固有終[2]身爲善而自欺者。不特外面、有心中欲爲善、而常有箇不肯底意思、便是自欺也。須是要打[3]疊得盡。蓋意誠而後心可正。過得這[4]一關後、方可進。　拱壽

〔校勘〕

○朝鮮古寫本卷一六には本條を載せない。
○「不特…自欺也」 成化本、萬曆本、呂留良本、傳經堂本、朝鮮整版本、和刻本は雙行小注とする。
○「箇」 萬曆本、和刻本は「个」に作る。

〔譯〕

人にはもとより終身善をなしながら自らを欺く者があるものだ。外面で欺くだけでなく、心の中で善をなそうと思ってもそれをなすことに對して積極的になれない氣持ちが常にあれば、それは自らを欺いたことになるのだ。是非ともこれを回收し盡くさねばならないのだ。思うに、意が誠になって、その後に心が正しくなれるのだ。このひとつの關門を通ることができて、はじめて進むことができるのだ。 董拱壽錄

〔注〕

（1）「人固有云云」 この文章は卷三一、二八條にも同文がある。（Ⅲ 787、從周錄）「三月不違、主有時而出、日月至焉、賓有時而入。人固有終身爲善而自欺者。不特外面、蓋有心中欲爲善、而常有一箇不肯底意、便是自欺。」

（2）「終身爲善」『孔子家語』「六本」「終身爲善、一言則敗之。可不愼乎。」

（3）「打疊」 收拾する、回收する。「打」は動詞を作る接頭辭。『能改齋漫錄』卷五「打字從手從丁」「予嘗考釋文云。丁者當也。打字、從手從丁、以手當其事者也。觸事謂之打、於義亦無嫌矣。」『蘆蒲筆記』卷三「打字」「收拾爲打疊、又曰打迸。」『語類』卷八、一五六條、竇從周錄（Ⅰ 147）「須是要打疊得盡、方有進。」この「打」の用法については、田中謙二「〈やまとことば〉に化けた中國語」（同氏『ことばと文學』汲古書院一九九三年刊所收）を參照。

（4）「一關」 誠意を善惡の「關門」と見るのは、卷一五、八五條以下を參照。

【81】

問自慊。曰。人之爲善、須[1]是十分眞實[2]爲善、方是自慊。若有六七分爲善、又有兩三分爲惡底意思在裏面相牽、便不是自慊。須是如惡惡臭如好好色、方是。　卓　自慊

〔校勘〕

○「爲惡底意思」　萬曆本、和刻本は「惡」を「悪」に作る。以下同じ。

○「裏」　萬曆本、和刻本は「裡」に作る。

○「不是」　朝鮮古寫本は「是不」に作る。

○「如好好色」　成化本、朝鮮古寫本、朝鮮整版本は「如」を缺く。

○「自慊」　朝鮮古寫本は、記錄者の後の「自慊」を缺く。

〔譯〕

「自慊」について質問した。先生がおっしゃる。「人が善をなすとき、完全に心の底から善をなそうとしてはじめて「自慊」なのだ。もし六七分が善をなそうとするものの、それとは別に二三分の悪をなそうとする氣持ちが心の中にあってそれにひっぱられたら、これではもう「自慊」ではない。是非とも「悪臭を悪むが如く、好色を好むが如し」となってはじめてよいのだ。」　黄卓錄　以下自慊について

〔注〕

（1）「須…方…」　…であってはじめて…である。

（2）「眞實」　まごころからの。『東坡志林』巻一〇「玄德將死之言、乃眞實語也。」

【82】

如惡惡臭、如好好色、此之謂自慊。慊者、無不足也。如有[1]心爲善、更別有一分心在、主[2]張他事、卽是横渠所謂有[3]外之心、不可以合天心也。祖道

〔校勘〕

○「如惡惡臭」　萬曆本、和刻本は「惡」を「悪」に作る。

〔譯〕

「惡臭を惡むが如く、好色を好むが如くする、此を之れ自慊と謂ふ」の「慊」とは十分に足りているということだ。たとえば心の中で善をなそうと思ったとき、それとは別にほんの少しでも心の中でほかのことを主張する部分があれば、これはとりもなおさず張横渠が言う「外有るの心は、以て天心に合すべからず」だ。曾祖道録

〔注〕

（1）「有…在」　在は斷定の語氣を表す助字。

（2）「主張」　現代語とほぼ同じ。『語類』巻五二、一二八條、楊至錄（Ⅳ　1236）「甞見陸子靜説這一段、大段稱告子所見高。告子固是高、亦是陸子之學與告子相似、故主張他。」なお、「主張」には「主宰」の意味もあり、その意味でもこの部分を解釋することができる。（主宰の意で使われる例としては『莊子』天運「天其運乎、地其處乎。日月其爭於所乎。孰主張是、孰維綱是。」）

（3）有外之心云云　心が天下の事物（＝天）と一體となれないのが「有外」。從って天の心とも合致することができなくなる。張載『正蒙』「大心」「大其心、則能體天下之物。物有未體、則心爲有外。世人之心、止於聞見之狹。聖人盡性、不以見聞梏其心。其視天下、無一物非我。孟子謂、盡心則知性知天、以此。天大無外、故有外之心、不足以合天心。見聞之知乃物交而知、非德性所知。德性所知、不萌於見聞。」「不自慊」を張載の語と關連させて説明する例は二程にも見られる。『二程遺書』巻一一、明道先生語「人須知自慊之道。自慊者、無不足也。若有所不足、則張子厚所謂有外之心、不足以合天心者也。」『二程粹言』巻二、心性篇「子曰。學必知自慊之道。有一毫不自慊、則子厚所謂有外之心、不足以合天心也。」

【83】

自慊之慊、大意與孟子行有不慊相類、子細思之、亦微有不同。孟子慊訓滿足意多、大學訓快意多。橫渠云。[1]有外之心（原注「蜀錄作自慊」）、不足以合天心、初看亦只[2]一般。然橫渠亦是訓足底意思多、大學訓快意多。

問。大學說自慊、且說合做處便做、無牽滯於己私、且只是快底意、[3]少間方始[4]心下充滿。孟子謂行有[5]不慊、只說行有不滿足、則便餒耳。

曰。固是。夜來說此極子細。若不理會得誠意意思親切、也說不到此。今看來、誠意如惡惡臭、如好好色、只是[6]苦切定要如此、不如此自不得。　賀孫

〔校勘〕

○「滿足意」　朝鮮古寫本は「足」字を「是」字に作る。
○「有外之心、（原注：蜀錄作自慊）」　朝鮮古寫本は「有外之心」を「自慊」に作り、「池本作有外之心」の雙行小注を附す。
○「如惡惡臭」　萬曆本、和刻本は「惡」を「悪」に作る。

〔譯〕

「自慊」の慊は、大意は『孟子』の「行い慊《あきた》らざる有れば」に近いが、子細に考えてみると、やはり少し違いがある。『孟子』の「慊」は「足」と訓む意が強いが、この『大學』（の「慊」）は「快」と訓む意が強い。張横渠が「外有るの心は、以て天心に合するに足らず」（原注：蜀錄は「自慊」に作る）と述べているのについて、最初はこれも『大學』と同じだと考えていた。しかし張横渠もやはり「足」と訓む意が強く、『大學』は「快」と訓む意が強い。

（という先生のお話をうけて）わたしが質問した。「『大學』は「自慊」を說いていますが、たとえばそれはまさになすべきことをなせば、私情にひっぱられてとらわれることがなく、さしあたりはただ快い氣分だけであって、しばらくしてからはじめて心が滿たされてくる、ということです。對して孟子の言う「行有不慊」は、ただ行爲に不滿足なところがあると、氣力がなくなる、ということを言っているのでしょうか。」

先生がおっしゃった。「もとよりそうだ。昨晚來このことはきわめて子細に說明した。もし君が誠意の意味を自分自身に照らして切實にわかっていなければ、やはりここまで說き到ることはあるまい。しかし今考えてみるに、誠意が「悪臭を悪むが如く、好色を好むが如く」であって、必ずこのようであらねばとひたすら深切に努力するのであって、このようでなければもちろんだめだ。」　葉賀孫錄

〔注〕

（1）「有外之心、（原注）蜀錄作自慊」　校勘に記したように朝鮮古寫本は「自慊（原注）池本作有外之心」に作る。池本は池錄、蜀錄は蜀類。黎靖德による『朱子語類大全』編纂以前に存在した所謂四錄二類（池錄・饒錄・饒後錄・建別錄、及び蜀類・徽續類）に屬する。池錄の一部を除いていずれも現在は見ることができない。池錄の殘巻は『朱子語錄』上下巻（上海古籍出版社、二〇一六年）として刊行されているが、葉賀孫錄（池錄巻八～一一）の箇所は逸亡しているため、同書にも未收録である。

（2）「一般」　おなじ。

（3）「少間方始」　少間は「しばらく」、方始は「～してはじめて」。

（4）「心下」　心、心のなか。

（5）「行有不慊」『孟子』「公孫丑」上「敢問。何謂浩然之氣。曰。難言也。其爲氣也、至大至剛、以直養而無害、則塞于天地之間。其爲氣也、配義與道、無是餒也。是集義所生者、非義襲而取之也。行有不慊於心則餒矣。」集注「慊、快也、足也。言所行一有不合於義、而自反不直、則不足於心而其體有所不充矣。然則義豈在外哉。」この「天地の間に塞がる」と、本條で引用される張載の發言との關係については、張載が「西銘」において「天地之塞吾其體、天地之帥吾其性、民吾同胞。」とし、また『正蒙』「中正」で「塞乎天地之謂大」とするのも參照。

（6）「苦切」　切實に。

【84】

字有同一義而二用者。慊字訓足也。吾[1]何慊乎哉、謂[2]心中不以彼之富貴而懷不足也。行有不慊於心、謂義須充足於中、不然則餒也。
如忍(3)之一字、自容忍(4)而爲善者言之、則爲忍去忿(5)慾之氣。自殘忍而爲惡者言之、則爲忍了惻隱之心。慊字一從口。如胡(6)孫兩嗛(7)、皆本虚字(8)。看(9)懷藏何物於内耳。如銜字、或爲銜恨、或爲銜恩、亦同此義。　僩

〔校勘〕

○「謂心中」　朝鮮古寫本は「謂」を「彼」に作る。
○「自殘忍而爲惡者言之」　萬曆本、和刻本は「惡」を「悪」に作る。
○「銜」　朝鮮古寫本は「銜」に作る。以下同じ。

〔譯〕

文字には一つの意味だが二通りに用いられるものがある。「慊」の字は「足」と解されるが、（何が足りているのかという内容について考えると）「吾れ何をか慊《うら》まんや」の場合は、心の中で、晉楚の富貴のようなものについては不満足と思わない、の意味である。「行いに心に慊《あきた》らざるあれば」の場合は、義が心に充足する必要があり、そうでないと氣力がなくなってしまう、という意味である。

たとえば「忍」という文字について言うと、がまんして善をなす人から言えば、怒りや欲望の氣が起ころうとするのをがまんして止めるということであり、殘忍で悪をなす人から言えば、惻隠の心をがまんする意味になる。また慊の字は口偏に作ることがあるが、猿が兩頬を膨らませてものをふくむようなもので、みな決まった內實を持たない虚字であり、要は中になにが隠されているのか、その中身次第だ。たとえば「銜」という文字は、恨みをふくむこともあり、恩をふくむこともある。これもまた同じことだ。　黃罃録

〔注〕

（1）「吾何慊乎哉」『孟子』「公孫丑」下「曾子曰。晉楚之富不可及也。彼以其富、我以吾仁。彼以其爵、我以吾義。吾何慊乎哉。」集注「慊、恨也、少也。或作嗛。字書以爲口銜物也。然則慊亦但爲心有所銜之義。其爲快爲足、爲恨爲少、則因其事而所銜有不同耳。」なお、以下の『大學或問』を參照。「然則慊之爲義、或以爲少、又以爲恨、與此不同何也。曰。慊之爲字、有作嗛者、而字書以爲口銜物也。然則慊亦但爲心有所銜之意、而其爲快爲足、爲恨爲少、則以所言之異而別之耳。孟子所謂慊於心、樂毅所謂慊於志、則以銜其快與足之意而言者也。孟子所謂吾何慊、漢書所謂嗛栗姫、則以銜其恨與少之意而言者也。讀者各隨所指而觀之、則既並行而不悖矣。字書又以其訓快與足者、讀與愜同、則義愈明、而音又異。尤不患於無別也。」

（2）「謂心中不以」『西山讀書記』が引用する本條も、「謂」を「彼」に作る。

（3）「忍」『孟子』「公孫丑」上「孟子曰。人皆有不忍人之心。先王有不忍人之心、斯有不忍人之政矣。以不忍人之心、行不忍人之政治、天下可運之掌上。」

（4）「容忍」耐える、がまんする。『演繁露』續集卷三「文武之怒、未嘗妄興、直待天下皆忿、不復可以容忍、乃始應之。」

（5）「忿慾」『周易』損、象傳「君子以懲忿窒欲。」

（6）「胡孫」サル。慧琳『一切經音義』卷一〇〇「猴玃、猴者猿猴、俗曰胡孫。」

（7）「嗛」サルなどの頰袋。『爾雅』釋獸「鳥曰嗉、寓鼠曰嗛。」郭璞注「頰裏貯食處。寓謂獮猴之類。寄寓木上。」

（8）「虛字」內實がいかようにも變わる文字。なお本卷六四條參照。

（9）「看」〜次第だ。

【85】

誠意章皆在兩箇自字上用功。人傑　自欺自慊

〔校勘〕

○「箇」　萬暦本、和刻本は「個」に作る。朝鮮古寫本は「个」に作る。

○「自欺自慊」　朝鮮古寫本はこの四字を缺く。

〔譯〕

誠意章はすべてこの二つの「自」という文字のところにとりくむのだ。萬人傑錄　以下自欺と自慊について

【86】

問。毋自欺是誠意、自慊是意誠否。小人閒居以下、是形容自欺之情狀。心廣體胖、是形容自慊之意否。

曰。然。後段各發明前說。但此處是箇牢關。今能致知、知至而意誠矣。驗以日用間誠意、十分爲善矣、有一分不好底意思潛發以間於其間、此意一發、便由斜徑以長、這箇却是實、前面善意却是虛矣。

如見孺子入井救之是好意、其間有些要譽底意思以雜之、如薦好人是善意、有些要人德之之意隨後生來、治惡人是好意、有些狠疾之意隨後來、前面好意都成虛了。

如垢[8]卦上五爻皆陽、下面只一陰生、五陽便立[9]不住了。荀子亦言、心、臥則夢、偸則自行、使之則謀（原注「見解蔽[10]篇」）。彼言偸者、便是說那不好底意。若曰使之則謀者、則在人使之如何耳。謀善謀惡、都由人、只是那偸底可惡、故須致知、要得早辨而豫戒之耳。　大雅

〔校勘〕

○「箇」　萬曆本、朝鮮古寫本、和刻本は「个」に作る。以下同じ。
○「知至而意誠」　朝鮮古寫本は「意」字の下に「斯」字がある。
○「有一分」　朝鮮古寫本は「有」字の上に「便自」の二字がある。
○「其間」　朝鮮古寫本は「問便」に作る。
○「有些要」　朝鮮古寫本は「有」字の上に「便」字がある。
○「治惡人」　萬曆本、和刻本は「惡」を「悪」に作る。
○「有些狠疾」　朝鮮古寫本は「有」字の上に「便」字がある。また「狠」を成化本、朝鮮古寫本は「很」に作る
○「垢」　朝鮮整版本は「姤」に作る。

〔譯〕

質問した。「「自ら欺く毋れ」が「意を誠にす」で、「自ら慊《あきた》る」が「意誠なり」でしょうか。「小人閒居」以下は、「自欺」の様子を表し、「心廣く體胖たり」は「自慊」の意味を表しているのでしょうか。」

おっしゃった。「そうだ。それぞれ後段が前の文章の説明になっている。ただここは堅牢な關門だ。もし知を致すことができれば、知が至って意が誠になるのだが、日常における誠意の實踐について検證してみるに、十分に善を爲

しているとしても、もし一分でもよくない氣持ちがひそかに生じてそのなかにはいりこんでいると、この氣持ちが一旦現れるや、正道をはずれてこのよからぬ意がどんどん大きくなり、こちらのほうが實になってしまい、先に持っていた善意のほうは虚になってしまう。

たとえば子供が井戸に落ちそうになっているのを見て、これを助けようとするのはよい意志だが、その時にいささかでもほめられたいという氣持ちがまじっているような場合、あるいは、優れた人を推薦するというのは善い意志だが、人に徳ある人と思われたいというほんのわずかな氣持ちがすぐあとからついて生じるようなとき、あるいはまた悪人を懲らしめようとするのはよい意志だが、いささかでも凶暴な氣持ちがすぐあとからついてくるようなとき、これらはみな、最初に持っていた良き意志が虚なるものになってしまうのだ。

たとえば、姤卦は上の五つの爻がみな陽だが、下に一つの陰が生じただけで、五つの陽が立っていられなくなる。荀子も言っている。「心は、寝ていれば夢を見、ぼんやりしていると放縦になり、働かせれば考える。」（原注「解弊篇に見える。」）ここで「ぼんやりしていると」と言われているのが、そのよくない意志のことだ。「働かせればものを考える」というのは、人がそれをどのように使うかにかかっている。善をなそうと考えるのか、悪をなそうと考えるのかは、みなその人次第である。ただあのぼんやりしたものこそがにくむべきものなのだ。だから知を致さねばならないのであり、早い段階で見極めて、あらかじめ警戒しておかなければならないのだ。」　余大雅錄

〔注〕

（1）「小人閒居云云」『大學章句』傳六章「小人閒居爲不善、無所不至、見君子而后厭然、揜其不善、而著其善。人之視己、如見其肺肝然、則何益矣。此謂誠於中、形於外、故君子必愼其獨也。曾子曰。十目所視、十手所指、其嚴乎。」朱注「閒居、獨處也。厭然、消沮閉藏之貌。此言小人陰爲不善、而陽欲揜之、則是非不知善之當爲與

惡之當去也。但不能實用其力以至此耳。然欲揜其惡而卒不可揜、欲詐爲善而卒不可詐、則亦何益之有哉。此君子所以重以爲戒、而必謹其獨也。」

（2）「心廣體胖」『大學章句』傳六章「富潤屋、德潤身、心廣體胖、故君子必誠其意。」朱注「胖、安舒也。言富則能潤屋矣、德則能潤身矣、故心無愧怍、則廣大寬平、而體常舒泰、德之潤身者然也。蓋善之實於中而形於外者如此、故又言此以結之。」

（3）「牢關」堅固な關門。關門の喩えは本巻八〇條に見える。なお以下參照。衞湜『禮記集說』巻一五〇引大學或問第六章「雖然、知至以上學問之事也。意誠以下自修之事也。此章上承學問之終、而下啓自修之首。與夫物格而知至者、其事若不相謀而實相爲用。正一篇之樞紐、而大學之牢關也。誠度此關、則入德之塗、坦然平直、自可安行必達、而無復有齟齬矣。」

（4）「斜徑」『皮子文藪』巻九「鹿門隱書」「聖人之道猶坦途、諸子之道猶斜徑。」

（5）「孺子云云」『孟子』「公孫丑」上「今人乍見孺子將入於井、皆有怵惕惻隱之心、非所以內交於孺子之父母也、非所以要譽於鄕黨朋友也、非惡其聲而然也。」

（6）「隨後」すぐあとで。

（7）「狼疾」『孟子』「告子」上「養其一指而失其肩背而不知也、則爲狼疾人也。」集注「狼善顧、疾則不能、故以爲失肩背之喩。」狼が後ろを向けないことで、肩と背中を失った喩えだと朱子は注しているが、ここは「みだりににくむ、凶暴」の意として解釋した。

（8）「姤」『周易』姤卦（䷫）のこと。初爻が不貞な女性で、そのような女性を娶ると男性に害が及ぶと解されている。卦辭「姤、女壯、勿用取女。」朱子本義「姤、遇也、……遇已非正、又一陰而遇五陽、則女德不貞而壯之

甚也。取以自配、必害乎陽。故其象占如此。」
（9）「立不住」 立っていられない。「～不住」は、「しとげられない」の意。『語類』巻八七、一八四條、葉賀孫録（Ⅵ 2267）「如所謂僕人乃立於車柱之外後角、又恐立不住、却以朵帛繫於柱上、都不成模樣。」
（10）「解弊篇」『荀子』解弊篇に同文が見える。楊倞注「臥、寢也。自行、放縱也。使、役也。言人心有所思、寢則必夢、偸則必放縱、役用必謀慮。」

【87】

或問自慊自欺之辨。

曰。譬如作蒸餅、一以極白好麵自裹包出、内外更無少異、所謂自慊也。一以不好麵做心、却以白[1]麵作皮、務要欺人、然外之白麵雖好而易窮、内之不好者終[2]不可揜、則乃所謂自欺也。 壯祖

〔校勘〕

○「或問自慊」 朝鮮古寫本は問字の下に「大學誠意章内何以爲」の九字がある。
○「裏」 萬暦本、和刻本は「裡」に作る。
○「所謂」 諸本はみな「所爲」に作るが、底本は「據上文改」として「所謂」に改めている。
○「壯祖」 朝鮮古寫本は處謙に作る（處謙は李壯祖の字）。

〔譯〕

ある人が「自慊」と「自欺」の違いについて質問した。

先生がおっしゃった。「たとえばマントウを作るようなものだ。このマントウは非常に白いよい粉で中からこねあげて作ってあり、中も外もまったく違いが無いもの、これが言うところの「自慊」だ。もうひとつのマントウは粗悪な粉で芯を作り、皮はといえば白い粉で作って、人をあざむいてやろうとするものだ。ただ、たとえ外側の白い粉で作った部分がよくても簡單に見破られるのであって、內部の粗悪なものは結局のところ隠しとおすことはできない、これが言うところの「自欺」だ。」　李壯祖錄

〔注〕

（1）「白麪」　白麪は研いで作られた上等な小麦粉。白麪の喩えは、巻一五、一一二條、李閎祖錄（Ⅰ 304）「意誠、如蒸餅、外面是白麪、透著是白麪。意不誠、如蒸餅外面雖白、裏面却只是粗麪一般。」を參照。

（2）「不可揜」『大學章句』傳六章「揜其不善、而著其善。」

【88】

問。誠其意者、毋自欺也。[1]近改注云。自欺者、[2]心之所發若在於善、而實則未能、不善也。若字之義如何。

曰。若字、只是[3]外面做得來一似都善、[4]其實中心有些不愛、此便是自欺。

[5]前日得孫敬甫書、他說自慊字、似差了。其意以爲、好善如好色、惡惡如惡惡臭、如此了、然後自慊。看經文、語意不是如此。此之謂自慊、謂如好好色、惡惡臭、只此便是自慊。是[6]合下好惡時便是要自慊了、非是做得善了、方能自慊也。

自慊正與自欺相對、[7]不差毫髪。所謂誠其意、便是要毋自欺、非至誠其意了、方能不自欺也。所謂不自欺而慊者、只是要自快足我之志願、不是要爲他人也。誠與不誠、自慊與自欺、[8]只爭這些子毫髪之間耳。

又曰。自慊則一、自欺則二。自慊者、外面如此、中心也是如此、[9]表裏一般。自欺者、外面如此做、[10]中心其實有些子不願、外面且要人道好。[11]只此便是二心、[12]誠僞之所由分也。　僩

〔校勘〕

○「外面做得來」　萬暦本、和刻本は「來」を「来」に作る。

○「好善如好好色、惡惡如惡惡臭」　萬暦本、和刻本は「好善如好〃色、悪〃如悪〃臭」に作る。

○「看經文」　萬暦本、朝鮮古寫本、和刻本は「經」を「経」に作る。

○「謂如好好色、惡惡臭」　萬暦本、和刻本は「謂如好〃色、悪〃臭」に作る。

○「是合下好惡時」　萬暦本、和刻本は「惡」を「悪」に作る。

○「不差毫髪」　成化本は「毫」を「豪」に作る。萬暦本、朝鮮古寫本、和刻本は「髪」を「鬆」に作る。

○「只爭這些子毫髪之間耳」　成化本は「毫」を「豪」に作る。萬暦本、朝鮮古寫本、和刻本は「髪」を「鬆」に作る。

〔譯〕

質問「「その意を誠にするは、自ら欺くこと毋《な》きなり」（『大學章句』傳六章）に關して最近先生は、その注を以下のように改訂されました。「自ら欺くとは、心の發するところ（＝「意」）が善を志向している若《ごと》くであっても、實際のところそれがまだできていなければ、それは不善に他ならない。」この場合の「若」字の意義は、いかなるものな

のでしょうか。」

先生「「若」の字の意義とは、ただ外見上は、その行っていることは全く以て善そのもののようであったとしても、實際のところは、心中にいくばくなりとも（善に對して）氣乗りのしない部分が有るならば、それがとりもなおさず自ら欺くことなのだ、ということだ。

先日、孫敬甫から受け取った書翰の中で、彼は「自ら慊《あきた》る」という語句について説明していたが、どうも間違っているようだ。彼の説く趣旨は、「善を好むこと好色を好む如くにし、悪を悪むこと悪臭を悪む如くにする、そのようにし得てこそ、それではじめて自ら慊るのである。」というものであった。しかし（『大學』の）經文を讀む限り、その語意は彼が説くようなものではあるまい。「此をこれ自ら慊ると謂う」とは、好色を好む如くにし、悪臭を悪む如くにすれば、それがとりもなおさず自ら慊ることなのである。つまり好悪しはじめたその刹那には、既にして自ら慊っているはずなのであって、善を爲し終わって、それではじめて自ら慊る、ということではないのだ。

「自慊」はまさに「自欺」と對極をなすもので、その間に髪の毛一筋をすら差し挟む餘地はない。所謂「その意を誠にする」とは、とりもなおさず自ら欺くこと毋きようにすることなのであって、その意を誠にしおわるのを待ってから、そこではじめて自ら欺かないことができる、というわけではないのだ。所謂「自ら欺かずして慊る」とは、（好善悪悪に對する）自己の志向願望が滿たされて快いようにする、ということに他ならないのであって、他人（からの評價）の爲にすることではないのだ。誠と不誠、自慊と自欺とは、この髪の毛一筋ほどの差が問題となるのに他ならないのだ。」

またおっしゃった。「自慊ならば（内外表裏は）一つであり、自欺ならば（内外表裏は）二つである。自慊とは、外見上もこのようであり、心中もやはりこのようであって、表裏は同一である。自欺とは、外見上はこのように振る舞っているが、心中はその實、いくばくか氣が進まない部分があって、ただその外見上、とりあえずは人に「よろしい」と言ってもらいたいだけなのである。これこそが二心に他ならないのであって、これが誠と僞に分かれ目なのだ。」

沈僩錄

〔注〕

（1）「近改注云」云々　現行本『大學章句』傳六章「所謂誠其意者、毋自欺也。」における「自欺」に對する朱注は以下の通り。「自欺云者、知爲善以去惡、而心之所發有未實也。」朱熹は最晩年に至るまで『大學章句』の改訂を繰り返した。現行の『大學章句』は、その晩年絶筆の形を傳えるものとされている。從って本條に「近改注云」として引かれる內容は、晩年絶筆に至る前の未定稿段階の注の一形態を示すものと推測される。なお本條に「前日得孫敬甫書」として言及のある書翰中にも『大學章句』『大學或問』の改訂に關する言及が見られる。『朱文公文集』卷六三「答孫敬甫」第六書「又論誠意一節、極爲精密。……所論謹獨一節、亦似太說開了。……此段章句或問、近皆略有脩改、見此刋正舊版。俟可印卽寄去。但難得便、或只寄輔漢卿、令其轉達也。」なお同書は慶元四年戊午（一一九八、朱熹六十九歲）の書翰と推定されている（陳來『朱子書信編年考證　增訂本』四七九頁）。また本條の記錄者である沈僩の所錄は「戊午以後所聞」である（『朱子語錄姓氏』）。從って本條に言及のある『大學章句』改訂も、戊午（六十九歲）以降の晩年におけるものである。『大學章句』改訂に關しては、本卷五四條の注を參照。また吉原文昭『南宋學硏究』所收「大學章句研究——その改訂の跡附を中心として」を參照（硏文社、二〇〇二年）。

（2）「心之所發」「心之所發」は「意」を指す。『大學章句』經、朱注「意者、心之所發也。」

（3）「外面做得來一似都善」「做得來」の「得來」は、動詞や形容詞の後ろに用いて、なにがしかの程度に到達したことや、ある種の結果をもたらしたことを示す（『漢語大詞典』参照）。『語類』巻四、九二條、徐寓録（Ⅰ77）「又曰。天之所命、固是均一、到氣稟處、便有不齊。看其稟得來如何。稟得厚、道理也備。」「一似」は、「まるで〜のようである」、「一似都」は「まるで全く〜のようである」『語類』巻三、五二條、葉賀孫録（Ⅰ46）「故祭祀之禮、盡其誠敬、便可以致得祖考之魂魄。這箇自是難說。看既散後、一似都無了。能盡其誠敬、便有感格。」

（4）「其實中心有些𠀤不愛、此便是自欺」「些𠀤」は「些子」と同じで、少し、幾分。ここでの「不愛」は、本條に後出する「中心其實有些子不願」の「不願」とほぼ同義。同趣旨の內容を述べる例を擧げておく。本巻八〇條「心中欲爲善、而常有箇不肯底意思、便是自欺也。」

（5）「前日得孫敬甫書」云々『朱文公文集』巻六三「答孫敬甫」第六書「又論誠意一節、極爲精密。但如所論、則是不自欺後、方能自慊。恐非文意。蓋自欺自慊兩事、正相抵背。纔不自欺、卽其好惡眞如好好色惡惡臭、只爲求以自快自足。如寒而思衣以自溫、饑而思食以自飽。非有牽强苟且、姑以爲人之意。纔不如此、卽其好惡皆是爲人而然、非有自求快足之意也。故其文曰。所謂誠其意者、毋自欺也。而繼之曰、如惡惡臭、如好好色、卽是正言不自欺之實、而其下句乃云、此之謂自慊。卽是言如惡惡臭好好色、便是自慊。非謂必如此而後能自慊也。」以上の內容から、孫自修（字敬甫、敬父、『朱子語錄姓氏』所收）は「不自欺（＝如惡惡臭、如好好色）→自慊」を時間的先後關係において把握しようとし、これに對して朱熹は「不自欺（＝如惡惡臭、如好好色）＝自慊」を同時一體のものとして」把握していたことがわかる。なお次條で「須無一毫自欺、方能自慊。必十分自慊、方能不自欺。」という弟子の發言が肯定されているのも、全く同趣旨である。

（6）「合下好惡時」「合下」は、すぐに、直ちに。

（7）「不差毫髪」　毛筋ほども相違がない。ぴったり一致する。ここでは「自慊」と「自欺」とが盾の兩面のように表裏對極の關係を爲し、表面と裏面の間に全く隙間がないことをいう。「不差毫髪」の用例、及び類似の表現については以下を參照。『太平廣記』卷七六「李淳風」「唐太史李淳風挍新曆、太陽合朔、當蝕既、於占不吉。太宗不悅曰。日或不蝕、卿將何以自處。曰。如有不蝕、臣請死之。及期、帝候於庭、謂淳風曰。吾放汝、與妻子別之。對曰。尚早。刻日指影于壁、至此則蝕。如言而蝕、不差毫髪。」『宋書』卷一一「律曆志」上「求古器、得周時玉律、比之、不差毫釐。」

（8）「只爭這些子毫髪之間耳」　ただこのほんのわずかの違いが大きな分かれ目となる。「爭」は、「分かれ目となる」の意。『語類』卷一二、三三條、余大雅錄（Ⅰ 202）「非禮勿視聽言動。勿與不勿、只爭毫髪地爾。」『語類』卷一〇四、四五條、沈僩錄（Ⅶ 2621）「因言讀書用功之難。諸公覺得大故淺近、不曾著心。某舊時用心甚苦。思量這道理、如過危木橋子、相去只在毫髪之間、才失脚、便跌落下去、用心極苦。五十歲已後、覺得心力短。看見道理、只爭絲髪之間、只是心力把不上。」「些子」は、少し。

（9）「表裏一般」「一般」は、同じ。

（10）「中心其實有些子不願」「中心」は心中。『詩經』國風「王風」「行邁靡靡、中心搖搖。」毛傳「邁、行也。靡靡、猶遲遲也。搖搖、憂無所愬。」

（11）「只此便是二心」「二心」は、不忠の心、異心、といった意味で用いられることが多い。『尚書』周書「康王之誥」「亦有熊羆之士、不二心之臣、保乂王家。」傳「言文武既聖、則亦有勇猛如熊羆之士、忠一不二心之臣、其安治王家。」ここでは外と內、表と裏が一致しない心。

（12）「誠僞之所由分也」　本卷七九條「又因論誠與不誠、不特見之於外、只裏面一念之發、便有誠僞之分。」『論語』

「顏淵」「子張問。士何如斯可謂之達矣。子曰。何哉、爾所謂達者。子張對曰。在邦必聞、在家必聞。子曰。是聞也、非達也。」朱注「聞與達、相似而不同、乃誠僞之所以分、學者不可不審也。」

【89】

問誠意章。曰。(1)過此關、方得道理牢固。

或云。(2)須無一毫自欺、方能自慊。必十分自慊、方能不自欺。故君子必愼獨。

曰。固是。然欲誠其意者、先致其知。知若未至、何由得如此。(3)蓋到物格知至後、已是意誠八九分了。只是(4)更就上面省察。(5)如用兵禦寇、寇雖已盡翦除了、猶恐林谷草莽間有小小隱伏者、或能間出爲害、(6)更當搜過始得。　銖

〔校勘〕

○朝鮮古寫本巻一六は本條を收録しない。

○「過此關」　萬曆本、和刻本は「關」を「関」に作る。

○「須無一毫自欺」　成化本は「毫」を「豪」に作る。

○「故君子必愼獨」　呂留良本、傳經堂本を含めて諸本は全て「愼」を「謹」に作る。本巻七五條の校勘を參照。

○「先致其知知若未至」　萬曆本、和刻本は「知知」を「知〃」に作る。

○「蓋到物格知至後」　萬曆本、和刻本は「蓋」を「盖」に作る。

○「已是意誠八九分了」　成化本は「意誠」を「誠意」に作る。朝鮮整版本巻末「考異」「意誠一作誠意」

○「用兵禦寇寇雖已盡翦除了」萬曆本、和刻本は「寇寇」を「寇〻」に作る。

〔譯〕

誠意章についてお尋ねした。先生「この（誠意という）關門を突破してこそ、はじめて道理を堅固に體得することができるのだ。」

ある者が言う。「毛筋ほども自ら欺くところがないということであって、それでこそ自ら慊ることもできます。必ず十分に自ら慊るところがあって、それでこそ自ら欺かないことも可能になります。だから君子は必ずその獨りを愼しむのですね。」

先生「もちろんそうだ。しかしながらその意を誠にしようとする者は、まずその知を致さねばならない。知がもしまだ至っていなければ、どうして誠意がかなおうか。思うに、物格り知至るの段階に至った後は、意は八割方九割方は既に誠になっているのだ。ただしそこのところに更に省察を加えなければならないのだ。例えば兵を率いて外敵を防ぐようなものであって、たとえ外敵が既にすっかり殲滅一掃されていたとしても、さらになお林谷草野の間に多少なりとも潛伏している者がいて、ひそかに出沒しては害を爲すようなことはないかと危ぶみ、更に搜索し盡くさねばならない、というのと同じことなのだ。」董銖錄

〔注〕

（1）「過此關」　誠意を突破すべき關門と見なす見解は、巻一五、八六～八九條、巻一六、八〇條、八六條に既出。

（2）「須無一毫自欺、方能自慊」「須…方…」は「是非とも…であって、それでこそ」の意。

（3）「蓋到物格知至後、已是意誠八九分了。」『語類』巻一五、一〇三條、鄭可學錄「問知至而后意誠。曰。知則知其是非。到意誠實、則無不是、無有非、無一毫錯、此已是七八分人。」本巻九三條、九四條にも同種の發言がある。

（4）「更就上面省察」そこのところで更に省察を加えねばならない。「上面」は、ここでは「誠意上面」の意。誠意のところで、誠意に卽して。「上面」は、～のところで、～に卽して。本巻一五條「而今學者只管要日新、却不去苟字上面著工夫。」

（5）「如用兵禦寇」用兵は、兵器を用いること、兵士を率いて武力を行使すること。『詩經』國風、邶風「擊鼓」「擊鼓其鏜、踊躍用兵。」傳「鏜然、擊鼓聲也。使衆皆踊躍用兵也。」「禦寇」は外敵を防ぐこと。『易經』「漸䷴九三、鴻漸于陸、夫征不復、婦孕不育、凶。利禦寇。」（本義）「鴻、水鳥也。水鳥、陸非所安也。九三過剛、不中而无應。故其象如此、而其占夫征則不復、婦孕則不育、凶莫甚焉。然以其剛剛也、故利禦寇。」

（6）「更當捜過始得」「捜過」は、探し盡くす。「…過」は動作の完了完成を示す。太田辰夫『中國語歴史文法』（朋友書店、二〇一三年新装再版）二一八頁「二物の間を通りすぎる意味をもつ助動詞。……このような空間における經過をあらわす「過」が時間の場合にも用いられるようになると完成をあらわすこととなった。ただし「了」とは少しく意味を異にし、ある動作を濟ませるという感じがつよい。この用法は宋代にできた。」

【90】

問。①知至而後意誠、則②知至之後、無所用力、意自誠矣。③傳猶有愼獨之說、何也。

曰。知之不至、則不能愼獨、亦不肯愼獨。惟知至者、見得④實是實非、⑤灼然如此、則必⑥戰懼以終之。此所謂能愼獨也。

如⑦顏子請事斯語、⑧曾子戰戰兢兢、⑨終身而後已、彼豈知之不至。然必如此、方能意誠。

⑩蓋無放心底聖賢。⑪惟聖罔念作狂。⑫一毫少不謹懼、則已⑬墮於意欲之私矣。此聖人教人⑭徹上徹下、⑮不出一敬字也。

蓋知至而後意誠、則知至之後、意已誠矣。猶恐[16]隱微之間有所不實、[17]又必提撕而謹之、使無毫髮妄馳、則表裏隱顯無一不實、而自快慊也。銖 愼獨

〔校勘〕

○「傳猶有愼獨之説」朝鮮古寫本は「傳」を「大學傳」に作る。呂留良本、傳經堂本を含めて諸本は、本條の本文に四出する「愼獨」を全て「謹獨」に作る。

○「亦不肯愼獨」朝鮮古寫本は「亦」の下に「有」字有り。

○「惟知至者」朝鮮古寫本には「惟」字がない。

○「灼然如此、則必戰懼」朝鮮古寫本は「則」を「而」に作る。

○「曾子戰戰兢兢」萬暦本、和刻本は「戰戰兢兢」を「戰〃兢〃」に作る。

○「蓋無放心底聖賢」萬暦本、朝鮮古寫本、和刻本は「蓋」を「盖」に作る。

○「惟聖罔念作狂」萬暦本は「惟聖罔念作聖作狂」に作る。和刻本は「惟聖罔念作狂」の後ろに二文字分の空格が有る。

○「一毫少不謹懼」成化本は「毫」を「豪」に作る。

○「蓋知至而後意誠」萬暦本、朝鮮古寫本、和刻本は「蓋」を「盖」に作る。

○「使無毫髮妄馳」成化本は「毫」を「豪」に作る。萬暦本、朝鮮古寫本、和刻本は「髮」を「鬆」に作る。

○「銖 愼獨」呂留良本、傳經堂本を含めて諸本は「愼」を「謹」に作る。朝鮮古寫本は「愼獨」の二字なし。

〔譯〕

質問。「「知至りて後に意は誠なり」（『大學章句』經）とある以上、知が至った後には、努力するまでもなく、意は自ずと誠になるはずです。それなのに傳に、愼獨すべし、との説が有るのはどうしてでしょうか。」

先生「知が至らないうちは、人は愼獨することはできず、また愼獨しようともしないものなのだ。知が至った者であってこそ、眞是眞非が明瞭にしかじかのものであることを體得できるから、必ずや戰《おのの》き懼れてそれを完結させようとする。愼獨することができるとは、まさにこういうことなのだ。例えば顏子の「請う斯《こ》の語を事《こと》とせん。」、曾子の「戰々兢々」「身を終えて後に已《や》む」等は、彼らにしても、どうして知がまだ至っていないなどということが有ろうか。しかしながら、必ずやこのようにしてこそ、それではじめてその意も誠になり得るのだ。

思うに「放心したままの聖賢」など、あり得ない。「惟《こ》れ聖も、念《おも》うこと罔《な》ければ狂と作《な》る」というやつだ。いささか戒愼恐懼を怠るということがほんのわずかでも有れば、（その意は）私的な意欲に墮してしまう。それ故に聖人が徹頭徹尾、人に教えるのも、敬の一文字より他にはないのだ。

思うに「知至りて後に意は誠なり」とある以上、知が至った後は、意は既にして誠なのだ。それでもなお隱微のところ（＝心の内奥）において不實な部分のあることを恐れるが故に、更に必ず自己の心を呼び覺ましてこれを謹しみ、心があらぬかたへと妄りに馳せるようなことが毛筋ほどもないようにさせれば、表裏隱顯にわたって一片の不實さえなく、自ら快く慊るのである。」　董銖錄　愼獨

〔注〕

（1）「知至而後意誠」　『大學章句』經「物格而后知至、知至而后意誠。」

（2）「知至之後、無所用力、意自誠矣」云々　經文に「知至而后意誠」とある以上、「知至」は自ずと「意誠」に連動するはずなのに、なぜ「知至」の後に「誠意」實現の爲に「愼獨」の工夫が要請されるのか、という疑問。

「知至」と「意誠」の關係については、『語類』巻一五、九八條以下を參照。

（3）「傳猶有愼獨之說」『大學章句』傳六章「所謂誠其意者、毋自欺也。如悪悪臭、如好好色、此之謂自謙。故君子必愼其獨也。」

（4）「實是實非」『語類』では本條の一例のみ。眞切確實な是非。「眞是眞非」に同じ。『二程外書』巻一、三條、程頤語「實是實非能辨、則循實是。天下之事、歸於一是、是乃理也。」陳淳『北溪外集』門人陳沂撰「敘述」（『北溪大全集』所收）「於書無所不讀、於事無所不格。凡千條萬緒、分合出入、實是實非、易惑難辨者、無不毫分縷析、各有以詣其極而無餘。……此先生再見文公而深有得也。」『語類』巻五三、七五條、葉賀孫錄（Ⅳ 1295）「問。……聽先生教誨而能辨別得眞是眞非、這可見得是非之理形見處。」

（5）「灼然如此」「灼然」は、明瞭に、明確に。『語類』巻一四、一二三條、劉砥錄「須是灼然知得物理當止之處、心自會定。」

（6）「戰懼以終之」ここで「終之」というのは、前の「惟知至者」を承け、『易』の「知至至之」「知終終之」を意識した表現であろう。『易經』乾、九三「知至至之、可與幾也。知終終之、可與存義也。」『伊川易傳』「知至至之、致知也。求知所至而後至之。知之在先、故可與幾。所謂始條理者、知之事也。知終終之、力行也。既知所終、則力進而終之。守之在後、故可與存義。所謂終條理者、聖之事也。此學之始終也。」（「始條理者、智之事也。終條理者、聖之事也。」は『孟子』「萬章」下）

（7）「顏子請事斯語」『論語』「顏淵」「顏淵問仁。子曰。克己復禮爲仁。一日克己復禮、天下歸仁焉。爲仁由己、而由人乎哉。顏淵曰。請問其目。子曰。非禮勿視、非禮勿聽、非禮勿言、非禮勿動。顏淵曰。回雖不敏、請事斯語矣。」

（8）「曾子戰戰兢兢」『論語』「泰伯」「曾子有疾。召門弟子曰。啓予足、啓予手。詩云。戰戰兢兢、如臨深淵、如履薄冰。而今而後、吾知免夫。小子。」（詩は『詩經』小雅「小旻」）

（9）「終身而後已」『論語』「泰伯」「曾子曰。士不可以不弘毅。任重而道遠。仁以爲己任、不亦重乎。死而後已、不亦遠乎。」

（10）「蓋無放心底聖賢」『語類』巻一五、一〇七條「自古無放心底聖賢。然一念之微、所當深謹。纔說知至後不用誠意、便不是。」「放心」は、『孟子』「告子」上「學問之道無他、求其放心而已矣。」

（11）「惟聖罔念作狂」たとえ聖人でも、思慮を盡くさなければ愚人と化す。『書經』「多方」「惟聖罔念作狂、惟狂克念作聖」蔡沈『書經集傳』「聖、通明之稱。言聖而罔念則爲狂矣、愚而能念則爲聖矣。」

（12）「一毫少不謹懼」「一毫も少しく謹懼せず」「少」は「稍」と同じで、やや。『大學衍義』巻二八、誠意正心之要、一、崇敬畏「事天之敬」「如人子之事親、候伺顏色、惟恐一毫少咈於親心。此大舜事天之敬也。」宋、陳文蔚『克齋集』巻二「又答徐子融書」「一毫稍涉異教、深扃固鐍、如拒盜然、庶幾不至陷於其域。」「謹懼」は「愼懼」に同じ、「愼懼」は「戒愼恐懼（戒め愼しみ恐れ懼れる）」の意。『中庸章句』一章「是故君子戒愼乎其所不睹、恐懼乎其所不聞。」

（13）「墮於意欲之私」「意欲之私」は、私的な意欲。ここでの意欲は、天理の對概念としての人欲に近い。以下の『孟子或問』における用例では、朱熹は『孟子』「口之於味也、目之於色也、耳之於聲也、鼻之於臭也、四肢之於安佚也、性也」（「盡心」下）の內容を「食色意欲之私」という語彙で表現している。『孟子或問』「或問。二十四章之說、所謂性命者、何不同也。曰。性者、人之所受乎天者。其體、則不過仁義禮智之理而已。其發、則雖食色意欲之私、亦無不本於是焉。命則因夫氣之厚薄而賦於人之名也。不惟智愚賢否之所繫、雖貧富貴賤之所値、亦無

不由於是也。故君子於食色意欲之私、則不謂之性、而安於貧富貴賤之有命。於智愚賢否之殊、則不謂之命、而勉於仁義禮智之有性也。」『朱文公文集』卷五六「答方賓王」第四書「人之應事、有不出於意欲之私、而但以不見義理之當然、遂陷於不正者多矣。」なお以下の用例を參照。『語類』卷一三、三〇條、李閎祖錄（Ⅰ 225）「凡一事便有兩端。是底卽天理之公、非底乃人欲之私。」同、卷一三、三三條、余大雅錄（Ⅰ 226）「天下只是善惡兩言而已。……問。此善惡分處、只是天理之公人欲之私耳。曰。……」

（14）「徹上徹下」 上から下まで、餘すところなく。徹底的に。徹頭徹尾。卷一五、二六條、廖德明錄「須是徹上徹下、表裏洞徹。」

（15）「不出一敬字也」「敬」は心を收斂し專一にすること。卷一四、一九條の注を參照。ここでは「放心」と對置されている。『語類』卷一二、八〇條、黃義剛錄（Ⅰ 209）「敬字、前輩都輕說過了、唯程子看得重。人只是要求放心。何者爲心。只是箇敬。今纔敬時、這心便在身上了。」

（16）「隱微之間」 他者にはうかがい知ることのできない、自己の心の內奧。『中庸章句』第一章「莫見乎隱、莫顯乎微、故君子愼其獨也。」朱注「隱、暗處也。微、細事也。獨者、人所不知而己所獨知之地也。」

（17）「又必提掇而謹之」「提掇」は「提醒」「提撕」と同義で、覺醒させる、呼び覺ます。「敬」と關連の深い概念。『語類』卷一二、一一八條、葉賀孫錄（Ⅰ 215）「或問。一向把捉、待放下便覺恁衰颯、不知當如何。曰。……公若知得放下不好、便提掇起來、便是敬。」卷四四、一三一條、葉賀孫錄（Ⅲ 1147）「又與文振說。平日須提掇精神、莫令頹塌放倒、方可看得義理分明。」卷一一八、五四條、訓鄭南升（Ⅶ 2853）「拜先生訖、坐定。先生云。文振近看得文字較細、須用常提掇起得惺惺、不要昏晦。若昏晦、則不敬莫大焉。」卷一二〇、三五條、葉賀孫錄（Ⅶ 2892）「初要持敬、也須有些勉强。但須覺見有些子放去、便須收斂提掇起、教在這裏、常常相接、久後自熟。」

【91】

問。或言、知至後、煞要著力做工夫。竊意致知是著力做工夫處。到知至、則雖不能無工夫、然亦無大段著工夫處。曰。雖不用大段著工夫、但恐其間不能無照管不及處、故須著防閑之。所以說君子愼其獨也。

行夫問。先生常言、知既至後、又可以驗自家之意誠不誠。先生久之曰。知至後、意固自然誠。但其間雖無大段自欺不誠處、然亦有照管不著所在、所以貴於愼其獨。至於有所未誠、依舊是知之未眞。若到這裏更加工夫、則自然無一毫之不誠矣。　道夫

〔校勘〕

○「煞要著力做工夫」　萬曆本、和刻本は以下、本條の「著」を全て「着」に作る。

○「竊意致知是著力做工夫處」　成化本、朝鮮古寫本は以下、本條の「著」を全て「着」に作る（初出箇所である「煞要著力做工夫」の「著」は底本に同じ）。

○「君子愼其獨也」　呂留良本、傳經堂本を含めて諸本は本條に二出する「愼」を全て「謹」に作る。

○「行夫問」　朝鮮古寫本は「夫」を「甫」に作る。

○「驗自家之意誠不誠」　和刻本は「驗」を「駐」に作る。

○「無一毫之不誠矣」　成化本は「毫」を「豪」に作る。

○「若到這裏」　萬曆本、和刻本は「裏」を「裡」に作る。

〔譯〕

質問。「知が至った後にこそ、大いに努力を傾注して工夫をなすべきだ、と主張する者もおります。私が思います

のには、致知は、確かに努力を傾注して工夫をなすべき場です。しかし既にその知が至った段階では、工夫が全くないというわけにはいかないにせよ、それはやはり、大いに努力を傾注して工夫をなす、というような場ではないように思います。」

先生「大いに工夫を行う必要まではないにせよ、ただそこには注意の行き届かない部分の生ずるのは不可避であろうから、それ故にこそ、是非ともそういったことは防いでやらねばならない。君子はその獨りを愼しむ、と說かれるのも、その爲なのだ。」

行夫がお尋ねした。「先生は常に、知が既に至った後にも、自己の意の誠と不誠とを檢證することができる、と仰られていますよね。」

先生はしばらくしてから仰った。「知が至った後は、意はもちろん、自ずと誠になる。ただし、そこには大いに自ら欺き不誠であるようなことはないにせよ、しかしやはり注意の及ばないところはあるものなのであって、だからこそ愼獨の工夫が重要視されるのだ。意に誠でないところが有るとすれば、それは依然としてその知が眞ではないからなのだ。もしもそこのところで更に工夫を行えば、自ずと毛筋ほどの不誠さえもなくなるのだ。」　楊道夫錄

〔注〕

（1）「煞要著力做工夫」「煞」は、はなはだ、非常に。「著力」は、力を込める、盡力する、努力する。

（2）「無大段著工夫處」「大段」は、非常に、大いに。「著工夫」は工夫を行う。「著」は、用いる。

（3）「不能無照管不及處」「照管」は、管理する、世話する、見守る、氣をつける。「不及」は、動詞の後に用いて「及ばない」「～し切れない」の意を表す。

（4）「故須著防閑之」「須著」は、是非とも～しなければならない。「防閑」は、「防」も「閑」も、ふせぐ、守り

防ぐ。『詩經』齊風「敝笱」序「敝笱、刺文姜也。齊人惡魯桓公微弱、不能防閑文姜、使至淫亂、爲二國患焉。」疏「文姜、是魯桓夫人。……文姜淫亂、由魯桓微弱使然。」なお「防閑」による「誠」の實現、という發想に近似するものとしては『易經』乾卦、文言傳「閑邪存其誠」が有る。

（5）「行夫問」蔡愳、字行夫。『朱子語錄姓氏』所收。

（6）「亦有照管不著所在」「在」は斷定の語氣を示す句末の助詞。「不著」は動詞の後に用いて、ちゃんと～できない、十分～できない、の意を表す。『語類』卷一三、五六條、楊道夫錄（Ⅰ 230）「凡事莫非心之所爲、雖放僻邪侈、亦是此心。善惡但如反覆手、翻一轉便是惡。只安頓不著、亦便是不善。」卷一四、九一條、林夔孫錄「公說胸中有箇分曉底、少間捉摸不著、私意便從這裏生、便去穿鑿。」

（7）「至於有所未誠、依舊是知之未眞」「依舊」は、依然として、相變わらず。「知至」「知眞」「意誠」の關係については以下を參照。『語類』卷一五、一〇二條、楊道夫錄「欲知知之眞不眞、意之誠不誠、只看做不做如何。眞箇如此做底、便是知至、意誠。」また、以下に引く條でも「知至」と「眞知」、「知不至」と「非眞知」とが、それぞれほぼ同内容の語として用いられている。卽ち「知至」（＝「眞知」）とは、自ずと「意誠」へと連動歸結すべきものであり、從って「意不誠」の原因は「知不至」（＝「知不眞」）に歸されることになる。『語類』卷一八、五條、廖德明錄（Ⅰ 391）「人各有箇知識、須是推致而極其至。不然、半上落下、終不濟事。須是眞知。問。固有人明得此理、而涵養未到、却爲私意所奪。曰。只爲明得不盡。若明得盡、私意自然留不得。若半靑半黃、未能透徹、便是尙有渣滓、非所謂眞知也。問。須是涵養到心體無不盡處、方善。不然知之雖至、行之終恐不盡也。曰。只爲知不至。今人行到五分、便是它只知得五分、見識只識到那地位。譬諸穿窬、稍是箇人、便不肯做、蓋眞知穿窬之不善也。虎傷事亦然。」なお卷一五、二條、楊道夫錄には「致知所以求爲眞知。」とある。「眞知」については同條注を參照。

【92】

光[1]祖問。物格知至、則意無不誠、而又有愼獨之說、莫[2]是當誠意時、自當更用工夫否。
曰。這是先窮得理、先知得到了、更須於細微處用工夫。若不眞知得到、都[3]恁地鶻鶻突突、雖十[4]目視、十手指、衆所共知之處、亦[5]自七顚八倒了。更[6]如何地愼獨。　賀孫

〔校勘〕

○「光祖問物格知至」朝鮮古寫本は「物格」を「格物」に作る。
○「而又有愼獨之說」呂留良本、傳經堂本を含めて諸本は、本條に二出する「愼」を全て「謹」に作る。
○「更須於細微處用工夫」成化本、朝鮮古寫本は「細微」を「微細」に作る。
○「都恁地鶻鶻突突」朝鮮古寫本は「都」を「都自」に作る。

〔譯〕

光祖がお尋ねした。「物格り知至れば、意は誠でないことはないはずです、それにもかかわらず更に愼獨すべしとの說が有るのは、誠意の時にあたっても當然、工夫を行うべきだ、との趣旨ではないでしょうか。」
先生「これはつまり、まず理を窮め、まず知が到達してから、更に是非とも細微なる場（＝「獨」）において工夫を用いるべし、ということだ。もしも眞に知が到達し得ずに、全く以てこんな風にうすぼんやりとしているようでは、

十目に注視され、十手に指さされ、衆人全てに知られてしまうような場においてさえ、應對がぐちゃぐちゃになってしまうのだ。ましてやどうやって愼獨などできようか。」　葉賀孫録

〔注〕

（1）「光祖問」　曾興宗、字光祖、號唯庵、江南西路贛州寧都縣人。『考亭淵源錄』巻一八。『朱子門人』頁二三八。

（2）「莫是當誠意時、自當更用工夫否。」「莫是…否」は、…ではないか。現代中國語の「不是…吗」と同じ。「自當」は、當然～すべきである。

（3）「都恁地鶻鶻突突」「都」は、全く、すべて。「恁地」はこのように。文言の「如此」に同じ。「鶻鶻突突」は「鶻突」と同じ。「鶻突」は現代中國語の「胡塗」と同じで、ぼんやりしている、曖昧である。『語類』巻五、一九條、包揚錄（Ⅰ 84）「聖人只是識得性。百家紛紛、只是不識性字。揚子鶻鶻突突、荀子又所謂隔靴爬痒。」巻六、八四條、周明作錄（Ⅰ 114）「人每日只鶻鶻突突過了、心都不曾收拾得在裏面。」「鶻鶻突突」は本巻三條にも既出。同條の注も參照のこと。

（4）「十目視、十手指」『大學章句』傳六章「曾子曰。十目所視、十手所指、其嚴乎。」朱注「引此以明上文之意。言雖幽獨之中、而其善惡之不可揜如此。可畏之甚也。」

（5）「亦自七顛八倒了」「亦自」は二文字で「また」。「七顛八倒」は混亂する、混亂を極める。『語類』巻一四、一六五條、甘節錄「人本有此理、但爲氣稟物欲所蔽。若不格物致知、事至物來、七顛八倒。」巻一五、二六條、廖德明錄「有一般人專要就寂然不動上理會、及其應事、却七顛八倒、到了又牽動他寂然底。」

（6）「更如何地愼獨」「如何地」は「如何」と同じ。どのようにして。

【93】

知至而後意誠、已有八分。恐有照管不到、故曰愼獨。節

〔校勘〕

○「照管不到」朝鮮古寫本は「照」を「服」に作る。

○「故曰愼獨」呂留良本、傳經堂本を含めて諸本は「愼」を「謹」に作る。

〔譯〕

知が至ってしかる後に意は誠になる、というのは、誠意が八割がた實現するということだ。ただしそこにはなお注意の行き屆かない部分があろうから、それ故に愼獨せよというのだ。甘節錄

〔注〕

（1）「知至而後意誠、已有八分。」本卷八九條にも「蓋到物格知至後、已是意誠八九分了。」とある。

（2）「有照管不到」注意の行き屆かないところがある。「照管」は九一條に既出。「不到」は、動詞の後に用いて、動作がある場所や程度にまで到達しないこと、動作が不十分なことを示す。『語類』卷一四、一九條、甘節錄「大學總說了、又逐段更說許多道理。聖賢怕有些子照管不到、節節覺察將去。」

【94】

致知者、誠意之本也。(1)愼獨者、誠意之助也。(2)致知、則意已誠七八分了、(3)只是猶恐隱微獨處(4)尙有些子未誠實處。(5)故其要在愼獨。　銖

〔校勘〕

○「愼獨者、誠意之助也」　朝鮮古寫本を除き、呂留良本、傳經堂本を含めて諸本は「愼」を「謹」に作る。

○「故其要在愼獨」　呂留良本、傳經堂本を含めて諸本は「愼」を「謹」に作る（朝鮮古寫本も同じ）。

〔譯〕

致知とは、誠意の本である。愼獨とは、誠意の補助である。知を致せば、意は既にして七割八割は誠になっている。ただそれでもなお、隱微にして獨なる處（＝心の深奥）において幾分かは誠實でない部分が有るかも知れない。それ故に、その緊要處は愼獨にあるのだ。　董銖錄

〔注〕

（1）「致知者、誠意之本也」『大學章句』經「欲誠其意者、先致其知。」

（2）「愼獨者、誠意之助也」　淸の李光地は、この部分をテキストの訛誤ではないかと疑っている。『榕村語錄』卷一「大學」「朱子語類中有一處言、愼獨爲誠意之助。助字、或係訛誤。而陸稼書與四舍弟、皆堅執以爲、謹獨所以幫誠意。如此、則兩謹獨皆幫助的工夫、惟末節誠意爲正面。豈有此理。」

（3）「致知、則意已誠七八分了」　本卷八九條、九三條參照。

（4）「隱微獨處」『中庸章句』第一章「莫見乎隱、莫顯乎微、故君子愼其獨也。」

（5）「尙有些子未誠實處」「些子」は、少し、幾分。

【95】

誠意章、上云必愼其獨者、欲其自慊也。下云必愼其獨者、防其自欺也。(1)(2)

蓋上言如惡惡臭、如好好色、此之謂自慊、故君子必愼其獨者、欲其察於隱微之間、必吾所發之意、好善必如好好色、惡惡必如惡惡臭、皆以實而無不自慊也。

下言小人閒居爲不善、而繼以誠於中、形於外、故君子必愼其獨者、欲其察於隱微之間、必吾所發之意、由中及外、表裏如一、皆以實而無少自欺也。銖

〔校勘〕

○「蓋上言」　成化本、萬曆本、朝鮮古寫本、和刻本は「蓋」を「盖」に作る。

○「如惡惡臭」　萬曆本、和刻本は本條における「惡」字を全て「悪」に作る。

○「小人閒居」　成化本、萬曆本、朝鮮古寫本、和刻本は「閒」を「間」に作る。

○「而繼以誠於中」　朝鮮古寫本は「繼」を「継」に作る。

○「表裏如一」　萬曆本、和刻本は「裏」を「裡」に作る。

〔譯〕

誠意章のうち、上で「必ずその獨りを愼む」というのは、自ら慊ることを要請したものである。下で「必ずその獨

りを愼む」というのは、自ら欺くことを防ごうとするものである。

思うに上で「惡臭を惡むが如く好色を好むが如し、此をこれ自ら慊ると謂う、故に君子は必ずその獨りを愼む。」と述べるのは、君子たる者、隱微のところ（「獨」）を考察し、自分の發した意が必ずや、善を好むこと必ず好色を好むが如くし、惡を惡むこと必ず惡臭を惡むが如くし、その（好善と惡惡の）いずれの場合にも、意が實となって自ら慊らないところはないようにすることを、要請しているのである。

下で「小人閒居して不善を爲す」と言い、これに繼いで「中に誠ならば、外に形《あら》わる、故に君子は必ず其の獨りを愼む。」と述べるのは、君子たる者、隱微のところ（「獨」）を考察し、自分の發した意が必ずや、中から外まで、表裏が一體となり、その（表と裏の）いずれもが、實となって自ら欺くところが少しもないようにすることを、要請しているのである。　董銖錄

〔注〕

（1）「上云必愼其獨者」『大學章句』傳六章「所謂誠其意者、毋自欺也。如惡惡臭、如好好色、此之謂自謙。故君子必愼其獨也。」

（2）「下云必愼其獨者」『大學章句』傳六章「小人閒居爲不善、無所不至、見君子而后厭然揜其不善、而著其善。人之視己、如見其肺肝然、則何益矣。此謂誠於中、形於外、故君子必愼其獨也。」

【96】

誠意者、好善（1）如好好色、惡惡如惡惡臭、皆是眞情。既是眞情、則發見於外者、亦皆可見。

如種痲則生痲、種穀則生穀、此謂誠於中、(2)形於外。又恐於獨之時有不到處、(3)故必愼獨。節

〔校勘〕

○「愼獨」　すべての版本は「謹獨」に作る。

〔譯〕

意を誠にするということは、「善を好むことは良い色を好むことのようであり、悪を悪むことは悪臭を悪むことのようである」ことで、これらはすべて僞りのない感情に根ざしている。僞りのない感情である以上、それが外面に現れたものは、すべて見て取ることができる。

例えば痲を植えれば痲が生えてき、穀物を植えれば穀物が生えてくるようなものであり、これを「心の中で誠であれば、外に現れてくる」と謂う。そしてさらに、獨りでいる時に行き屆かないところがあるのを恐れるがために、必ず愼獨しなければならないのだ。甘節錄

〔注〕

（1）「好善如好好色、惡惡如惡惡臭」『大學章句』傳六章「所謂誠其意者、毋自欺也、如惡惡臭、如好好色。」朱注「使其惡惡則如惡惡臭、好善則如好好色、皆務決去、而求必得之。」

（2）「誠於中、形於外」「必愼獨」『大學章句』傳六章「人之視己、如見其肺肝然、則何益矣。此謂誠於中、形於外、故君子必愼其獨也。」

（3）「有不到處」「不到處」は、十分に行き屆かないところ、至善を盡くせていないところ。『語類』卷一七、二九條、葉賀孫錄（Ⅱ 378）「曰。大抵至善只是極好處、十分端正恰好、無一毫不是處、無一毫不到處。」

【97】

或説愼獨。

曰。公[1]自是看錯了。如惡惡臭、如好好色、此之謂自慊、已[2]是實理了。下面故君子必愼其獨、是別擧起一句致戒、又是一段工夫。至下一段、又是反[3]説小人之事以致戒。君[4]子亦豈可謂全無所爲。且[5]如著衣喫飯、也是爲飢寒。大[6]學看來雖只恁地滔[7]滔地説去、然段段致戒、如[8]一下水船相似、也要柂[9]、要楫[10]。　夔孫

〔校勘〕

○「愼獨」「必愼其獨」　すべての版本は「愼」を「謹」に作る。

○「全無所爲」「爲飢寒」　萬曆本・和刻本は「爲」を「為」に作る。

○「著衣」　成化本・萬曆本・朝鮮古寫本・和刻本は「著」を「着」に作る。

○「下水船」　成化本・萬曆本・和刻本は「船」を「舡」に作り、呂留良本・傳經堂本は「舩」に作る。

〔譯〕

ある人が愼獨について議論した。

先生はおっしゃった。「あなたはきっと正しく見て取れていないのだ。「惡臭を惡むようにし、良い色を好むようにすることを、自ら滿足するというのである」、というのはすでに切實な道理なのだ。その次の「故に君子は必ずその獨りでいるところを愼まなければならない」というのは、改めて一文を設けて戒めようとしているのであり、なお一層工夫をしなければならない。次の段に至っては、また小人のことを反對の例として述べて戒めようとしている。君子もまた全く爲にするところがないなどと、どうしていえようか。

例えば服を着るのもご飯を食べるのも、飢えや寒さを免れるためだ。『大學』はこのように話がすっと流れていくように見えるが、實は一段ごとに戒めているのだ。恰も流れを下る船のようで、舵《かじ》も櫂《かい》も必要なのだ。」 林夔孫録

〔注〕

（1）「公自是看錯了」「公」は二人稱。君、あなた。質問者が何らかの見解を提示したことに對して、朱熹がその誤りを指摘したもの。〔參考〕を參照。

（2）「已是實理了」「已是實理了」は後文の「又是一段工夫」と呼應している。ここでの「實理」には、「切實に體得された理」「理を切實に體得する工夫」といったニュアンスが含まれる。以下に示す通り、「實理」には「性」一般と同義で用いられる用例の他に、「自盡」「忠」「信」「誠」といった語と結びつく概念として言及される用例が散見される。『語類』巻五、一四條、廖德明録（Ⅰ 83）「性是實理。仁義禮智皆具。」巻一六、二〇五條、葉賀孫録（Ⅱ 358）「又曰。盡己不是説盡吾身之實理、自盡便是實理。若有些子未盡處、便是不實。如欲爲孝、雖有七分孝、只中間有三分未盡、固是不實。」巻二一、一九條、程端蒙録（Ⅱ 485）「蓋忠信以理言、只是一箇實理、以人言之、則是忠信。」巻二一、二八條、黃卓録（Ⅱ 486）「又問。忠與誠如何。曰。忠與誠皆是實理。一心之謂誠、盡心之謂忠。」

（3）「反説」反面から説く。反對の例を取り上げて論じる。

（4）「君子亦豈可謂全無所爲」「無所爲（爲《ため》にする所無し）」は「有所爲而爲（爲《ため》にする所有りて爲す）」の否定。「有所爲而爲」は張栻の語。ある行爲を、それ自體を重要視するが故に行うのではなく、他の目的の爲に行うこと。功利的であり動機が不純であるという理由で、否定的に言及されることが多い。巻一五、一五五條の注を參照。

（5）「且如著衣喫飯」「且如」は、たとえば。「著衣喫飯」は以下の用例を參照。『臨濟錄』「示衆」（岩波文庫、五〇頁）「師示衆云。道流。佛法無用功處。秖是平常無事。屙屎送尿、著衣喫飯、困來卽臥。愚人笑我。智乃知焉。」

（6）「大學看來」「看來」は、見たところでは、一見したところ。

（7）「滔滔」　水が勢いよく流れていくさま。『論語』「微子」「滔滔者、天下皆是也、而誰以易之。」朱子集注「滔滔、流而不反之意。」ここでは水の流れるように話が進んでいくさまを指す。

（8）「如一下水船相似」「如…相似」は「……のようである」「下水」は流れを下る。『語類』巻五三、五九條、陳文蔚錄（Ⅳ　1291）「若能知而擴充、其勢甚順、如乘快馬、放下水船相似。」

（9）「梔」「舵」と同じ。

（10）「檝」　櫂。

〔參考〕

本條の問答において質問者がどのような見解を提示したのかは未詳であるが、李宜哲は後出の「君子亦豈可謂全無所爲」を手がかりに、質問者の發言内容を推測している。『朱子語類考文解義』「或說……全無所爲　或說、盖謂愼獨是當然之事、非以小人爲戒、然後方謹之也。若曰戒此而然、則是有所爲而爲之、非天理之本然。此說甚高、而實則不然。故先生云然。」

【98】

或問。在愼獨、只是欲無間。(1)先生應。節

〔校勘〕

○「愼獨」すべての版本は「謹獨」に作る。

○賀瑞麟『朱子語類記疑』は「或問條、語似不完」と述べ、底本（中華書局本）も「賀疑此條未完」との校注を施している。

〔譯〕

ある人は問うた。「愼獨しなければならないのは、これはとりもなおさず（天理に目覺めた意識に）間斷がないようにしたいのでしょうか。」先生は「うん」と答えた。　甘節錄

〔注〕

（1）「只是欲無間」「無間」は「無間斷」と同じ。工夫の實踐において間斷、斷絶がないこと。『語類』巻一七、一四條、鄭可學錄（Ⅱ 373）「大抵敬有二。有未發、有已發。所謂毋不敬、事思敬、是也。曰。雖是有二、然但一本、只是見於動靜有異、學者須要常流通無間。」巻三一、四三條、黄榦錄（Ⅲ 791）「侯氏亦曰。三月不違仁、便是不遠而復也。過此則通天通地、無有間斷。尹氏亦曰。三月言其久、若聖人、則渾然無間矣。」なお三浦國雄「間斷のない思想」（『中國哲學史の展望と模索』一九七六年、所收）を參照。

【99】

問誠意章句所謂必致其知、方肯愼獨、方能愼獨。(1)

曰。知不到田地、[2]心下自有一物與他相爭鬭、[3]故不會肯愼獨。[4]　銖

〔校勘〕

○「方肯愼獨」「方能愼獨」「不會肯愼獨」　すべての版本は「愼獨」を「謹獨」に作る。

○「相爭鬭」　成化本、萬曆本、朝鮮古寫本、朝鮮整版本、和刻本は「鬭」を「鬪」に作る。

〔譯〕

「誠意」の章句にある「必ず知を致してこそ、初めて愼獨しようとするのであり、初めて愼獨ができるのである」について質問した。

（先生は）おっしゃった。「知が一定の境地に到達しなければ、心のなかには自ずと夾雜物があって心と爭うのであり、そのため決して愼獨しようとしないのだ。」　董銖錄

〔注〕

（1）「誠意章句所謂必致其知、方肯愼獨、方能愼獨」　今本章句には見えない。あるいは未定稿か。致知を誠意の前提條件（必要條件）とする考え方については以下を參照。本巻八九條「然欲誠其意者、先致其知。知若未至、何由得如此。」同、九〇條「問。知至而後意誠、則知至之後、無所用力、意自誠矣。傳猶有愼獨之說、何也。曰。知之不至、則不能愼獨、亦不肯愼獨。」同、九四條「致知者、誠意之本也。愼獨者、誠意之助也。」

（2）「知不到田地」　『朱子語類考文解義』「知不到田地　田地、所當至之地位。謂致知不能到其極處也。」「田地」は、『語類』では「聖人田地」（巻七）、「孔子田地」（巻六〇）など、地步・境地・境涯などの意で用いられる。「田地」單獨でも「一定の水準」「一定の地步」の意で用いられる。『語類』巻一一三、二一條、訓輔廣（Ⅶ　2743）「此

箇物事極密、毫釐間便相争、如何恁地疏略説得。若是那眞箇下工夫到田地底人、説出來自別。」

（3）「心下自有一物」「心下」は、心のうち、心中。

（4）「不會肯」決して～しようとしない。

【100】

問。[1]自欺與[2]厭然揜其不善而著其善之類、有分別否。

曰。自欺只是於理上虧缺不足、[3]便胡亂且欺謾過去。如有得九分義理、雜了一分私意、九分好善惡惡、一分不好不惡、便是自欺。到得厭然揜著之時、又其甚者。原其所以自欺、又是知不至、不曾見得道理精至處、[4]所以向來說表裏精粗字。如知[5]爲人子止於孝、這是表。[6]到得知所以必著孝是如何、所以爲孝當如何、這便是裏。[7]見得到這般處、[8]方知決定是著孝、方可以用力於孝、又方肯決然用力於孝。人須是埽去[9]氣稟私欲、使[10]胸次[11]虛靈洞徹。木之　以下論揜其不善

〔校勘〕

○「表裏精粗字」「這便是裏」萬曆本、和刻本は「裏」を「裡」に作る。朝鮮古寫本は「表裏精粗字」を「表裏精粗底字」に作る。

○「所以必著孝」「決定是著孝」成化本、朝鮮古寫本、和刻本は「著」を「着」に作る。

○「埽去」成化本、萬曆本、朝鮮古寫本、朝鮮整版本、和刻本は「埽」を「掃」に作る。

○「胸次」成化本、朝鮮古寫本、朝鮮整版本は「胸」を「胷」に作る。

○「以下論揜其不善」成化本、呂留良本、傳經堂本、朝鮮整版本は「論揜其不善以下」に作る。萬暦本、和刻本は「侖揜其不善以下」に作る。朝鮮古寫本にこの一句なし。

〔譯〕

問うた。「自らを欺くことと、ひるんでその善くないところを覆い隠して善いところを僞って見せようとすることの類とは、違いがありますか。」（先生は）おっしゃった。「自らを欺くことはただ理（の把握）において足りないところがあるため、でたらめにとりあえず（理を體得した自分を）欺いてやっていくことだ。例えば九割は義理を把握していても一割の私意を混ぜており、九割は善を好み悪を憎んでも、一割は（善を）好まず（悪を）悪まないのであれば、これはつまり自らを欺くことだ。ひるんで（善くないことを）覆い隠して（善いところを僞って）見せようとする方はと言えば、これはさらにひどいものだ。それが自らを欺くことの原因を探れば、やはりそれは知が至らず、道理の精微で至極なところがまったく見えていないからであり、だから（私は）かねて「表裏精粗」の語を説いてきた。

例えば人の子としては孝に止まるべきを知ることは、これは表だ。孝でなければならないのはなぜか、孝であるにはどうすべきなのかを知ることは、それがつまり裏だ。このような地歩が見えてきたら、初めて是が非でも孝でなければならないことを知り、初めて孝であることに力を入れることができ、そして初めて決然と孝であることに力を入れようとするのである。人は氣稟と私欲による阻害を取り拂って、胸の中を透き通っているようにしなければならない。」　錢木之錄　以下は「その善くないところを覆い隠す」について論ず。

〔注〕

（1）「自欺」『大學章句』傳六章「所謂誠其意者、毋自欺也。」朱注「自欺云者、知爲善以去惡、而心之所發有未實也。」

（2）「厭然揜其不善而著其善之類」『大學章句』傳六章「小人閒居爲不善、無所不至、見君子而后厭然、揜其不善而著其善。」朱注「此言小人陰爲不善、而陽欲揜之、則是非不知善之當爲與惡之當去也、但不能實用其力以至此耳。然欲揜其惡而卒不可揜、欲詐爲善而卒不可詐、則亦何益之有哉。」

（3）「便胡亂且欺謾過去」「胡亂」はでたらめに。「欺謾」は欺く、騙す。「謾」とは、言葉で眞相を覆い隱すこと。

（4）「所以向來說表裏精粗字」「表裏精粗」に關しては、本卷五一條を參照。

（5）「爲人子止於孝」『大學章句』傳三章「爲人君、止於仁。爲人臣、止於敬。爲人子、止於孝。爲人父、止於慈。與國人交、止於信。」

（6）「到得知所以必著孝是如何」「著」は、「用いる」「行う」の意。

（7）「見得到這般處」「般」は、量詞。「這般」はこのような。

（8）「方知決定是著孝」「決定是」は、「決定」と同義。「きっと」、「必ず」の意。後出の「決然」と同義。

（9）「氣稟」『大學章句』經「大學之道、在明明德、在親民、在止于至善。」朱注「明德者、人之所得乎天、而虛靈不昧、以具衆理而應萬事者也。但爲氣稟所拘、人欲所蔽、則有時而昏。然其本體之明、則有未嘗息者。」稟受した氣質。

（10）「胸次」胸の中。

（11）「虛靈」注（9）に引く『大學章句』の朱注を參照。朱子はかつて「虛靈」を「心の本體」と解釋したことがある。『語類』卷五、三八條、萬人傑錄（Ⅰ　87）「虛靈自是心之本體、非我所能虛也。」卷一四、八五條注（1）を參照。

【101】

問意誠。

曰。表裏如一便是。但所以要得表裏如一、却難。今人當獨處時、此心非是不誠、只是不柰何他。今人在靜處、非是此心要馳騖(1)、但把捉他不住(2)。此已是兩般意思。至如見君子而後厭然詐善時、已是第二番罪過了(3)。祖道

〔校勘〕

○「柰何」　成化本、朝鮮整版本は「柰」を「奈」に作る。

〔譯〕

「意誠」について問うた。

（先生は）おっしゃった。「表と裏が同じであることがつまりこれだ。ただ表と裏を同じようにする手立ては難しい。今の人は獨りでいる時も、この心が誠ではないわけではないが、しかし心（が不誠に陥るの）をどうすることもできないのだ。今の人は靜かにしている時も、心が驅け回ろうとするわけではないが、しかし心をしっかりと捉えて抑えることができないのだ。このようではすでに（表と裏が）二通りのものとなっている。君子を見てひるんで善いところを僞って見せようとするようであれば、これはすでにさらなる過ちだ。」曾祖道錄

〔注〕

（1）「馳騖」　馬を走らせる。かけまわる。

（2）「但把捉他不住」「不住」は、動作の後ろに用いて、その動作がしっかりと遂行し切れない意を示す。「把捉不住」は、把捉し切れない。

（3）「已是第二番罪過了」「第二番」は、第二番目の。さらなる。「當獨處時」にまず自らを欺き、ここに至って更に君子の目を欺こうとするから「第二番罪過」と稱している。

【102】

誠意只是表裏如一。若外面白、裏面黑、便非誠意。今人須於靜坐時見得表裏有不如一、方是有工夫。如小人見君子則掩其不善、已是第二番過失。　人傑

〔校勘〕

○「裏面」　萬曆本、和刻本は「裏」を「裡」に作る。

〔譯〕

「誠意」とはただ表と裏が同じであることだ。もし外が白で、中が黑のようであれば、これは誠意ではない。今の人は靜坐するときに、表と裏が同じではないところが見えるようであってこそ、初めて工夫となるのだ。小人が君子を見たらその善くないところを覆い隱すようであれば、これはすでにさらなる過ちだ。　萬人傑錄

【103】

此一箇心、須每日提撕(1)、令常惺覺(2)。頃刻放寬(3)、便隨物流轉、無復收拾。

如今大學一書、豈在看他言語、正欲驗之於心如何。如好好色、如惡惡臭、試驗之吾心、好善惡惡果能如此乎。閒居爲不善、見君子則掩其不善而著其善、是果有此乎。一有不至、則勇猛奮躍不已、必有長進處。今不知爲此、則書自書、我自我、何益之有。大雅

〔校勘〕

○朝鮮古寫本巻一六にこの條なし。

○「此一箇心」　萬暦本、和刻本は「箇」を「个」に作る。

〔譯〕

この心は、是非とも毎日呼び覺まし、それが常に目覺めている狀態に保たなければならない。一刻たりとも緩むことがあれば、（心は）すぐ物に惹かれて流れていき、もはや收拾することができない。

今この『大學』という書物は、どうして單にその言葉を讀むことだけが目的なのだろうか。まさにそれで自らの心の如何なるかを檢證しようとするのだ。「（善を好むことは）善い色を好むことのようであり、（惡を惡むことは）惡臭を惡むことのようである」ということを、試しにこれに照らして自らの心を檢査すれば、果たしてこのように善を好むことと、惡を惡むことができているであろうか。「一人でいる時に善くないことをなし、君子を見ればその善くないところを覆い隱して善いところを僞って見せようとする」ことは、果たして自分自身にもあるだろうか。一つでも不十分なところがあれば、勇んで奮い立ってやまないようにすれば、必ず進步するところがある。今もしこうすることを知らなければ、書物は書物、自分は自分であって、何の益があろうか。余大雅錄

〔注〕

（1）「提撕」 精神を覺醒させる、勵ます。本卷二三條注（4）を參照。

（2）「惺覺」 「惺惺」と同じ。いつも目覺めているさま。『語類』卷一三、二三條、余大雅錄（Ⅰ 226）「要須驗之此心、眞知得如何是天理、如何是人欲、幾微間極索理會。此心常常要惺覺、莫令頃刻悠悠憒憒。」

（3）「放寛」 注意力が切れる。心が緩む。『語類』では心をゆったりと落ち着かせるとの意でも使われる。卷一〇、三〇條、不知何氏錄（Ⅰ 164）「讀書放寛著心、道理自會出來。若憂愁迫切、道理終無緣得出來。」卷一一、三五條、楊道夫錄（Ⅰ 181）「放寛心、以他說看他說、以物觀物、無以己觀物。」

（4）「如今大學一書、豈在看他言語」 『大學』の內容を言葉として讀むだけではだめで、必ず實地に實踐すべきであるということ。同趣旨を述べる條を卷一四から引いておく。一二條「大學一書、如行程相似、自某處到某處幾里、自某處到某處幾里。識得行程、須便行始得。若只讀得空殼子、亦無益也。」一三條「大學如一部行程曆、皆有節次。今人看了、須是行去。今日行得到何處、明日行得到何處、方可漸到那田地。若只把在手裏翻來覆去、欲望之燕之越、豈有是理。」一四條「大學是一箇腔子。而今却要去塡敎實著。如他說格物、自家是去格物後、塡敎實著。如他說誠意、自家須是去誠意後、亦塡敎實著。」二六條「大學所載、只是箇題目如此。要須自用工夫做將去。」

（5）「一有不至」 ここでの「有不至」は、九六條の「有不到處」と同義。不十分なところが有る。

（6）「長進」 その人の德や學問が向上する。

（7）「書自書、我自我」 『語類』卷四二、四三條、鄭可學錄（Ⅲ 1082）「爲學須先尋得一箇路逕、然後可以進步、可以觀書。不然、則書自書、人自人。」

【104】

問。誠於中、形於外、是實有惡於中、便形見於外。然誠者[1]、眞實無妄、安得有惡。有惡、不幾於妄乎。

曰。此便是惡底眞實無妄、善便虛了。誠[2]只是實、而善惡不同。實有一分惡、便虛了一分善。實有二分惡、便虛了二分善。　淳

〔校勘〕

○「淳」　傳經堂本は「涫」に作る。

〔譯〕

問うた。「「心の中で誠であれば、外に現れてくる」ということなら、心の中に確實に惡があれば、それが外に現れてくるはずです。しかし「誠」とは、眞實無妄であり、どうして惡なんかがあり得るでしょうか。惡があれば、妄に近いのではないでしょうか。」

（先生は）おっしゃった。「これはつまり惡における眞實無妄なのであって、その場合に善は消失してしまうのだ。誠であるというのは、（善惡いずれにせよ）ただ確實である、というだけのことなのであって、それが善である場合と惡である場合の違いがあるのだ。確實に一割の惡があれば、その分、一割の善が消える。確實に二割の惡があれば、その分、二割の善が消えてしまうのだ。」　陳淳錄

〔注〕

（1）「誠者、眞實無妄」『中庸章句』一六章「詩曰。神之格思、不可度思。矧可射思。」朱注「詩、大雅抑之篇。格、來也。矧、况也。射、厭也。言厭怠而不敬也。思、語辭。」「夫微之顯、誠之不可揜、如此夫。」朱注「誠者眞實

無妄之謂。陰陽合散、無非實者。故其發見之不可揜如此。」『中庸章句』二〇章「誠者天之道也。誠之者人之道也。誠者、不勉而中、不思而得、從容中道、聖人也。誠之者、擇善而固執之者也。」朱注「此承上文誠身而言。誠者、眞實無妄之謂、天理之本然也。誠之者、未能眞實無妄而欲其眞實無妄之謂、人事之當然也。聖人之德、渾然天理、眞實無妄、不待思勉而從容中道、則亦天之道也。未至於聖、則不能無人欲之私、而其爲德、不能皆實、故未能不思而得、則必擇善然後可以明善。」

（2）「誠只是實、而善惡不同」『大學章句』では朱子は傳七章について「意誠則眞、無惡而實有善矣」と注を加えており、ここでの發言と趣旨を異にしている。

【105】

誠於中、形於外。大學[1]和惡字說。此誠只是實字也。惡者却是無了天理本然者、但實有其惡而已。方

〔校勘〕

○朝鮮古寫本巻一六にこの條なし。

〔譯〕

「心の中が誠であれば、外に現れてくる」。『大學』は「惡」についてもこのことを説いている。ここの「誠」は「實」字の意に他ならない。惡とは本然たる天理を無くしたことであり、こうなると確實にあるのはもはや惡だけだ。

楊方錄

「注」

（1）「大學和惡字說」「和」は現代中國語の「連」と同じ。～も、～さえも。『宋元語言詞典』「和、連、連同。」

（頁五五一）

【106】

凡惡惡之不實、爲[1]善之不勇、外然而中實不然、或[2]有所爲而爲之、或[3]始勤而終怠、或九分爲善、尚有一分苟且之心、皆不實而自欺之患也。所謂誠其意者、表裏內外、徹底皆如此、無纖[4]毫絲髮苟且爲[5]人之弊。如飢[6]之必欲食、渴之必欲飲、皆自以求飽足於己而已、非爲他人而食飲也。又如[7]一盆水、徹底皆清瑩、無一毫砂石之雜。如此、則其好善也必誠好之、惡惡也必誠惡之、而無一毫强勉自欺之雜。所以說自慊、但自滿足而已、豈[8]有待於外哉。

是故君子愼其獨、非特顯明之處是如此、雖[9]至微至隱、人所不知之地、亦常愼之。小處如此、大處亦如此。顯明處如此、隱微處亦如此。表裏內外、精粗隱顯、無不愼之、方謂之誠其意。

孟子曰。人[10]能充無欲害人之心、而仁不可勝用也。夫無欲害人之心、人皆有之。閑時皆知惻[11]隱、及到臨事有利害時、此心便不見了。

且如一[12]堆金寶、有人曰。先爭得者與之。自家此心便欲爭奪推倒那人、定[13]要得了方休。又如人皆知穿窬之不可爲、雖稍有識者亦不肯爲、及至顚[14]冥於富貴而不知耻、或無[15]義而受萬鍾之祿、便是到利害時有時[16]而昏。所謂誠意者、須是隱微顯明、小大表裏、都一致方得。

[17]孟子所謂、見孺子入井時、怵惕惻隱、非惡其聲而然、非爲內交要譽而然。然却心中有內交要譽之心、却向人說、我實是惻隱、羞惡。[18]所謂爲惡於隱微之中、而[19]詐善於顯明之地、是所謂自欺以欺人也。然人豈可欺哉。人之視己、如見其肺肝然、則欺人者適所以自欺而已。誠於中、形於外、那箇形色氣貌之見於外者、自別、決不能欺人、祇自欺而已。這樣底、永無緣做得好人、爲其無爲善之地也。[20]外面一副當雖好、然裏面却[21]踏空、永不足以爲善、[22]永不濟事、更莫說誠意、正心、修身。至於治國、平天下、[23]越沒干涉矣。　僩　以下全章之旨

〔校勘〕

○「凡惡惡之不實」　萬曆本、和刻本は以下、「惡」を全て「悪」に作る。

○「纖毫」「一毫」　成化本は「毫」字を「豪」に作る。

○「是故君子愼其獨」　以下、呂留良本、傳經堂本を含む諸本は、本條の「愼」を全て「勤」に作る。本譯注で定本とする『理學叢書』本が「愼」に作るのは、恐らく『禮記』の「大學」「中庸」や朱熹『大學章句集注』の諸本に基づいて「謹」字を「愼」字に改めたのであろう。

○「表裏內外、精粗隱顯」　萬曆本、和刻本は「裏」を「裡」に作る。

○「閑時」　朝鮮整版本は「閑」字を「閒」に作る。

○「雖稍有識者」　朝鮮古寫本は「識」を「誠」に作る。

○「顚冥於富貴」　成化本、朝鮮古寫本、朝鮮整版本は「冥」を「寘」に作る。

○「不知耻」　萬曆本、朝鮮古寫本、朝鮮整版本、和刻本は「耻」を「恥」に作る。

○「然人豈可欺哉」成化本、萬曆本、朝鮮整版本は「人」字を「又」に作る。但し、朝鮮整版本巻末「考異」には「又一作人」とある。

○「那箇」萬曆本、朝鮮古寫本は「箇」字を「个」に作る。和刻本は「箇」字を「人」に作る。

○「然裏面却踏空」萬曆本、和刻本は「裏」を「裡」に作る。成化本、萬曆本、和刻本は「踏」を「踏」に作る。因みに、本條において萬曆本と和刻本は、四出する「裏」字のうち、一出目「表裏內外、徹底皆如此」と三出目「小大表裏、都一致方得」では「裏」に、二出目「表裏內外、精粗隱顯」と四出目「然裏面却踏空」では「裡」に作る。

○「以下全章之旨」朝鮮古寫本にはこの六文字無し。

〔譯〕

およそ、悪を憎むのに（誠意が）實でなく、善を爲すのに勇敢でなく、外見は悪を憎み善を爲しているようでも內面の實はそうではなく、何か他に目的があってそうしたり、初めのうちは善を爲すことに勤めていながら終わりには怠ってしまったり、九分までは善を爲しながらなお一分のおざなりの心があったりするのは、みな（誠意が）實でなくて自分を欺くという病である。『大學』經一章の「其の意を誠にす」とは、表裏內外、すべて徹底して己の意を誠にし、かりにも他人の目を氣にするなどという病弊が毛筋ほどもないことである。

たとえば飢えた者が必ず食べたいと思い、喉の渇いた者が必ず飲みたいと思うのは、すべて自分を満足させようとするのに他ならないのであって、他人を氣にして飲食するのではない。また、鉢の中の水に喩えるなら、その水が底まですっかり清澄で、わずかの砂や小石も混じっていないようなものだ。このように混じりけがなければ、善を好むのも必ずや誠から好むのであり、悪を憎むのも必ずや誠から憎み、そうしてわずかばかりも強《し》い勉めて自分を欺くという混じりけがない。だから「自ら慊《あきた》る」と言うのは、ただ自分に満足することであって、自分以外に何かを期待することなど有ろうか。

こういう譯で、君子が一人で居ることを愼み深くするのは、外から見て明らかなところだけ愼むのではなく、至って微かで隱れたところや他人の知らないことであっても、やはり常に愼み深くする。些細なことにも愼み深くし、大事にもやはり愼み深くし、外から見て明らかなところも愼み深くし、他人のうかがい知れぬ隱微なことにもやはり愼み深くする。己の表裏内外、精粗も隱顯も、すべてにおいて愼み深くする。これこそまさしく「其の意を誠にす」ということだ。

孟子は「人能《よ》く人を害せんと欲する無きの心を充たさば、而《すなわ》ち仁用ふるに勝《た》ふべからざるなり（人は他人に危害を及ぼすまいとする心を充實させれば、すべてが仁となる）」とおっしゃった。そもそも、他人に危害を及ぼすまいとする心は、人は皆持っている。自分獨りで心靜かな時には誰もがこの惻隱の心をわきまえているが、己の利害に關わる事柄に臨むと、この惻隱の心はたちまち消えてしまう。

たとえば、もしうずたかく盛られた金銀財寶に、誰かが「先に手にした者に與えよう」と言ったとすれば、こちらの心はすぐさま奪い爭ってその人を押し倒そうとの欲を興し、手に入れて初めてその欲心も止む。またたとえば、人は誰でも盜みをしてはならないことは分かっていて、すこしでも見識をそなえている者なら、やはり盜みなどしようとはしないのだが、富貴に目がくらんで恥を忘れ、受ける義もないのに厚祿を受けたりすることがあるのは、とりもなおさず利害が絡むと時として義（是非）の心がくらまされるのだ。いわゆる「誠意」とは、隱微なところでも明らかなところでも、小事でも大事でも表も內も、すべて一致してこそのものだ。

孟子のおっしゃった「孺子の井に入らんとするを見る時、怵惕惻隱するは、其の聲を惡《にく》みて然するに非ず、交りを內《い》れ譽を要《もと》めんが爲にして然するに非ず（乳兒が井戸に落ちそうなのを目にする時、驚きいたましく思う心が動くのは、助けなかったという悪評を嫌がってそうするわけではなく、乳兒の親族と親交を結んだり名譽を求めたりするためにそうするのではない）」というのも、逆に心中に乳兒の親族と親交を結んだり名譽を求めたりする心があるのに、他人には「私は本當にはっと驚きいたましく思い、（手をさしのべないことを）恥じ憎んだのです」と言ったりすれば、いわゆる他人に見えない隱微なところで悪を爲し、他人にも見えやすい明らかなところで善を取り繕っているのであって、これぞいわゆる「自分を欺いて他人も欺く」ことなのだ。

しかしそれで他人は欺けるであろうか。傳六章の「人の己を視るや、其の肺肝を見るが如く然り（他人がこちらを視るのは、まるでこちらの肺臟や肝臟までも見通すようだ）」のとおり、他人を欺くのはまさしく自分を欺くことに他ならない。「中に誠なれば、外に形《あらは》る」のとおり、顔かたちや風采など、あの外に表れたものは自己の眞實とは別物で、決して他人を欺くことなどできず、ただただ自分を欺いているだけである。

このようにして、永遠に善人となるようすがをもてないのは、本人に善を爲す素地が無いからである。もし外見上は（全體に）ぱっと見たところ良くても、その内面は逆に虚ろで、永遠に善を爲すことはできず、永遠に何の役にも立たず、まったく「誠意、正心、修身」を説くこともなく、「治國、平天下」などますます無關係である。　沈僩錄　以下は全章の要旨について

〔注〕

（1）「爲善之不勇」『論語』「爲政」、「子曰。非其鬼而祭之、諂也。見義不爲、無勇也。」」朱注「知而不爲、是無勇也。」

（2）「有所爲而爲之」張栻『南軒集』巻一四「閫範序」「誠知是書所載、莫非吾分内事、而古之君子、皆非有所爲

而爲之、則精微親切、必有隱然自得於中者、雖欲捨是而不由、亦不可得矣。」同、卷一七「溫嶠得失」「昔人之事業、皆非有所爲而爲之、事理至前、因而有成之耳。」『朱文公文集』卷八九「右文殿修撰張公神道碑」「蓋其常言有曰。學莫先於義利之辨。而義也者、本心之所當爲而不能自已。非有所爲而爲之者也。一有所爲而後爲之、則皆人欲之私而非天理之所存矣。嗚呼。至哉言也。其亦可謂擴前聖之所未發而同於性善養氣之功者歟。」卷一五、一五五條、卷一六、九七條の注を參照。

（3）「或始勤而終怠」『抱朴子』內篇「論仙」第二「事之難者、爲之者何必皆成哉。彼二君兩臣、自可求而不得。或始勤而卒怠、或不遭乎明師、又何足以定天下之無仙乎。」『大學衍義』卷二、帝王爲學之本「堯舜禹湯文武之學」「先儒謂、人之學、不日進則日退。故德不可以不日新。不日新者、不一害之也。始勤而終怠、始敬而終肆、以一出一入之心爲或作或輟之事、德何自而新乎。終始之間、常一不變、則德日以新矣。」

（4）「纖毫絲髮」「纖毫」も「絲髮」も、ほんのわずか。「絲髮」の用例は『語類』では本條を含む五例（卷一三の五一條、卷三五の五五條、卷一〇四の四五條、卷一二六の六一條。記錄者は卷三五のもののみ周謨錄、他はすべて沈僩錄）。

（5）「爲人之弊」「非爲他人而食飲」「爲人」は、他人からの評價を意識すること。卷一四、二八條の注（1）を參照。『論語』「憲問」「子曰。古之學者爲己、今之學者爲人。」朱注「爲、去聲。程子曰。爲己、欲得之於己也。爲人、欲見知於人也。」『大學或問』（或問六章之旨）「夫好善而中無不好、則是其好之也、如好好色之眞欲以快乎己之目、初非爲人而好之也。惡惡而中無不惡、則是其惡之也、如惡惡臭之眞欲以足乎己之鼻、初非爲人而惡之也。所發之實既如此矣。」

（6）「飢之必欲食、渴之必欲飲」『孟子』「公孫丑」上に「飢者易爲食、渴者易爲飲。」とある。朱注は「易爲飲食、

言飢渇之甚、不待甘美也。」また、同「盡心」上「孟子曰。飢者甘食、渇者甘飮、是未得飮食之正也。飢渇害之也。豈惟口腹有飢渇之害、人心亦皆有害。人能無以飢渇之害爲心害、則不及人不爲憂矣。」とあり、朱注に「口腹爲飢渇所害、故於飮食不暇擇、而失其正味。人心爲貧賤所害、故於富貴不暇擇、而失其正理。人能不以貧賤之故而動其心、則過人遠矣。」とある。

（7）「如一盆水、徹底皆清瑩、無一毫砂石之雜」『語類』巻六、一〇八條、呉雉錄（Ⅰ 117）「周明作謂、私欲去則爲仁。曰。謂私欲去後、仁之體見、則可。謂私欲去後便爲仁、則不可。譬如日月之光、雲霧蔽之、固是不見。若謂雲霧去、則便指爲日月、亦不可。如水亦然。沙石雜之、固非水之本然。然沙石去後、自有所謂水者、不可便謂無沙無石爲水也。」

（8）「豈有待於外哉」「有待於外」は「無待於外」の對概念。『韓昌黎文集校注』巻一「原道」「博愛之謂仁。行而宜之之謂義。由是而之焉、之謂道。足乎己無待於外、之謂德。」『孟子集注』「盡心」上の「充實之謂美」に「力行其善、至於充滿而積實、則美在其中而無待於外矣。」『論語或問』「學而」に「曰。人不知而不慍、何以爲君子也。曰。常人之情、人不知而不能不慍者、有待於外也。若聖門之學、則以爲己而已。本非爲是以求人之知也。人知之、人不知之、亦何加損於我哉。」とある。他『朱文公文集』には「有待於外」の用例が四例有る。

（9）「至微至隱」「愼獨」を「微」「隱」を以て說くのは『中庸』による。『中庸章句』第一章「莫見乎隱、莫顯乎微、故君子愼其獨也。」朱注「隱、暗處也。微、細事也。獨者、人所不知而己所獨知之地也。言幽暗之中、細微之事、跡雖未形、而幾則已動。人雖不知而己獨知之、則是天下之事、無有著見明顯而過於此者。是以君子既常戒懼、而於此尤加謹焉。所以遏人欲於將萌、而不使其潛滋暗長於隱微之中、以至離道之遠也。」

（10）「人能充無欲害人之心、而仁不可勝用也」及び「穿窬」『孟子』「盡心」下「孟子曰。人皆有所不忍、達之於其所忍、仁也。人皆有所不爲、達之於其所爲、義也。人能充無欲害人之心、而仁不可勝用也。人能充無穿窬之心、而義不可勝用也。人能充無受爾汝之實、無所往而不爲義也。士未可以言而言、是以言餂之也。可以言而不言、是以不言餂之也。是皆穿窬之類也。」朱熹集注「勝、平聲。充、滿也。穿、穿穴。踰、踰牆、皆爲盜之事也。能推所不忍、以達於所忍、則能滿其無欲害之人心、而無不仁矣。能推其所不爲、以達於所爲、則能滿其無穿踰之心、而無不義矣。此申說上文充無穿踰之心之意也。蓋爾汝人所輕賤之稱、人雖或有所貪昧隱忍而甘受之者、然其中心必有慚忿而不肯受之之實。人能卽此而推之、使其充滿無所虧缺、則無適而非義矣。」

(11)「惻隱」いたましく思う。『孟子』「公孫丑」上、「告子」上に見える。朱熹集注「怵惕、驚動貌。惻、傷之切也。隱、痛之深也。此卽所謂不忍人之心也。」

(12)「一堆金寶」「堆」は、うずたかく盛る、重なるの意で、ここでは量詞として用いられている。韓愈『朱文公校昌黎先生文集』巻六「華山女」「抽釵脱釧解環佩、堆金疊玉光靑熒。」

(13)「定要…方休」是が非でも…してはじめて止める。「方休」は巻一五、三〇條に既出。

(14)「顚冥」顚倒冥昧。目がくらみ、まよいまどう。『莊子』雜篇「則陽」「夫夷節之爲人也、無德而有知。不自許、以之神其交固、顚冥乎富貴之地。非相助以德、相助消也。」成玄英疏「顚冥、猶迷沒也。言夷節交游堅固、意在榮華。顚倒迷惑、情貪富貴。」陸德明釋文「顚冥、音眠。司馬云。顚冥、猶迷惑也。言其交結人主、情馳富貴。」福永光司『莊子』では、「富貴の地位に心くつがえり目のくらんだ（强欲な男）」「（富貴に）目がくらんで正氣を失うこと。」（朝日新聞社『中國古典選16　莊子』雜篇・上、一七〇頁）

(15)「無義而受萬鍾之祿」受けるのは正しくないのに厚祿を受け取る。「鍾」は量詞。『孟子』「滕文公」下「仲子、齊之世家也。兄戴、蓋祿萬鍾。以兄之祿爲不義之祿而不食也、以兄之室爲不義之室而不居也。」「告子」上「一簞

食、一豆羹、得之則生、弗得則死。呼爾而與之、行道之人弗受。蹴爾而與之、乞人不屑也。萬鍾則不辨禮義而受之。萬鍾於我何加焉。」趙岐注「鍾、量器也。」「公孫丑」下「我欲中國而授孟子室。養弟子以萬鍾。」朱注「萬鍾、穀祿之數也。鍾、量名。受六斛四斗。」

(16)「有時而昏」『大學章句』經、朱注「明德者、人之所得乎天、而虛靈不昧、以具衆理而應萬事者也。但爲氣稟所拘、人欲所蔽、則有時而昏。」

(17)「孟子所謂、見孺子入井時、怵惕惻隱、非惡其聲而然、非爲内交要譽而然」『孟子』「公孫丑」上「所以謂人皆有不忍人之心者、今人乍見孺子將入於井、皆有怵惕惻隱之心。非所以内交於孺子之父母也。非所以要譽於鄕黨朋友也。非惡其聲而然也。」朱熹集注「怵、音黜。内、讀爲納。要、平聲。惡、去聲、下同。乍、猶忽也。怵惕、驚動貌。惻、傷之切也。隱、痛之深也。此卽所謂不忍人之心也。内、結。要、求。聲、名也。言乍見之時、便有此心、隨見而發、非由此三者而然也。」

(18)「所謂爲惡於隱微之中、而詐善於顯明之地」『朱文公文集』卷一五「經筵講義」大學「此謂誠於中、形於外、故君子必愼其獨也。」（小字注）「臣熹曰。閒居、獨處也。厭然、銷沮閉藏之貌。小人爲惡於隱微之中、而詐善於顯明之地、則自欺之甚也。然既實有是惡於中、則其證必見於外。徒爾自欺而不足以欺人也。君子之謹獨、不待監此而後能然、亦不敢不監此而加勉也。」衛湜『禮記集說』卷一五〇「新安朱氏曰。……小人爲惡於隱微之中而詐善於顯明之地、其自欺亦甚矣。」

(19)「詐善」『論衡』卷一一「答佞」「觀其陽以考其陰、察其内以揆其外、是故詐善設節者可知。」『後漢書』卷二七「張湛傳」「人或謂張湛僞詐。湛聞而笑曰。我誠詐也。人皆詐惡、我獨詐善。不亦可乎。」

(20)「外面一副當雖好」「一副當」は、一組、ひとそろい。三浦『「朱子語類」抄』四五五頁。湯淺幸孫『近思錄』

上、一六一頁（朝日新聞社、中國文明選4、一九七二年）
(21)「踏空」　虛ろ、空っぽ。『漢語大詞典』では『語錄』の本條を引いて、「虛空、不切實。」とする。
(22)「永不濟事」「不濟事」は、だめだ、なんにもならない、ものにならない、役に立たない。
(23)「越沒干涉矣」「越」は、益々。「沒干涉」は、無關係である、無緣である、沒交涉である。

【107】

問。誠[1]意章自欺注、今改本恐不如舊注好。曰。何也。

曰。今[2]注云。心之所發、陽善陰惡、則其好善惡惡皆爲自欺、而意不誠矣。恐讀書者不曉。又[3]此句、或問中已言之、却不如舊[4]注云。人莫不知善之當爲、然知之不切、則其心之所發、必有陰在於惡而陽爲善以自欺者。故欲誠其意者、無他、亦曰禁止乎此而已矣。此言明白而易曉。

曰。不然。本經正文只說所謂誠其意者、毋自欺也。初[5]不曾引致知兼說。今若引致知在[6]中間、則[7]相牽不了、却非解經之法。又況經文誠其意者、毋自欺也、這[8]說話極細。蓋言爲善之意稍有不實、照[9]管少有不到處、便爲自欺。未便說到心之所發、必有陰在於惡、而陽爲善以自欺處。若如此、則大[10]故無狀、有意於惡、非經文之本意也。

所謂心之所發、陽善陰惡、乃是見理不實、不[11]知不覺地陷於自欺。非是陰有心於爲惡、而詐爲善以自欺也。如公之言、須是鑄[12]私錢、假官會、方爲自欺。大故是無狀小人、此豈自欺之謂邪。

（原注「又曰。所謂毋自欺者、正[13]當於幾微毫釐處做工夫。只幾微之間少有不實、便爲自欺。豈待如此狼[14]當、至於陰在爲惡、而陽爲善、而後謂之自欺邪。此處語意極細、不[15]可草草看。」）

此處工夫極細、未便說到那粗處。所以前後學者多說[16]差了、蓋爲牽連下文小人閒居爲不善一段看了、所以差也。又問。今[17]改注下文云。則無待於自欺、而意無不誠也。據經文方說毋自欺。毋[18]者、禁止之辭。若說無待於自欺、恐[19]語意太快、未易到此。

曰。旣能禁止其心之所發、皆有善而無惡、實知其理之當然、使無待於自欺、非勉强禁止而猶有時而發也。若好善惡惡之意有一毫之未實、則其發於外也必不能掩。旣是打[20]疊得盡、實於爲善、便無待於自欺矣。如人腹痛、畢竟是腹中有些[21]冷積、須用藥驅除去這冷積、則其痛自止。不先除去冷積、而但欲痛之自止、豈有此理。僩。

〔校勘〕

○「心之所發、陽善陰惡」　萬曆本、和刻本は、本條の「惡」を全て「悪」に作る。

○「恐讀書者」　成化本、朝鮮古寫本、朝鮮整版本は「讀書」を「初讀」に作る。

○「正當於幾微毫釐處」　萬曆本、朝鮮古寫本、和刻本は「於」字を「于」に作る。成化本は「毫」字を「豪」に作る。

○「蓋言爲善之意稍有不實」　萬曆本、朝鮮古寫本、和刻本は「蓋」を「盖」に作る。

○「狼當」　朝鮮古寫本、朝鮮整版本は「狼」を「郎」に作る。

○「未便說到那粗處」　朝鮮古寫本は「未」字の上に「在」字有り。成化本、朝鮮古寫本本は「粗」字を「麄」に作る。

○「蓋爲牽連下文」「蓋」字、成化本、萬曆本、朝鮮古寫本、和刻本は「盖」に作る。「牽」字、呂留良本を含めて諸本は「賺」に作る。傳經堂本は「牽」に作る。「連」字の下、朝鮮古寫本は「却」字有り。傳經堂本卷末附載「朱子語類正譌」に「牽連　原作賺、非。」とある。
○「一段」　萬曆本は「段」字を「叚」に作る。
○「使無待於自欺」　朝鮮古寫本は「使」字を「便」に作る。
○「一毫之未實」　成化本は「毫」字を「豪」に作る。
○「既是打疊得盡」　成化本、萬曆本、傳經堂本、朝鮮古寫本、朝鮮整版本、和刻本は「疊」を「疉」に作る。呂留良本は「疉」に作る。

〔譯〕

質問した。「「誠意」の章の「自欺」の先生の注は、今の改訂本より恐らく舊注の方が良いでしょう」と。（先生は）「どういう事か」と言われた。

申し上げた。「今の注の「心の發する所、陽に善、陰に惡なれば、則ち其の善を好み惡を惡むは皆自ら欺くを爲して、意誠ならず（心が發動した時、表向き善でひそかに惡であれば、その善を好み惡を憎むことはすべて自分を欺くこととなり、意は誠ではない）」は、恐らく讀者には理解し難いでしょう。またこの句は、『或問』の中で既におっしゃっていますが、かえって舊注に「人善の當に爲すべきを知らざる莫きも、然れども之を知ること切ならざれば、則ち心の發する所、必ず陰《ひそか》に惡に在りて陽に善を爲して以て自ら欺く者有り。故に其の意を誠にせんと欲する者は、他無し、亦曰く、此を禁止するのみ、と（人は誰でも善のなすべきことを知っているが、しかし、知ることが切實でなければ、心の發動時には、必ずひそかに惡に在りながらもうわべは善を爲してそれで自分を欺くものがある。だから、自分の意を誠にしようとするなら、他でもない、やはり、この動きを禁止するだけだと言うのだ）」とあるのに及びません。この舊注の言葉は明白で理解しやすいでしょう」と。

先生はおっしゃった。「そうではない。もともと『大學』の經の正文はただ「所謂其の意を誠にすとは、自ら欺くこと毋《な》きなり」と說くだけである。初めから「致知」に言及して「毋自欺」と兼ね合わせて說いてはいない。今かりに「致知」を引いて「誠其意」と「毋自欺」との話の中に置けば、どちらにも結びつくことができず、かえって經を解する方法ではない。ましてや、經の本文の「所謂其の意を誠にすとは、自ら欺くこと毋《な》きなり」の、この解き方が極めて細緻であるのだから（なおさら「致知」に言及する必要はない）。恐らく經の言おうとしているのは、善を爲す意が少しでも實でなく、心に少しばかり目配りの及ばないところがあれば、それはすぐさま自分を欺くことになるということであって、心の發動時には必ずひそかに悪に在りながらもうわべは善を爲して、それで自分を欺くというところまでただちに說こうとはしていないであろう。もしそのようであるならば、それは極めて醜悪で、意圖的に悪を爲す者となってしまうが、それは『大學』の經文に說こうとする本意ではないのだ。

最新の注（今の注）にいう「心の發する所、陽に善、陰に悪なれば」とは、それは理を見ることが實でなく、覺えず知らずに自分を欺くことに陷っていることである。心中ひそかに悪を爲そうとしながら、それを僞って善を爲すことで自分を欺くのではない。もし君の言う通りとすれば、私錢を鑄造しニセ金を作って、はじめて自分を欺くことになる。これは特別に悪い小人であって、「自分を欺く」と言えるだろうか。

（原注「また、先生はおっしゃった、「いわゆる「自ら欺くこと毋《な》きなり」とは、まさに心がほんのわずかばかり動こうとするところで工夫する。ただこの微かに動こうした時に、少しでもその意が實（純一・誠實）でなければ、それがすぐさま自分を欺くことである。あのようにだらしなく放蕩で、心中ひそかに悪を爲そうとしながら、うわべは善を爲そうとするなどという有り方になって、そうして初めてこれを「自ら欺く」と言うだろうか。ここの表現は意味が極めて細緻で、いい加減に讀むことはできない」と。」）

ここの工夫は極めて細緻で、すぐさまあの大まかなところまで說いているわけではない。今までの人々が說き誤ることが多かったのは、おそらく、傳の下文の「小人閒居して不善を爲す（つまらぬ人は獨り居ると不善を働く）」の一段をひきつなげて讀むからで、それで間違うのだ」と。

さらに問うた。「今、改めた注（今注）の下文に「則ち自ら欺くを待つ無くして、意誠ならざる無きなり」とあります。經文によればまさに「毋自欺也」と說いております。「毋」は禁止の語です。「自ら欺くを待つ無く（自分を欺くまでもなく）」と說くのは、恐らく話の進め方が性急すぎて、ここまで至るのは易しくありません」と。

先生はおっしゃった。「心の發動時にくい止めて、（意に）全く善のみが有って惡は無いようにすることができれば、心底から理の當然そうあるべきところを知り、（したがって）自分を欺く隙も無いのであって、勉め強いてくい止めてもそれでも時として（惡意が）發動してしまう、というのではない。もし善を好み惡を憎む意にわずかでも實でないところがあれば、心が發動すればその意の不實を絶對に覆い隱すことはできない。もし前もって（不善の芽を）拂拭し盡くすことができていれば、善を爲す意も實となり、從って自分を欺く隙もないのだ。

たとえば、人の腹痛は、詰まるところ腹にいささかの冷えがあるのであって、藥を用いてこの冷えを除けばよいのであって、そうすればその痛みは自ずから止む、というようなものだ。先ず冷えを除かずに、ただ痛みの自然と止むのを望むだけ（で腹痛が止む）など、そんな道理はない」と。　沈僩錄

〔注〕

（1）「誠意章自欺注」　朱注は「誠其意者、自脩之首也。毋者、禁止之辭。自欺云者、知爲善以去惡、而心之所發有未實也。謙、快也。足也。獨者、人所不知而己所獨知之地也。言欲自脩者知爲善以去惡、則當實用其力、而禁

止其自欺。」

以下の問答に言及される「改本」、「舊注」、「今注」、「或問」について整理しておく。「改本」はおそらく「今注」を指す。「或問」は『大學或問』には類似の表現はなく、『中庸或問』の二〇章（注（3）を參照）を指すと思われる。これは「今注」に近いものである。質問は「舊注」の方が「今注」（改本・今改注）や「（中庸）或問」よりも良いとする考えからのものである。

引用される「今注」も「舊注」も、その内容は現行の『大學章句』の朱注とは異なる。また、現行『大學章句』は、朱熹晩年絶筆に近いテキストであると考えられている。從って「今注」「舊注」として引かれる注は、いずれも草稿段階の注の内容を示すものと判斷できる。しかも本條の記錄者沈僴は一一九八年から從學したと考えられる（『朱門弟子師事年攷』）から、朱熹の沒年が一二〇〇年であることを考え合わせると、本條は朱熹最晩年の思索營爲を示すものとして資料的な價値が高いと言えるであろう。

ちなみに、本條と同じ沈僴の記錄に、本條に類似する内容の記事が有るので紹介しておく（巻一八、第一二五條、Ⅱ 423）。

「因說自欺、欺人、曰。欺人亦是自欺、此又是自欺之甚者。便教盡大地只有自家一人、也只是自欺、如此者多矣。到得那欺人時、大故郎當。若論自欺細處、且如爲善、自家也知得是合當爲、也勉强去做、只是心裏又有些便不消如此做也不妨底意思。如不爲不善、心裏也知得不當爲而不爲、雖是不爲、然心中也又有些便爲也不妨底意思。此便是自欺、便是好善不如好好色、惡惡不如惡惡臭。便做九分九釐九毫要爲善、只那一毫不要爲底、便是自欺、便是意不實矣。或問中說得極分曉。」（大學五、或問下、傳六章）

「大故」については本條の注（10）を、「郎當」については注（14）を參照。

（2）「今注云」「心之所發、陽善陰惡、則其好善惡惡、皆爲自欺、而意不誠矣。」内容は現行『大學章句』朱注とは異なる。

「陽善陰惡」は、周敦頤『太極圖說』「惟人也、得其秀而最靈、形既生矣、神發知矣、五性感動而善惡分、萬事出矣。」朱熹「太極圖說解」「形生於陰、神發於陽、五常之性、感物而動、而陽善陰惡、又以類分、而五性之殊、散爲萬事。」

（3）「又此句、或問中已言之」『中庸或問』二〇章「曰。然則大學論小人之陰惡陽善、而以誠於中者目之、何也。曰。若是者、自其天理之大體觀之、則其爲善也、誠虛矣。自其人欲之私分觀之、則其爲惡也、何實如之。而安得不謂之誠哉。但非天理眞實無妄之本然、則其誠也、適所以虛、其本然之善、而反爲不誠耳。」

（4）「舊注云」「人莫不知善之常爲、然知之不切、則其心之所發、必有陰在於惡而陽爲善以自欺者。故欲誠其意者無他、亦曰禁止乎此而已矣。」この内容も現行の『大學章句』朱注とは異なる。

（5）「初不曾引致知兼說」上引の「舊注」のうち、「知之不切」云々が内容的に致知説に關わるものであることを問題にした發言。なお致知說の文脈で知の切・不切を話題にする資料として以下がある。『語類』巻一八、六條、黃卓錄（Ⅱ 391）「致知、是推極吾之知識無不切至、切字亦未精、只是一箇盡字底道理。見得盡、方是眞實。」『朱文公文集』巻五〇「答周舜弼」第一〇書所引周謨（字舜弼）語「補亡之章謂、用力之久而一旦廓然貫通焉、則理之表裏精粗、無不盡、而心之分別取舍、無不切。」ただし實際には「知不至」（=「知不切」）と自欺は密接に關連する。本巻七〇條「問。知不至與自欺者如何分。」云々を參照。

（6）「在中間」「中間」は「なか」（『漢語大詞典』「中間……裏面」）

（7）「則相牵不了」「不了」は直前の動詞が不可能なことを表す。「致知」を「誠其意」と「毋自欺」との中に入れたのでは、「致知」の話は「誠其意」と「毋自欺」とのどちらとも結びつくことができない。

（8）「這説話極細。」　下文小字注の「所謂毋自欺者、正當於幾微毫釐處做工夫。」「此處語意極細」と同趣旨。「自欺」とは、内に悪意を抱きながら表面的に善を装ってこれを僞る、というような單純明白な構造をとるものではなく、より微細微妙な心の様態を意味する、ということ。

（9）「照管少有不到處」「照管」は、管理する、管理下に置く、掌握する、制御する。巻一四、第一八條の注（1）（汲古書院『朱子語類』譯注巻十四、二四頁）。

（10）「大故無狀」「無狀」は、醜悪、悪逆。「大故」は、「特に、本當に、はなはだ」（『宋語言詞典』六一頁、「特別、實在、太」。『語類』から三例を引用する）。また、『河南程氏遺書』巻第一八、八一條に「今習俗如此不美、然人却不至大故薄悪者、只是爲善在人心者不可忘也。」の用例がある。

ただし、朱熹には「大故」を「悪逆」と解している例もある。『論語』「微子」「周公謂魯公曰。君子不施其親、不使大臣怨乎不以。故舊無大故、則不棄也。無求備於一人。」朱注「大故、謂悪逆。」

（11）「不知不覺地陷於自欺」「不知不覺」は「覺えず知らず」「知らず知らず」。ここでは「不知不覺」によって「自欺」を説明しているが、一方で朱熹は「不知不識」と「自欺」を明確に區別する發言も殘している。本巻七一條を參照。

（12）「鑄私錢、假官會」　銅錢などを私的に鑄造したり、ニセの紙幣を作る。「官會」（官會子）は官制の「會子」。「會子」は北宋の大都市の商人や金融業者が發行した約束手形・送金手形で、信用のおけるものは紙幣の代わりになったという。南宋に入って政府は民間の會子を禁止し、國家として兌換期限のある會子を發行した（以上、『東洋史辭典』京大東洋史事典編纂會編、東京創元社、一九八〇年による。）

『宋史』卷一八一「食貨志」下三「會子」、「(紹興)三十年、戸部侍郎錢端禮被旨造會子、儲見錢、於城外流轉、其合發官錢、並許兌會子輸左藏庫……會子初行、止於兩浙、後通行於淮、浙、湖北、京西。」宋・葉適『葉適集』卷二「淮西論鐵錢五事狀」「於江南沿江州郡、以銅錢會子中半、或一分銅錢二分會子、直行兌換鐵錢。」

(13)「正當於幾微毫釐處做工夫」「幾微」は微細な兆し。周敦頤『通書』「誠幾德」「誠無爲。(朱熹注「實理自然、何爲之有、卽太極也。」)」幾善惡。(注「幾者、動之微、善惡之所由分也。蓋動於人心之微、則天理固當發見、而人欲亦已萌乎其間矣。此陰陽之象也。」)『語類』卷一三、二〇條、呂燾錄(Ⅰ 224)「天理人欲、幾微之間。」『易經』「姤」大象「姤之時義、大矣哉。」朱熹本義「幾微之際、聖人所謹。」

(14)「狼當」だらしなく、きちんとしない。放蕩。『語類』卷三六、第八七條、林夔孫錄(Ⅲ 967)「如人飮酒、飮得一盃好、只管飮去、不覺醉郎當了。」

(15)「不可草草看」「草草」は、いい加減に。

(16)「多說差了」「所以差也」「差」は、間違っている、間違うの意。

(17)「今改注下文云」「則無待於自欺、而意無不誠也。」「今改注」は「今注」のこと。注(2)「今注云」に續く內容か。ただし、これも現行の『大學章句』とは異なる。

(18)「毋者、禁止之辭」質問者は舊注の意(「故欲誠其意者、無他、亦曰禁止乎此而已矣」)に據っている。注(4)を參照。本條の朱熹の論ずるところでは、「毋」を禁止の辭とすることを否定しているが、現行の『大學章句』では注(1)に引いたように、「毋者、禁止之辭。」としている。

(19)「恐語意太快」「快」は、速い、急ぐ。「太快」は、速すぎる。ここでは語氣が性急に過ぎる、の意。『河南程氏遺書』卷一〇、「二程解、窮理盡性以至於命、只窮理便是至於命。子厚謂、亦是失於太快、此義儘有次序。須

是窮理、便能盡得己之性、則推類又盡人之性。既盡得人之性、須是并萬物之性一齊盡得、如此然後至於天道也。其間煞有事、豈有當下理會了。」『朱文公文集』卷三一「答張敬夫論中庸章句」「率夫性之自然。此語誠似大快。然上文說性已詳、下文又擧仁義禮智以爲之目、則此句似亦無害。」

(20)「打疊」あらかじめしておく。整理する。

(21)「冷積」冷え。腹（內臟）が長く冷えたための病。『黃帝素問靈樞經』卷一〇「積之始生、得寒乃生。厥乃成積也。」

【108】

敬[1]子問。所謂誠其意者、毋自欺也。注[2]云。外爲善而中實未能免於不善之雜。某意欲改作外爲善而中實容其不善之雜、如何。蓋所謂不善之雜、非是不知、是知得了又容著在這裏、此之謂自欺。

曰。不[3]是知得了容著在這裏、是不柰他何了、不能不自欺。公合[4]下認錯了、只[5]管說箇容字、不是如此。容[6]字又是第二節、緣不柰他何、所以容在這裏。此一段文意、公[7]不曾識得它源頭在、只要硬去捺他、所以錯了。（原注「大[8]概以爲有纖毫不善之雜、便是自欺。」）自欺、只是自欠[9]了分數、恰如淡[10]底金、不可不謂之金、只是欠了分數。如爲善、有八分欲爲、有兩分不爲、此便是自欺、是自欠了這分數。

或云。如此則自欺却是自欠。

曰。公且去看。（原注「又曰。自欺非是要如此、是不柰它何底。」）荀[11]子曰。心臥則夢、偸則自行、使之則謀。某自[12]十六七讀時、便曉得此意。蓋偸[13]心是不知不覺自走去底、不由自家使底、倒[14]要自家去捉它。使之則謀、這却是好底心、由自家使底。

李云。某每常多是去捉他。如在此坐、心忽散亂、又用去捉它。

曰。公又說錯了。公心粗、⑮都看這說話不出。所以說格物致知而後意誠、裏面也要知得透徹、外面也要知得透徹、便自是無那箇物事。⑯譬如果子爛熟後、皮核自脫落離去、不用人去咬得了。如公之說、這裏面⑰一重不曾透徹在。只是認得箇容著、⑱硬遏捺將去、不知得源頭工夫在。所謂誠其意者、毋自欺也、此是聖人言語之最精處、⑲如箇尖銳底物事。如公所說、只似箇⑳椿頭子、都粗了。公只是硬要去强捺、如水恁地滾出來、却硬要將泥去塞它、㉑如何塞得住。

㉒又引中庸論誠處而曰。一則誠、雜則僞。只是一箇心、便是誠。才有兩箇心、便是自欺。好善如好好色、惡惡如惡惡臭、他徹底只是這一箇心、所以謂之自慊。㉓若才有些子間雜、便是兩箇心、便是自欺。如自家欲爲善、後面又有箇人在這裏㉔拗你莫去爲善、欲惡惡、又似有箇人在這裏拗你莫要惡惡、此便是自欺。

（原注「㉕因引近思錄如有兩人焉、欲爲善云云一段、正是此意。」）

如人說十句話、九句實、一句㉖脫空、那九句實底被這一句脫空底都㉗壞了。如十分金、徹底好方謂之眞金、若有三分銀、㉘便和那七分底也壞了。

又曰。佛家看此亦甚精、被他分析得項數多。如云有㉙十二因緣、只是一心之發、便被他推尋得許多、察得來極精微。㉚又有所謂流注想、他最怕這箇。㉛所以潙山禪師云。某參禪幾年了、至今不曾斷得這流注想。此卽荀子所謂偸則自行之心也。僩

〔校勘〕

○「中實未能免於不善之雜」萬暦本、和刻本は「能」を「䏻」に作る。以下同じ。

○「某意欲改作」　朝鮮古寫本は、「某」を「其」に誤る。
○「蓋所謂不善之雜」　成化本、萬曆本、和刻本は「蓋」を「盖」に作る。
○「不是知得了容著在這裏」　萬曆本、朝鮮古寫本、和刻本は、「著」を「着」に作る。以下同じ。萬曆本、和刻本は「裏」を「裡」に作る。以下同じ。
○「是不柰他何了」　成化本、朝鮮整版本は「柰」を「奈」に作る。以下同じ。
○「只管說箇容字」　萬曆本、朝鮮古寫本、和刻本は「箇」を「个」に作る。以下同じ。
○「硬去捺他」　朝鮮整版本「硬」を「鞕」に作る。
○「大概以爲有纖毫不善之雜、便是自欺」　朝鮮古寫本はこの十五字を小字にせず。
○「大概」　成化本、萬曆本、朝鮮古寫本、朝鮮整版本、和刻本は「概」を「槩」に作る。
○「纖毫」　成化本、朝鮮古寫本は「毫」を「豪」に作る。
○「只是自欠了分數」　萬曆本、和刻本は「數」を「数」に作る。以下同じ。
○「是不柰它何底」　成化本、朝鮮整版本は「它」を「他」に作る。
○「又用去捉它」　成化本、朝鮮古寫本、朝鮮整版本「它」を「他」に作る。
○「公心粗」　成化本、朝鮮古寫本は「粗」を「麄」に作る。
○「裏面也要知得透徹、外面也要知得透徹」　成化本、朝鮮古寫本は「面」を「靣」に作る。以下同じ。
○「譬如果子爛熟後」　萬曆本、和刻本は「熟」を「孰」に作る。
○「只是認得箇容著」　成化本、萬曆本、朝鮮古寫本、和刻本は「著」を「着」に作る。
○「只似箇椿頭子」　朝鮮古寫本は「椿」を「捺」に作る。

○「都粗了」 成化本、朝鮮古寫本は「粗」を「麁」に作る。
○「却硬要將泥去塞它」 成化本、朝鮮古寫本、朝鮮整版本は「它」を「他」に作る。
○「只是一箇心」 萬曆本、和刻本は「箇」を「個」に作り、朝鮮古寫本は、「个」に作る。
○「才有兩箇心」 成化本、萬曆本、朝鮮古寫本、和刻本は「才」を「纔」に作る。以下同じ。
○「惡惡如惡惡臭」 萬曆本、和刻本は「惡」を「悪」に作る。以下同じ。
○「只是這一箇心」 朝鮮古寫本は「只是」と「這」との間に二文字分の空格あり。
○「後面又有箇人在這裏」 朝鮮古寫本は「人」を「心」に作る。
○「拗你莫去爲善」「拗你莫要惡惡」 萬曆本は「拗」を「抝」に作る。
○「某參禪幾年了」 萬曆本、和刻本は「參」を「叅」に作る。
○「不曾斷得」 朝鮮古寫本は「斷」を「断」に作る。

〔譯〕

李敬子（燔）が質問する。「『大學』傳六章の「所謂其の意を誠にするとは、自ら欺くこと毋きなり」の（「自ら欺く」の）注に、「外面では善を行っているが、内面では實のところいまだに不善の夾雜を免れていない」とありますが、私は「外面では善を行っているが、内面では實のところ不善の夾雜を許容してしまっている」と改めたいと思いますが、如何でしょうか。私が考えますに、所謂不善の夾雜とは、自らそれを知らないのではなく、知ってはいるがここ（心）に許容してしまうということで、それを「自ら欺く」というのではないでしょうか。」

先生が仰る。「知ってはいるがここ（心中）に許容してしまうのではなく、それ（不善の夾雜）をどうすることもできず、自ら欺かざるをえないのだ。君は最初から誤解していて、ひたすら「容」（許容、容認）という語を用いているが、そうではない。「容」というのも第二段階のものであって、それをどうすることもできないので、ここ（心中）に許容してしまうのである。この（『大學』の）一段の文意について、君はどこにその（自欺の）根源があるのかまるで分かっておらず、ひたすらそれ（不善の夾雜）を强引に抑えつけようとするから、間違うのだ。（原注「そもそもほんの少しでも不善の夾雜があれば、それがとりもなおさず自ら欺くということである。」）自ら欺くとは、自ら何分かを缺くということで、ちょうど、純度の低い金でも金と呼ばざるをえないが、それが何分かを缺いているようなものだ。たとえば善を行う場合、善を行おうと思う氣持ちが八分あっても、二分のしたくない氣持ちがあれば、これがとりもなおさず自ら欺くことであって、自らこの何分かを缺くということである。」

ある者がいう、「そうであれば自ら欺くとは、自ら缺くということですね。」

おっしゃる。「君、考えてみなさい。（原注「またおっしゃるに、「自ら欺くとは、意圖的にそのようにするものではなく、そうせざるを得ないものだ。」」）『荀子』に「心は、眠れば夢を見るし、いい加減にすれば放逸になるし、制御すれば謀りごとをめぐらす」という。私は十六、七の頃にこれを讀んだ時から、この意味がはっきりと分かった。思うに「偸心」とは、知らず識らずのうちにどこかに行ってしまうものであり、自らの制御がきかないものであるから、むしろ自分でそれ（偸心）を捉まえて制御する必要がある。「これを使すれば則ち謀る」とは、これはかえってよい心のことで、自ら制御できるものである。」

李燔がいう。「わたしはつね日ごろ槪ねそれ（心）を捉まえようとしていて、ここに坐っているときも、心が亂れそうになると、それを捉まえます。」

おっしゃる。「君はまた言い間違えた。君の心は粗雜で、この話を分かっていない。（『大學』で）なぜ「格物致知してその後に意が誠になる」というのかといえば、內面においても知が透徹し、外面においても知が透徹する必要があり、そこではじめて自然に「あのもの」（不善の夾雜）がなくなるのだ。たとえば果實が熟したら、皮や種子は自然に剝がれ落ち、人が齧（ってそれらを無理に取り去）る必要はない。君の說だと、この中に一重の透徹していないものがある。ただこの（殘った不善の夾雜を）「容」（許容）すると考え、無理にそれを抑えつけていくばかりで、（格物致知の）根本的な修練について分かっていない。「所謂其の意を誠にする者は、自ら欺くこと毋きなり」とは、聖人の言葉の最も精密なところで、あたかもこのように切っ先の鋭い物のようである。君の說は、棒杭のようで、まったく粗雜だ。君がひたすら强引に（心の内なる不善の夾雜を）抑えつけようとするのは、水がこのように湧き出ているのに、かえって無理に泥によってそれを塞ごうとするようなものだが、どうして塞ぎとめることができようか。」

また、『中庸』の「誠」について論じた部分を引いておっしゃる。「純一であれば誠であり、雜じり氣があれば僞りである。ただ一つの心だけが、誠である。少しでも二つの心があれば、自ら欺くということである。「善を好むこと好色を好むが如く、惡を惡むこと惡臭を惡むが如く」、そのように徹底して一つの心であれば、それゆえにこれを「自ら慊《あきた》る」というのである。もしわずかでも間雜があれば、それは二つの心であり、自ら欺くということである。例えば、自ら善を行おうとしても、後ろにもう一人の人（自分）がここにいて、善を行わせないように仕向けたり、惡を惡もうと思っても、もう一人の人（自分）がここにいて、惡を惡まないようにさせるのが、自ら欺くということである。

（原注「そこで『近思錄』の「兩人の有るが如し、善を爲さんと欲すれども云云」の一段を引いて、まさしくこの意味だとおっしゃる。」）

例えば、ある人が十の話をしたとして、九つは本當の話で、一つだけでたらめだったとしたら、その九つの本當の話もこの一つのでたらめによってすべて駄目になってしまう。例えば、十分《じゅうぶ》の金は、徹底してよいものであってこそ純金と呼ぶことができるが、もし三分の銀が混じっていれば、その七分の金さえも駄目になってしまう。」

またおっしゃる。「佛家はこの點をとても精密に考えていて、彼らによって分析された項目はたくさんある。例えば、十二因緣というものがあり、（これらはすべて）一心から發したものというが、彼らによって多くの種別が探究され、その考察も極めて精緻である。また、いわゆる「流注の想」（連綿と續いていく想念）というものがあり、彼らはこれを最も怖れる。だから潙山靈祐禪師は、「私は長い間參禪してきたが、今に至るまでこの流注の想を斷ち切ることはできなかった」といっているが、これは『荀子』のいう「偸なれば則ち自ら行く」という心のことである。」

沈僩錄

〔注〕

（1）「敬子」　李燔。字は敬子。江西省建昌の人、紹熙元年（一一九〇）の進士。『宋史』巻四三〇「道學傳」に傳が立てられる。それによれば、「改襄陽府教授、復往見熹。熹嘉之、凡諸生未達者、先令訪燔、俟有所發、乃從熹折衷、諸生畏服。熹謂人曰。燔交友有益而進學可畏。且宜諒樸實、處事不苟、它日任斯道者必燔也。」といわれ、朱子の高弟の一人であった。また「紹定五年、帝論及當時高士累召不起者。史臣李心傳以燔對、且曰。燔乃朱熹高弟、經術行義亞黄榦、當今海内一人而已」ともいわれる。『文集』巻六二に「答李敬子」の書を收める。陳榮捷『朱子門人』一二九頁を參照。

（2）「注云外爲善而中實未能免於不善之雜」　この注は、現行本の『大學章句』とは異なる。すでに本巻七四條、八八條、一〇七條に見たように、朱子は『大學章句』傳六章の「自欺」の注釋を何度も書き直している。「不善之雜」は、次のものに見える。『朱文公文集』巻五六「答朱飛卿」「改誠意章說。誠意一章、來喩似未曉。章句中意當云。人意之發形於心者、本合皆善。惟見理不明、故有不善雜之而不能實其爲善之意。今知已至、則無不善之雜、

而能實其爲善之意、則又無病矣。爲惡之實、則其爲善也不誠矣。有爲善之實、則無爲惡之雜、而意必誠矣。純一於善而無不實者、卽是此意未嘗異也。」

（3）「不是知得了容著在這裏、是不柰他何了、不能不自欺」「容」は、許容する、容認する、目をつぶる。「著」は、動作の持續を表す助字。「這裏」は、「ここ」。この場合は、「心の中」の意。李敬子のいう「知得了容著在這裏」（不善の夾雜を知ってはいるが、それを許容してしまう）は、「不柰他何了、不能不自欺」（不善の夾雜をどうすることもできず、自ら欺かざるをえない）というのと異なり、前者は意圖的、後者は無自覺なものである。ただし、朱子はこの問答の翌朝、「昨晩考えてみたが李敬子の說は正しい、ただ粗雜であっただけだ」（昨夜思量敬子之言自是、但傷雜耳）と、考えを改めている。本卷、一〇九條を參照。

（4）「合下」　はじめから。

（5）「只管說箇容字」「只管」は、ひたすら。「箇」は、一、冠詞的用法で「ひとつの……」、「……というもの」、二、指示代詞の「これ」「この」の意。入矢・古賀『禪語辭典』一二〇頁。

（6）「容字又是第二節」「第二節」は、「第二段階」の意。卷一二〇、九五條、呂燾錄（Ⅶ 2909）「國秀問。向曾問身心性情之德。蒙批誨云云。……曰。這裏未消說敬與不敬在。蓋敬是第二節事、而今便把來夾雜說、則鶻突了、愈難理會。」ここでは、「不柰他何」（それをいかんともすることができない）ことが第一段階であり、それゆえそれを「容」（許容）せざるをえないというのは第二段階のことだということ。

（7）「公不曾識得它源頭在」「它源頭」とは、自欺の根源のこと。「源頭」は卷一五、九六條、九七條に旣出。九六條「曰。源頭只在致知。知至之後、如從上面放水來、已自迅流湍決、只是臨時又要略略撥剔、莫令壅滯爾銖。」九七條「致其知者、自裏面看出、推到無窮盡處、自外面看入來、推到無去處、方始得了、意方可誠。致知格物是

源頭上工夫。」本來は「みなもと」「水源」の意だが、『語類』では、特に、格物致知が修養の根本であることをいう文脈で用いられる。

（8）「大概以爲有纖毫不善之雜、便是自欺」この一文は、朝鮮古寫本を除く諸本では雙行小字で記される。文脈から考えると、この前の部分との關連は薄く、むしろ後文とつながっているから、朝鮮古寫本のように、本來は注釋ではなく、問答の地の文かも知れない。

（9）「欠了分數」「分數」は、「八分」「九分」など「全體のうちの割合」の意。ここで「分數を缺く」とは、「何分かを缺く」、つまり百パーセントではない、の意。『語類』巻一三、一六條、黄榦録（Ⅰ 224）「天理人欲分數有多少。天理本多、人欲便也是天理裏面做出來。雖是人欲、人欲中自有天理。」巻一一七、五〇條、記録者缺（Ⅶ 2829）「問。事各有理、而理各有至當十分處。今看得七八分、只做到七八分處、上面缺了分數。莫是窮來窮去、做來做去、久而且熟、自能長進到十分否。」

（10）「淡底金」「淡」は、薄い、純度が低い、濃度が低いの意。

（11）「荀子曰。心臥則夢、偸則自行、使之則謀」『荀子』「解蔽篇」「心、臥則夢、偸則自行、使之則謀。故心未嘗不動也。」楊倞注「臥、寢也。自行、放縱也。使、役也。言人心有所思、寢則必夢、偸則必放縱、役用則必謀慮。」本巻、八六條に既出。

（12）「某自十六七讀時」『語類』巻一〇四、八條、楊道夫録（Ⅶ 2612）「某是自十六七時、下工夫讀書、彼時四旁皆無津涯、只自恁地硬著力去做。」

（13）「偸心」「偸」は、いいかげんであるさま。『禮記』「表記」「子曰。君子莊敬曰强、安肆曰偸。」鄭注「偸、苟且也。」

（14）「倒要自家去捉它」「倒」は、「かえって」。

（15）「看這說話不出」「看…不出」は、「…を見出すことができない」「〜をわかっていない」。巻一四、四四條に既出。

（16）「譬如果子爛熟後、皮核自脫落離去、不用人去咬得了」「果子」は格物致知、「爛熟」は、その工夫を充分に行うこと、「皮核」は「不善之雜」、「自脫落離去」は意が自ずと誠になること、「人去咬得」は不善の雜を無理やり抑えこむこと、をそれぞれ喩える。「皮核」は、皮と種。『語類』巻一八、九四條、輔廣錄（Ⅱ 415）「大凡爲學、須是四方八面都理會教通曉、仍更理會向裏來。譬如喫果子一般、先去其皮殼、然後食其肉、又更和那中間核子都咬破、始得。若不咬破、又恐裏頭別有多滋味在。若是不去其皮殼、固不可。若只去其皮殼了、不管裏面核子、亦不可。恁地則無緣到得極至處。」『齊民要術』巻四「桃酢法。桃爛自零者、收取内之於瓮中、以物蓋口。七日之後既爛、漉去皮核、密封閉之。三七日、酢成香美、可食。」

（17）「一重不曾透徹在」格物致知によって、薄皮を一枚ずつ剝いでいくイメージ。格物致知が不徹底なために認識に不十分なところがあり、なお薄皮一枚を隔てている、ということ。

（18）「硬過捺」「硬」は「無理に」の意。「捺」「强捺」は、抑えつける、抑制する。

（19）「如箇尖銳底物事」『大學章句』傳六章冒頭の聖人の言葉を、「この尖銳なもののようだ」とする喩えは、具體的にその場にあった何か銳利なものを用いたものか。

（20）「椿頭子」「椿子」ともいう。「椿」には、一、切り株、二、杭棒、三、中心、などの意味がある。ここでは、杭の意。尖銳なものに對して鈍重な木の棒杭。

（21）「如何塞得住」「どうして塞ぎきることができようか。」「…得住」は、動詞のあとにつけて、その動作が確實に遂行されることをあらわす。否定形は「…不住」。

(22)「又引中庸論誠處而曰」『中庸章句』二〇章「天下之達道五、所以行之者三。曰。君臣也、父子也、夫婦也、昆弟也、朋友之交也。五者、天下之達道也。知仁勇三者、天下之達德也。所以行之者、一也。」朱注「一則誠而已矣。」

(23)「若才有些子間雜」「些子」は、「わずかの」。

(24)「拗你莫去爲善」「拗你莫要惡惡」「拗」は、反對の方向に引っぱっていくこと。

(25)「因引近思錄「如有兩人焉、欲爲善云云」一段」『近思錄』巻四「(明道先生曰)……有人胸中常若有兩人焉。欲爲善、如有惡以爲之間。欲爲不善、又若有羞惡之心者。本無二人、此正交戰之驗也。持其志、使氣不能亂、此大可驗。要之、聖賢必不害心疾。」程明道の言葉。この一文の異文は、『語類』巻六九、五〇條、楊道夫錄（V 1721）に、「程子謂「一心之中如有兩人焉。將爲善、有惡以間之。爲不善、又有愧恥之心。此正交戰之驗。」程子此語、正是言意不誠、心不實處。」としても引かれる。

(26)「脫空」でたらめ、虚妄であること。巻一五、一〇四條に既出、注(3)を參照。『雲門廣錄』巻下「問僧。曾講百法論是不。僧云。是。師云。爲什麼脫空妄語。」

(27)「壞了」「壞」は「壊れる」ではなく、現代漢語の「壞」(huai)(悪い、劣悪である)の意。

(28)「便和那七分底也壞了」「和」は、現代漢語の「連」と同じく、「〜と同じく」「〜さえも」の意。太田辰夫前掲書、二六六頁「現代語では《連》を用いるが、包括のみならず強調のこともある。……古くは《和》もこれに用いられた。……《和》によってこのように強調するいいかたは宋元に多い。」

(29)「十二因緣、只是一心之發」「十二因緣」は、一、「無明」(無知)二、「行」(潛在的形成力)、三、「識」(識別

作用）、四、「名色」（名稱と形態）、五、「六處」（眼・耳・鼻・舌・身・意の六つの感覺器官）、六、「觸」（接觸）、七、「受」（感受作用）、八、「愛」（渴愛、妄執）、九、「取」（執着）、十、「有」（生存）、十一、「生」（生まれること）、十二、「老死」（老いること死ぬこと）。「現實の人生の苦惱の根元を追究し、その根元を斷つことによって、苦惱を滅するための12の條件を系列化したもの」（『岩波佛教辭典』、三九六頁）。新譯で「十二緣起」といい、舊譯で「十二因緣」という。『大乘義章』卷一「如經中說、十二因緣皆一心作。」（大正四四、四八六中）

（30）「又有所謂流注想、他最怕這箇。……此卽荀子所謂偸則自行之心也」「流注」は、瑜伽行派の術語。織田得能『佛教大辭典』（一八〇七頁）「有爲法の刹那刹那に前滅後生して相續不斷なること水の流注する如きを云う。」例えば、『楞伽經』卷一「最勝無邊善根成熟、離自心現妄想虛僞、宴坐山林、下中上修、能見自心妄想流注、無量刹土諸佛灌頂、得自在力神通三昧」。（大正一六、四八四中）『語類』において、朱子はしばしば佛家の「流注想」に言及し、それは『荀子』の「偸則自行」と同じであるという。卷二一、一三條、潘時擧錄（Ⅱ 484）「曰。人之本心、固是不要不忠信。但才見是別人事、便自不如己事切了。若是計較利害、猶只是因利害上起、這箇病猶是輕。惟是未計較利害時、已自有私意、這箇病却最重。往往是才有這箇軀殼了、便自私了、佛氏所謂流注想者是也。所謂流注者、便是不知不覺、流射做那裏去。但其端甚微、直是要省察。」卷七二、一一五條、淵錄（Ⅴ 1838）「中行無咎、中未光也。」事雖正而意潛有所係吝、荀子所謂偸則自行、佛家所謂流注不斷、皆意不誠之本也。」

（31）「所以潙山禪師云。某參禪幾年了、至今不曾斷得這流注想」「潙山禪師」は、中唐から唐末の潙山靈祐禪師（七七一～八五三）。百丈懷海の法嗣。弟子の仰山慧寂とともに潙仰宗の祖とされる。現行の『潙山語錄』および『祖堂集』、『景德傳燈錄』などには、この話は見いだせない。

〔參考〕

本條は眞德秀『大學集編』に收める。本條の一部は、三浦國雄譯注『「朱子語類」抄』一八二～一九一頁に收める。

【109】

次早、又曰。昨夜思量敬子之言自是、但傷雜耳。某之言、却即說得那箇自欺之根。自欺却是敬子容字之意、容字却說得是。蓋知其爲不善之雜而又蓋庇①以爲之、此方是自欺。謂②如人有一石米、却只有九斗、缺了一斗、此缺者便是自欺之根。自家却自蓋庇了、嚇③人說是一石、此便是自欺。謂如人爲善、他④心下也自知有箇不滿處、他却不說是他有不滿處、却遮蓋了硬說我做得是、這便是自欺。却將那虛假之善來蓋覆這眞實之惡。某⑤之說却說高了、移了這位次了、所以人難曉。大率人難曉處、不是道理有錯處時、便是語言有病。不是語言有病時、便⑥是移了這步位了。今若只恁地說時、便與那小人閒居爲不善都說⑦得貼了。僩

〔校勘〕

○「次早又曰」　朝鮮古寫本は「又」を「文」に誤る。
○「那箇自欺之根」　萬曆本、朝鮮古寫本、和刻本は「箇」を「个」に作る。以下同じ。
○「蓋知其爲不善之雜」　萬曆本、朝鮮古寫本、和刻本は「蓋」を「盖」に作る。以下同じ。
○「此缺者便是自欺之根」　朝鮮整版本は「便」を「⿰亻叓」に作る。以下同じ。
○「硬說我做得是」　朝鮮整版本は「硬」を「⿰石叓」に作る。

○「虛假之善」　萬暦本、朝鮮整版本、和刻本は「虚」を「虗」に作る。
○「蓋覆這眞實之惡」　萬暦本、和刻本は「惡」を「悪」に作る。
○「小人閒居爲不善」　成化本、朝鮮古寫本は「閒」を「間」に作る。

〔譯〕

翌朝またおっしゃる。「昨晩考えてみたが李敬子の說は正しいが、ただ粗雜であっただけだ。私の說は、あの「自ら欺く」の根っこについていったものだ。自ら欺くとは、李敬子のいう「容」（容認する）の意味であり、「容」の字は正しい。思うに、不善の夾雜があることを知っていながら、その自覺する氣持ちに蓋をして不善を行うことを、自ら欺くという。

例えば、人に一石の米があるとして、實際には九斗しかなく、一斗足りない場合、この足りない一斗が自ら欺くことの根っこである。自分自身で（足りないことを）覆いかくして、他人にこれは一石だと言い張るのは、これが自ら欺くことである。

例えば、人が善を行おうとして、心の中に意に滿たないところがある場合に、意に滿たないところがあるとはいわず、却ってそれを覆いかくして、自分がやっていることは正しいと强引にいうのが、これが自ら欺くことである。あの虛僞の善によって眞實の惡を覆いかくしてしまうのである。私の說き方は高きに過ぎ、このような（高い）次元にまで達してしまって、他人が理解するのは難しい。

およそ他人が理解するのが難しいところとは、道理に誤りがある場合でなければ、言葉に問題がある場合である。言葉に問題がな（く、しかも理解が難し）いとすれば、（それは內容が）このような（高い）次元に達している場合である。いまもしそのようにいえば（李敬子のいうとおり自欺を「容」で解釋すれば）、「小人閑居して不善を爲す」

の部分とぴったり符合するのだ。」　沈僩錄

〔注〕

（1）「蓋庇」　覆いかくす。

（2）「謂如人有一石米」　「謂如」は、「たとえば」。宋代の一升は、約六六〇ミリリットル、一斗は約六・六リットル、一石は約六六リットル。呉慧『新編簡明中國度量衡通史』（中國計量出版社、二〇〇六年）第七章「宋元的度量衡」參照。

（3）「嚇人」　「嚇」は大きな聲でどなる、はったりをきかせる。本卷、一一五條「伊川問尹氏。「讀『大學』如何。」對曰。「只看得『心廣體胖』一句甚好。」又問如何、尹氏但長吟「心廣體胖」一句。尹氏必不會嚇人、須是它自見得。今人讀書、都不識這様意思。」

（4）「他心下也自知有箇不滿處」　「心下」は、心のうち、心中。「不滿」の逆に、自ら滿ち足りて、快いのが「自慊」。

（5）「某之説却説高了、移了這位次了、所以人難曉」　「位次」とは、次元、レベル。「高度なことをいってしまった」（説高了）とか、「このような（高い）次元に達してしまって」（移了這位次了）というのは、朱子が、自欺の根源について論じていることを指す。

（6）「便是移了這步位了」　「步位」は、位置、地步。

（7）「説得貼了」　「貼」は、ふさわしい、妥當。『文選』卷一七・陸機「文賦」「或妥帖而易施、或岨峿而不安。」「帖」と「貼」は通用。

〔參考〕

本條は、眞德秀『大學集編』に「次早又曰」から「此方是自欺」までが引かれる。

【110】

次日、又曰。(1)夜來說得也未盡。(2)夜來歸去又思、(3)看來如好好色、如惡惡臭一段、便是連(4)那毋自欺也說。言人之毋自欺時、便要如好好色、如惡惡臭樣(5)、方得。若好善不如好好色、惡惡不如惡惡臭、此便是自欺。毋自欺者、謂如爲善、若有些(6)子不善而自欺時、便當斬根去之、(7)眞箇是如惡惡臭、始得。(8)如小人閒居爲不善底一段、便是自欺底、只是反(9)說。閒居爲不善、便是惡惡不如惡惡臭、見君子而後厭然、揜其不善而著其善、便是好善不如好好色。若只如此看、此一篇文義都(10)貼實(11)平易、(12)坦然(13)無許多屈曲。(14)某舊說忒說闊了、高了、深了。然又自有一樣人如舊說者、欲節去之又可惜。但終非本文之意耳。僩

〔校勘〕

○「如惡惡臭一段」　萬曆本、和刻本は本條の「惡」を全て「悪」に作る。
○「眞箇」「箇」を萬曆本、和刻本は「個」、朝鮮古寫本は「个」に作る。
○「闊」　萬曆本、朝鮮整版本、和刻本は「濶」に作る。

〔譯〕

次の日、またおっしゃった。「昨晩は言い盡くせなかった。昨晩もどってさらに考えて思うに、「好色を好むが如く、悪臭を悪むが如し」はあの「自ら欺くこと毋し」をもあわせ説かれていることに思い至った。それは、人が「自ら欺くこと毋し」の時に「好色を好むが如く、悪臭を悪むが如く」のようであってはじめてよい、ということなのだ。も

し善を好むことが好色を好むが如くではなく、悪を悪むことが悪臭を悪むがごとくでなかったら、それが「自ら欺く」ということなのだ。「自ら欺く毋し」とは、たとえば善をなすとき、もしいささかでも不善であって自ら欺くことがあったなら、それを根源からたちきるべきで、本當に「悪臭を悪むが如く」であってはじめてよいのだ。

「小人閒居して不善を爲す」の一段は、「自ら欺く」ことであって、これは反對の面から言ったものにすぎない。「閒居して不善を爲す」とは、悪を悪むことが悪臭を悪むが如くではない、ということである。「君子を見て、而る後に厭然とし、其の不善を揜いて其の善を著す」とは、これは善を好むことが好色を好むが如くではない、ということである。もしこのように考えれば、この傳六章という一編の文章の意味は、非常に穩當平易で內容とぴったり合致するものであって、なんの曲折もない平明なものだということになる。わたしの以前の說は、廣闊に過ぎ、高尙に過ぎ、深遠に過ぎた。とはいうものの、同様に舊說のように考えていた人たちがいるので、そこだけ削除しようとするならそれはそれで殘念だ。しかしながら結局のところ舊說は『大學』の本文の意を盡くしたものではない。」沈僩錄

〔注〕

（1）「夜來說得也未盡」「自欺」の解釋をめぐって、先の一〇八條では、それと知りながら不善を許容してしまう（「容」）、とする李燔（字敬子）の說を否定、「容」字自體の使用は認めるものの、それは意識的に許容するのではなく、どうしてもそれをとどめられないから結果的に許容してしまうのであって、許容しようとして許容するのではないとし、從って、「誠意」＝「毋自欺」の工夫において、不善を「おさえつける」（「捺」「遏捺」）という在り方に對しても、朱子は否定的だった。翌日早朝の記錄である一〇九條では朱子は一轉、李燔の說を肯定している。そして同じく翌朝の記錄と思われる本條では、「當斬根去之」として、はっきり意識的にたちきる方向で讀むという解釋を採っており、その點では基本的に一〇九條と同じ立場である。だから「昨晩は言い盡くせな

かった」として、一〇八條における前言を撤回した形になっている。なお本卷一二〇條參照。

（2）「夜來歸去又思」 ここでの「歸」とは、講學を行う部屋から自身の寢室に退く意か。朱子と門人は書院・精舍で飲食起居をともにしながら講學していた。門人が朱熹の寢室に招じられるケースもあったが、廣間のような場所で講學し、講學が濟むと朱熹も門人もそれぞれ寢室に退く、というケースが一般的であったようだ。以下の例を參照。『語類』卷六四、四八條、沈僩錄（Ⅳ 1568）「或曰。中庸之盡性、卽孟子所謂盡心否。曰。只差些子。或問差處。曰。不當如此問。今夜且歸去與衆人商量、曉得箇至誠能盡人物之性分曉了、却去看盡心、少間差處自見得、不用問。」卷一〇七、二二條、葉賀孫錄（Ⅶ 2668）「季通被罪、臺評及先生。先生飯罷、樓下起西序行數回、卽中位打坐。賀孫退歸精舍、告諸友。……是夜諸生坐樓下、圍爐講問而退。」卷一一七、四六條、訓陳淳（Ⅶ 2825）「是夜再召淳與李丈入臥內、曰。」卷九〇、三〇條、葉賀孫錄（Ⅵ 2295）「新書院告成、明日欲祀先聖先師、古有釋菜之禮、約而可行、遂檢五禮新儀、令具其要者以呈。先生終日董役、夜歸卽與諸生斟酌禮儀。雞鳴起、平明往書院、以廳事未備、就講堂禮。……請先生就中位開講。先生以坐中多年老、不敢居中位、再辭不獲、諸生復請、遂就位、說爲學之要。午飯後、集衆賓飮、至暮散。」なお朱熹の居所の傍らに建てられた精舍の例としては竹林精舍（滄洲精舍、後の考亭書院）が有る。崔銑『朱子實紀』卷七「考亭書院」「（紹熙）五年（一一九四）、以四方來學者衆、復築室於所居之東、以處之。扁曰竹林精舍。後因舍前有洲環遶、更名曰滄洲精舍。」

（3）「看來如好好色」「看來」は、思うに。

（4）「連…也」 …もまた。

（5）「樣」 〜のように、〜と同樣に。如〜樣、若〜樣の句法でも用いられ、現代語の「像〜一樣」に相當する。

（6）「些子」 いささか。

（7）「眞箇是」　ほんとうに。確實に。

（8）「如小人閒居爲不善底一段、便是自欺底、只是反説」「容」字に改めるべしという李燔の主張を肯定した一〇九條においても、「今若只恁地説時、便與那小人閒居爲不善處、都説得貼了」と述べ、「自欺」を「小人閒居」云々と抱き合わせて解釋する立場を示している。

（9）「反説」　逆の面から言う。本巻九七條參照。

（10）「貼實」　内容と表現がぴったり合致している。『語類』巻一三九、六二條、楊道夫錄（Ⅷ　3311）「坡文、雄健有餘、只下字亦有不貼實處。」

（11）「平易」　わかりやすい。『語類』巻七〇、二六條、㬈淵錄（Ⅴ　1747）「卦辭有平易底、有難曉底。」

（12）「坦然」　道（＝道理）が本來平坦なものであることを、道路にでこぼこがないこと、さらに本來人はその道を安んじて進む（＝實踐する）ことができるものであることと重ね合わせたイメージで朱子は考えている。從って、續く「屈曲」も、文章にむやみな屈曲がないことだが、それは道自體がまっすぐであることと對應する。『語類』巻一五、一〇一條、沈僩錄（Ⅰ　302）「如人夜行、雖知路從此去、但黑暗、行不得。所以要得致知。知至則道理坦然明白、安而行之。」

（13）「無許多」　許多は、「多い」意と「少ない」意の兩方を持つが、はここでは「いささか」の意。從って「いささかの〜もない」。『語類』巻一二、一一條、董銖錄（Ⅱ　509）「問「良、易直」之義。曰。平易坦直、無許多艱深纖巧也。」

（14）「某舊説忒説闊了、高了、深了」「忒」は、〜にすぎる。極端すぎる。『語類』巻四一、二一條、潘時擧錄（Ⅲ　1047）「如此等語也説忒高了。」なおこの發言は一〇九條における「某之説、却説高了」に對應している。ここでの「舊說」とは「容」字に改める李燔說に對して、自身の元來の說、即ち一〇八條に誠意章の注として言及される「外爲善、而中實未能免於不善之雜。」を指す。なお「舊說」に關しては一二〇條にも言及がある。

【111】

看誠意章有三[1]節、兩必愼其獨、一必誠其意。十[2]目所視、十手所指、言小人閒居爲不善、其不善形於外者不[3]可揜如此。德潤身、心廣體胖、言君子愼獨之至、其善[4]之形於外者證[5]驗如此。　銖

〔校勘〕

○朝鮮古寫本は巻一六にこの條不載。

○「愼」　各本みな「謹」に作る。以下同じ。

○「證」　朝鮮整版本は「徵」に作る。

〔譯〕

誠意章を讀んでみると、三節に分かれている。二つの「必愼其獨」とひとつの「必誠其意」である。「十目の視る所、十手の指さす所」とは、「小人閒居して不善を爲」し、その不善の外にあらわれるものがおおいかくすことができないことがこのようにあきらかであるということを言っている。「德は身を潤し、心は廣く體は胖《はん》たり」とは、君子は充分に愼獨しているので、その善が外に現れてこのようにはっきりと見て取れるということを言っている。　董銖錄

〔注〕

（1）「三節」『大學章句』の傳六章は、それぞれ末文が「必愼其獨也」「必愼其獨也」「必誠其意」で終わる三つの部分に區切られて注釋がつけられている。

（2）「十目」云々　『大學章句』傳六章「曾子曰。十目所視、十手所指、其嚴乎。富潤屋、德潤身、心廣體胖。故君子必誠其意。」朱注「引此以明上文之意。言雖幽獨之中、而其善惡之不可揜如此。可畏之甚也。胖、安舒也。言富則能潤屋矣、德則能潤身矣。故心無愧怍、則廣大寬平而體常舒泰。德之潤身者然也。蓋善之實於中而形於外者如此。故又言此以結之。」同所鄭玄注「胖、猶大也。三者言有實於內顯見於外。」

（3）「不可揜如此」「十目所視云々」に對する章句の文。

（4）「善之形於外者」「富潤屋云々」に對する章句に「蓋善之實於中而形於外者如此」と見える。

（5）「證驗」　證據、その事實をはっきりしめすものごと。

【112】

問十目所視、十手所指。

曰。此承上文人之視己如見其肺肝底意。不可道是人不知、人(1)曉然共見如此。淳　十目所視以下

〔校勘〕

○「上文」　朝鮮古寫本は「上文云」に作る。

○「十目所視以下」　朝鮮古寫本はこの六字を缺く。

〔譯〕

「「十目の視る所、十手の指さす所」をおたずねします。」

先生がおっしゃった。「「これは上の文章の「人の己を視ること、其の肺肝を視るが如し」の意味を承けている。「これは人が知らないことだから（何をしても構わない）」などと言ってはだめで、人はみなこのようにはっきり見ているのだ。」　陳淳錄　「十目所視」以下について

〔注〕

（1）「人曉然共見」『朱文公文集』卷一五「經筵講義」に「臣熹曰。言雖幽隱之中、吾所獨知之地、而衆所共見有如此者、可畏之甚也。」とあるのを參照。

【113】

魏(1)元壽問十目所視止心廣體胖處。

曰。十目所視、十手所指、不是怕(2)人見。蓋人雖不知、而我(3)已自知、自是(4)甚可皇恐了、其與十目十手所視所指、何以異哉。富潤屋以下、却是說意誠之驗如此。　時擧

〔校勘〕

○「魏元壽問」　朝鮮古寫本は「元壽問誠意章曾子曰」に作る。

○「曰」　朝鮮古寫本は「先生曰」に作る。

〔譯〕

魏椿が「十目の視る所」から「心廣ければ體胖たり」までのところについて質問した。

先生がおっしゃった。「「十目の視る所、十手の指す所」とは、人が見ていることを恐れるということではない。思うに人が知らなくとも、わたしは既に自分でわかっているわけだから、當然これははなはだ恐恐とすべきことなのであって、それは十目十手で視られたり指されたりするのと、どこが違うというのか。「富は屋を潤し」以下は、こちらは「意誠」になるとそれがどのようにあらわれてくるかということを説明した部分だ。」　潘時擧錄

〔注〕

（1）「魏元壽」　魏椿、字元壽。『朱子語錄姓氏』に見える。

（2）「怕人見」『列子』「周繆王」に「鄭人有薪於野者、遇駭鹿、御而擊之斃之。恐人見之也、遽而藏諸隍中覆之。」とあるのを參照。

（3）「我已自知」　胡渭はこの條を引いて次のように言う。「此必朱子未定之論。雲峰因此而誤、近世良知家解此二句謂、以吾心之明還而照吾心之隱。是十目十手、不在他人而在吾心。所視所指、非他人之視我指我、而吾心之自視自指矣。此即佛氏觀心之說。隱者一心也。還而照之者又一心也。如目視目、如手指手、有是理乎。」（『大學翼眞』巻六）

（4）「甚可皇恐了」　章句に「可畏之甚也」とあるのを參照。「皇恐」はおそれること。「惶恐」に同じ。『漢書』巻六六「劉屈氂傳」「上聞而大怒、下吏責問御史大夫曰。司直縱反者、丞相斬之、法也。大夫何以擅止之。勝之皇恐自殺。」

【114】

心廣體胖、心本是闊大底物事[1]、只是因愧怍了[2]、便卑狹[3]、便被他隔礙了[4]。只見得一邊、所以體不能常舒泰[5]。僩

〔校勘〕

○「闊」 萬暦本、朝鮮整版本、和刻本は「濶」に作る。

○「常舒泰」 成化本、朝鮮古寫本、朝鮮整版本は「常」を「得」に作る。また朝鮮整版本の巻末「考異」に「得一作常」と記される。(呂留良本が既に「常」に作っている。)

〔譯〕

「心廣ければ體胖たり」について、心はもともとひろびろとしたものなのだが、ただうしろめたいことがあることによって小さく狹められ、それによってへだてさまたげられてしまう。そしてただ一面しか見えなくなる。だから體が常にのびのびしているというわけにはいかないのだ。 沈僩録

〔注〕

(1)「闊大」 心が闊大だというイメージは、程子に基づく。『二程遺書』巻二上「須是大其心使開濶。譬如爲九層之臺、須大做脚、始得。」(『近思録』巻二にも引く)

(2)「愧怍」 うしろめたいこと。『孟子』「盡心」上「仰不愧於天、俯不怍於人。」なお、この「愧怍」あるいは文末の「常舒泰」などは朱子はそのまま本章の章句に使っている。本巻一一一條の注を參照。

（3）「卑狹」『韓非子』「難一」「凡對問者、有因問小大緩急而對也、所問高大而對以卑狹、則明主弗受也。」

（4）「隔礙」隔離阻礙。『魏書』巻一〇一「氐傳」「隔礙姚興、不得歲通貢使。」

（5）「常舒泰」「心廣體胖」の章句「故心無愧怍、則廣大寬平、而體常舒泰。」を參照。

【115】

伊川問尹氏、讀大學如何。對曰。只看得心廣體胖一句甚好。又問如何。尹氏但長吟心廣體胖一句。尹氏必不會嚇人、(1)須(2)是它自見得。今(3)人讀書、都不識這樣意思。

〔校勘〕

○朝鮮古寫本巻一六はこの條不載。

〔譯〕

伊川が尹氏に質問して「大學は讀んでどう思うか」ときいたところ、尹氏は「心廣ければ體胖たり」の一句がとてもよいということがわかりましたと答えた。伊川がさらに「どういうことだ」と問うたところ、尹氏はただ「心廣ければ體胖たり」の句をゆったり吟じた。尹氏はどうみても人をけむにまくようなことができる人間ではない。きっと彼は自分ではわかっていたのだ。今の人は本を讀むとき、まったくこういう氣持ちがわかっていない。記錄者名を缺く

〔注〕

（1）「嚇人」　人をけむにまく。まどわす。校勘記に擧げた巻九七の文章が「瞞人」に作るのを參照。また『朱文公文集』巻五三の胡季隨に答えた手紙の中で、胡氏の「中和未易識也」に對して朱子が「中和未易識、亦是嚇人。此論著實做處、不論難識易識也。」と、中和は着實に實行することが問題であって、わかりやすいかどうかで說くのが「嚇人」だと批判しているのを參照。

（2）「須是」　きっと、必ず。『宣和遺事』後集「須是忍耐强行、勿思佗事。」

（3）「今人讀書、都不識這樣意思」　この「這樣」が何を指すのかわかりにくいが、高攀龍『朱子節要』巻三はこの條を「尹氏必不會嚇人、須是它自見得。」の二句を省略して引用しており、「這樣」が尹和靖の讀書法を指すと解したことを示している。

〔參考〕

本條は巻九七（八八條、Ⅶ 2497）にも沈僩錄として「伊川問尹和靖、近日看大學功夫如何。和靖曰。只看得心廣體胖處意思好。伊川曰。如何見得好。尹但長吟心廣體胖一句而已。看他一似瞞人、然和靖不是瞞人底人。公等讀書、都不見這般意思。」と記錄される（朝鮮古寫本も同じ）。

【116】

問。尹和靖云、心廣體胖、只是樂、伊川云、這裏著樂字不得、如何。(1)

曰。是不勝其樂。(2)　德明

〔校勘〕

○「裏」　萬暦本、和刻本は「裡」に作る。

○「著」　成化本、萬暦本、朝鮮古寫本、和刻本は「着」に作る。

〔譯〕

質問した。「尹和靖が「心廣ければ體胖たり」はただもう樂しいのです、と言ったところ、伊川が「ここは「樂」という表現を用いることさえできない。」と言ったのはどういうことでしょう。」

先生がおっしゃった。「「樂」という文字では、この大學にいう「心廣體胖」という眞の樂しみをあらわせないということだ。」　廖德明錄

〔注〕

（1）「尹和靖云」　『程氏外書』卷一二に「和靜嘗請曰。某今日解得心廣體胖之義。伊川正色曰。如何。和靜曰。莫只是樂否。伊川曰。樂亦沒處著。」（涪陵記善錄）また「先生一日看大學有所得、欲擧以伊川。伊川問之。先生曰。心廣體胖只是自樂。伊川曰。到這裏和樂字也著不得。」（祁寬所記尹和靜語）

（2）「不勝其樂」　『北溪大全集』卷三八、陳伯澡の「問程子說心廣體胖、這裏著樂字不得。」に對する陳淳の答え「心廣體胖、地位高、自是樂之發散、有自然安泰氣象。人見其爲樂、而自不知其爲樂也。如何更著得樂字。」を參照。ここで陳淳は、その樂しみが自然と出てくるものであって、その人が「樂しもうと思って樂しむ」ということではない、としている。また『黃氏日抄』卷三三「周子於通書固嘗言之曰。見其大而忘其小焉。爾大者、性命之源、道德之至尊至貴。小則所謂芥視軒冕、塵視金玉者也。夫然故唫風弄月、自然不勝其樂。如吾與點也之意、亦正由浴沂舞雩、脫然自有眞樂。」が參考になる。

【117】

問心廣體胖。

曰。無愧怍、是無物欲之蔽、所以能廣大。指前面燈(1)云。且如此燈、後面被一片物遮了、便不見一半了。更從此一邊用物遮了、便全不見此屋了。如何得廣大。　夔孫

〔譯〕

「心廣ければ體胖たり」について質問した。

先生がおっしゃった。「うしろめたいことがなければ、物欲に蔽われていない、ということだ。だから心が廣々としていることができるのだ。」そして、前にあった燈りを指して言われた。「たとえばこの燈りだが、後ろ側を何か一つのもので遮れば、半分は見えなくなる。そしてさらにこちら側もなにかで遮ってしまえば、全くこの部屋は見えなくなってしまうのであって、どうしたって廣々というわけにはいかない。」　林夔孫録

〔注〕

（1）「燈」　朱子はしばしば燈明を喩えに用いる。『語類』卷一四、一四五條、襲蓋卿録（Ⅰ　276）「先生指燈臺而言、如以燈照物。照見處所見便實、照不見處便有私意、非眞實。」燈明をおおう例は、卷一五、一〇一條、沈僩録（Ⅰ　302）を參照。

【118】

問誠意章結注云此大學一篇之樞要(1)。

曰。此自知至處便到誠意、兩頭截定箇界分在這裏(2)、此便是箇君子小人分路頭處(3)。從這裏去(4)、便是君子、從那裏去、便是小人。這處立得脚(5)、方是在天理上行、後面節目未是處(6)、却旋旋理會(7)。寓

〔校勘〕

○「箇界分」　朝鮮古寫本は「箇」を「个」に作る。

○「在這裏」　萬暦本、和刻本は「裏」を「裡」に作る。以下同じ。

○「箇君子」　萬暦本、朝鮮古寫本、和刻本は「箇」を「个」に作る。

○「旋旋」　萬暦本、和刻本は二文字目をおどり字に作る。

〔譯〕

誠意章の注釋の結びとして「ここが大學という一篇の文章の樞要である」とあるのについて質問した。

先生がおっしゃった。これは、「知至」から「誠意」に至るまでのあいだに、二箇所でしっかりと境界を區切っている、ということだ。これは君子と小人の分かれ目のところだ。こちらの誠意から進んでいけば君子であり、あちらから進めば小人となる。ここの誠意のところに足をすえて、はじめて天理の上を進むことができるのであり、のちの條目のまだ十分でないものも、そこからしだいに取り組めるのだ。　徐寓錄

〔注〕

（1）「此大學一編之樞要」　現在の章句にはこの文章は見えない。

（2）「兩頭截定箇界分在這裏」　二箇所できっちりと境界を峻別している。「兩頭」は二つ、二箇所。『字海便覽』「兩頭トハ兩方ト云フコトナリ。」「截定」は裁斷する、區切る。「在這裏」は、上の動作がしっかりと行われることを指す。格物致知と誠意が『大學』における二大關門である、という趣旨に關しては、以下を參照。巻一五・八五條（Ⅰ　298　林夔孫錄）に「格物是夢覺關、誠意是善惡關。過得此二關、上面工夫却一節易如一節了、到得平天下處、尚有些工夫。只爲天下濶、須要如此點檢。又曰。誠意是轉關處。」

（3）「分路頭」　わかれめ。

（4）「從…去」　移動の始點を示す場合と、方向を示す場合とがある。ここでは始點の意で譯しているが、「誠意に進んでいけば」の可能性もある。

（5）「立得脚」「立脚」は足場を決める。『語類』巻一三、一八條、曾祖道錄（Ⅰ　224）「大抵人能於天理人欲界分上立得脚住、則儘長進在。」

（6）「未是處」　充分になっていないところ。『語類』巻二二、二七條、沈僩錄（Ⅱ　511）「才說三年無改、便是這事有未是處了。若父之道已是、何用說無改。終身行之可也。事既非是、便須用改、何待三年。孝子之心、自有所不忍耳。若大段害人底事、須便改始得。若事非是而無甚妨害、則三年過了、方改了。」

（7）「旋旋」　しだいに。

【119】

居甫[1]問。誠意章結句云此大學之樞要、樞要說誠意、是說致知。

曰。上面關著致知、格物、下面關著四五項上。須是致知。能致其知、知之既至、方可以誠得意。到得意誠、便是過得箇大關、方始照管得箇身脩正。若意不誠、便自欺、便是小人。過得這箇關、便是君子。

又云。意誠、便全然在天理上行。意未誠以前、尚汨在人欲裏。　賀孫

〔校勘〕
○「關」萬暦本、朝鮮古寫本、和刻本は「関」に作る。以下同じ。
○「著」成化本、萬暦本、朝鮮古寫本、和刻本は「着」に作る。以下同じ。
○「箇」萬暦本、朝鮮古寫本、和刻本は「个」に作る。以下同じ。
○「裏」萬暦本、和刻本は「裡」に作る。

〔譯〕
徐寓が質問した。「誠意章の結句に「これは大學の樞要」とありますが、樞要なのは誠意のことでしょうか、致知のことでしょうか。」
先生がおっしゃった。「上は致知格物にかかわり、下は正心以下の五つの事柄にかかわる。知を致さねばならないのであって、知が至れば、それではじめて意を誠にすることができる。意が誠になったら、これはこの大きな關門を通れたということで、それではじめて自分の身心を制御できたことになる。もし意が誠でなければ、自らを欺いたのであり、これでは小人である。この關門を通れてこそ君子なのだ。」
またおっしゃった。「意が誠なら、全くもって天理の上を行くことになり、意がまだ誠になっていなければ、依然として人欲の中に埋沒しているのだ。」　葉賀孫錄

〔注〕

（1）「居甫」 徐寓、字居甫（父）、『朱子語錄姓氏』所收。

（2）「四五」 数字を二つ並べて、その後ろの数字を指示する。ここでは「四か五」ではなく、「五」と言うに同じ。本巻一八七條、林子蒙錄（Ⅱ 354）「嘗謂脩身更多少事不說、却說此五者何謂。子細看來、身之所以不脩者、無不是被這四五箇壞。」從って、四を言うなら「三四」となる。『語類』卷三五、一五九條、劉炎錄（Ⅲ 944）「此三四人終是有不服底意。舜只得行遣。故曰。四罪而天下咸服。」なお、「五」つのものとは、正心以下の五條目。

【120】

因說誠意章、曰。若如舊說[1]、是使初學者無所用其力也[2]。中庸所謂明辨[3]、誠意章而今方始辨得分明[4]。夔孫

〔校勘〕

○「使」 成化本、朝鮮整版本は「便」に作る（呂留良本作使）。朝鮮整版本卷末「考異」に「便一作使」と記す。（考文解義の「考異」は「便一作使」とした上で「按此是」とする。）

〔譯〕

誠意章について話されたときにこうもおっしゃった。「もし舊說のままだと、これでは初學者はどこに手をつけたらよいかわからない。『中庸』には「明らかに辨ずる」といわれているが、誠意章はまさに今やっと初めてはっきりと辨別することができたよ。」 林夔孫錄

〔注〕

（1）「舊說」云々　この一二〇條は、ある時點でのこの傳六章の注の改作について述べたものである。またこの問題は一〇九條に「某之說、却說高了」、一一〇條に「某舊說忒說闊了、高了、深了。」とあり、本條における「若如舊說、是使初學者無所用其力也」と基本的に同方向の自己評價である。從って一一〇、一二〇の兩條における「舊說」は同じものを指すと思われる。なお、一〇八條に「容字又是第二節、緣不柰他何、所以容在這裏。此一段文意、公不曾識得它源頭在、只要硬去捺他、所以錯了。」「只是認得箇容著、硬遏捺將去、不知得源頭工夫在。」とあり、一〇九條には「某之言、却卽說得那箇自欺之根」とあって、自說と李燔の說が對比されている。

○朱子說「外爲善、而中實未能免於不善之雜」

○李燔說「外爲善、而中實容其不善之雜」（ともに一〇八條）

一〇八條は「源頭處」について說いたものなので、初學者にとっては高きに過ぎて實踐しがたい、ということにもなる。從ってここでの舊說は「外爲善、而中實未能免於不善之雜」という章句舊注を指すと思われる。なお、「舊說」が何を指すのかについては、『大學翼眞』において胡渭はこの條を引用した上で、ここでの「舊說」を「偸則自行之說」のことを言うと注記している。卽ち、朱子は八五條、一〇八條において「毋自欺也」に關連して『荀子』の「偸則自行」を引用して說くが、特にその部分のことを言うのだという解釋である。さらに胡渭は同書において次のようにも書いている。「說自欺云陰在於惡而陽爲善、未免太麤、以不知不覺陷於自欺、爲荀子之偸心。又說得太高。及與李敬子辨論、始有定見。知毋自欺爲大學教人徹上徹下事。故語人曰。誠意章而今始辨得分明。蓋今本章句云云、卽其時所更定也。然惟聖罔念作狂。卽到聖賢地位、亦須防自欺。顏子尙有不善。曾子日省其身。故偸心自行之說、亦不可廢。」ただ、本卷を見るに、「毋」を「なし」とするか「なかれ」とするかに闕して朱子は搖れており、押さえつけようとするのはいけない、つまり「なかれ」としてはいけないと嚴しく言ったことを『語類』には載せる（たとえば、一〇八條「公只是硬要去强捺、如水恁地滾出來、却硬要將泥去塞它、如何塞得住。」）が、結局現在の章句は「毋者、禁止之辭」とあって、はっきり「なかれ」と讀ませている。「なし」では茫洋としていて初學者がどう取り組めばよいのかわからないので、最終的には現在の章句のように「なかれ」として、自欺をしないように、と工夫がしやすい初學者向けの解釋に變えたのだ、とここでは考えたい。（なお、考文解義は舊說を注疏の文とするが採らない。）

（2）「用其力」　傳六章は、力の用いどころなので、この章の注には「用」字が頻出する。

（3）「中庸所謂明辨」『中庸』二〇章「誠之者擇善而固執之者也。博學之、審問之、愼思之、明辨之、篤行之。」

（4）「而今」　いま。

【121】

讀誠意一章、炎謂、過此一關、終是[1]省事。曰。[2]前面事更多。自齊家以下至治國、則其事已多。自治國至平天下、則其事愈多。只是源頭要[3]從這裏做去。又曰。[4]看下章、須通上章看、可見。　炎

〔校勘〕

○朝鮮古寫本は巻一六にこの條不載。

○「過此一闕」　萬曆本、和刻本は「闗」を「関」に作る。

○「以下治國」「國」を萬暦本、和刻本は「国」に作る。後ろの「自治國至乎天下」の「國」は兩本とも「國」に作る。

○「裏」　萬暦本、和刻本は「裡」に作る。

〔譯〕

誠意の章を讀んだときに、わたくし炎が申し上げた。「この關門を通れば、あとは結局のところやるべきことは少ないでしょうか。」先生がおっしゃった。「前半であっても多いぞ。齊家から治國までは、事柄はもちろん多いし、治國から平天下までは、事柄はますます多い。ただ根本のところはここ（＝誠意）からやっていくのだ。」またおっしゃった。「次の章を讀むときには、前の章と關連させて讀んではじめてわかるものだ。」　劉炎録

〔注〕

（1）「省事」　從事する事柄を減らす、仕事が減る。『淮南子』「詮言訓」「爲治之本、務在於安民。安民之本、在於足用。足用之本、在於勿奪時。勿奪時之本、在於省事。省事之本、在於節欲。」なお、本巻八五條を參照。朱子はこの「ここに至るとやるべきことは少ない」こと自體は認めている。

（2）「前面」　前半。ここでは「正心、修身」を指す。『語類』巻一四、一五條、黃士毅録（Ⅰ　251）「大學重處都在前面。後面工夫漸漸輕了、只是揩磨在。」同所注を參照。

（3）「從這裏做去」　この「這裏」が指すものは、一一八條の分かれ道を説く所で「從這裏去、便是君子」と言っている部分がそれに當たるものと思われる。

（4）「看下章」云々　傳六章の「右傳六章、釋誠意」に「故此章之指、必承上章而通考之、然後有以見其用力之始終、其序不可亂而功不可闕如此云。」とあるのを參照。

傳七章釋正心修身

【122】

或問。[1]正心章說忿懥等語、恐通不得誠意章。

曰。[2]這道理是一落索。[3]才說這一章、便通上章與下章。[4]如說正心誠意、便須通格物致知說。

〔校勘〕

○朝鮮古寫本巻一六は本條を收錄しない。

○「才說這一章」成化本は「才」を「纔」に作る。

〔譯〕

ある者がお尋ねした。「正心章に說く忿懥《ふんち》等の語は、誠意章とのつながりが惡いように思うのですが。」

先生「ここのところの道理は、一連のものだ。わずかにこの一章に說き及べば、上章にも下章にもつながることになるのだ。正心誠意について說くには格物致知と關連づけて說かねばならない、というのと同じことだ。」記錄者名缺

〔注〕

（1）「正心章說忿懥等語」『大學章句』傳七章「所謂脩身在正其心者、身有所忿懥、則不得其正。有所恐懼、則不得其正。有所好樂、則不得其正。有所憂患、則不得其正。」朱注「程子曰。身有之身、當作心。忿、弗粉反。懥、

勅値反。好樂、並去聲。忿懥、怒也。」

（2）「這道理是一落索」「一落索」は、ひと連なりのもの、一連の事柄。『宋元語言詞典』「一絡索　見一落索」「一落索　一連串」『禪語辭典』「一落索　一絡索に同じ」「一絡索　ひとくさりの談義。一落索とも書く。」「一絡《つな》がりの索《ひも》」が原義。『字海便覽』に「一落索トハ一ツニオチコムコトナリ」とあるのは誤釋。『語類』巻一三、九八條、胡泳錄（Ⅱ　556）「問耳順。曰。……又問。聞無道理之言、亦順否。曰。如何得都有道理。無道理底、也見他是那裏背馳、那裏缺闕。那一邊道理是如何、一見便一落索都見了。」『語類』巻一〇四、三八條、輔廣錄（Ⅶ　2619）「或說。象山說、克己復禮、不但只是欲克去那欲忿懥之私、只是有一念要做聖賢、便不可。曰。……聖門何嘗有這般說話。人要去學聖賢、此是好底念慮、有何不可。……只如孔子答顏子、克己復禮爲仁。據他說時、只這一句已多了、又況有下頭一落索。」

（3）「才說這一章、便通上章與下章」「才」は、わずかに。前條にも「又曰。看下章、須通上章看、可見。」との發言がある。傳七章と傳六章（上章）、傳八章（下章）との關連については、『大學章句』傳七章の末尾朱注にも言及が有る。「右傳之七章。釋正心脩身。此亦承上章以起下章。蓋意誠則眞無惡而實有善矣、所以能存是心以檢其身。然或但知誠意、而不能密察此心之存否、則又無以直內而脩身也。」

（4）「如說正心誠意、便須通格物致知說」傳六章と傳五章の關連については『大學章句』傳六章、末尾朱注に以下の言及が有る。「右傳之六章。釋誠意。經曰。欲誠其意、先致其知。又曰。知至而后意誠。蓋心體之明有所未盡、則其所發必有不能實用其力、而苟焉以自欺者。然或已明而不謹乎此、則其所明又非己有、而無以爲進德之基。故此章之指、必承上章而通考之、然後有以見其用力之始終、其序不可亂而功不可闕如此云。」

【123】

大學[1]於格物誠意章、都是[2]錬成了、[3]到得正心修身處、都易了。　䕫孫

〔譯〕

『大學』は、「格物」と「誠意」の章のところて、錬成は完了しているから、「正心」「修身」の段に至れば、（その實踐は）すっかり容易になる。　林䕫孫錄

〔注〕

（1）「於格物誠意章、都是錬成了」『大學』の八條目中、格物致知と誠意とが二大關門であるから、そこさえ突破すれば實踐過程中の根幹部分は既に完了したことになる。『語類』巻一五、八六條「致知誠意、是學者兩箇關。」同、八七條「知至意誠、是凡聖界分關隘。」後出の一一七條にも「要緊最是誠意時節、……若打得這關過、已是煞好了。」とある。

（2）「錬成」「錬成（煉成）」は、金屬を精錬すること。『語類』中における「錬成（煉成）」の用例は本條以外では參考に引いた巻一五と、以下に引く巻一一八とがあるが、前者は「煆煉して成し了《おわ》る」、後者は「打煉して器を成す」と訓むべきであろう。巻一一八、四六條、訓王力行（Ⅷ　2848）「力行連日荷教。府判張丈退謂力行曰。士佺到此餘五十日、備見先生接待學者多矣、不過誘之掖之、未見如待吾友著氣用力、痛下鉗鎚如此。以九分欲打煉成器。不得不知此意。」（文中の張丈は、張士佺、字子眞）

（3）「到得正心修身處、都易了」『大學』の工夫は後半（＝正心修身以降）は容易になる、という趣旨に關しては、

以下を參照。『語類』巻一五、八五條「格物是夢覺關。誠意是善惡關。過得此二關、上面工夫却一節易如一節了。」同、一一四條「自修身以往、只是如破竹然、逐節自分明去。今人見得似難、其實却易。」同、一一五條、林夔孫錄「意誠則心正。誠意最是一段中緊要工夫。下面一節輕一節。」

〔參考〕

巻一五、一二二條、林夔孫錄は本條とほぼ同内容である。「大學於格物誠意、都煅煉成了、到得正心修身處、只是行將去、都易了。」

【124】

問。先生近改正心一章、方包括得盡。舊來說作意或未誠、則有是四者之累、却只說從誠意去。曰。這事連而却斷、斷而復連。意有善惡之殊。意或不誠、則可以爲惡。心有得失之異。心有不正、則爲物所動、却未必爲惡。然未有不能格物致知而能誠意者、亦未有不能誠意而能正心者。人傑

〔校勘〕

○「連而却斷、斷而復連」　萬暦本、朝鮮古寫本、和刻本は「斷」を「断」に作る。

○「意有善惡之殊」　萬暦本、和刻本は「惡」を「悪」に作る（以下同じ）。

〔譯〕

質問。「先生が最近、「正心」章を改訂されたことで、やっと（說明が）すっかり包括的なものとなりました。從來

の說き方は「意がまだ誠になっていなければ、この四者の累《わずらい》が有る。」とするものであって、これではただ誠意について說くだけものに過ぎませんでした。」

先生「ここのところは連續しながらも斷絕しており、斷絕しながらもまた連續しているのだ。意には善と惡との相違がある。意が誠にならなければ、それは惡と見なしてよい。心には得と失との違いがある。心が正されなければ、外物によって動搖させられることになるが、それはまだ必ずしも惡とは見なさない。（このように誠意と正心とはそれぞれ別個の工夫ではあるが）しかしながら、格物致知ができていないのにしかも誠意ができる者などは存在しないし、また誠意ができていないのにしかも正心ができる者などもやはり存在しないのだ。」　萬人傑錄

〔注〕

（1）「先生近改正心一章」云々　ここに言う改訂が、現行『大學章句』傳七章への改訂を指すのか、さらにその前段階における改訂を指すのかは、未詳。以下、ひとまず現行本への改訂を前提に解釋する。ここに言及される舊注は「意或未誠、則有是四者之累」という內容であり、誠意が實現しなければ正心も實現しない、という趣旨となる。現行の傳七章は「所謂脩身在正其心者、身有所忿懥、則不得其正。有所恐懼、則不得其正。有所好樂、則不得其正。有所憂患、則不得其正。」という傳文に對して「程子曰。身有之身當作心。……蓋是四者、皆心之用、而人所不能無者。然一有之而不能察、則欲動情勝、而其用之所行、或不能不失其正矣。」との朱注が付されており、正心の實踐の必要性そのものが明示されている。質問者はその點を舊注と對比して、「より包括的になった」と評價したものと思われる。

（2）「只說從誠意去」　ただ誠意について說くだけに過ぎない。舊說は正心の前提としての誠意について說くのみで、正心自體に關する說明が缺如している、との意。「說從…去」は、…について說く。ここでの「從」は、動作の

起點ではなく、動作の向かう方向を示す（一二六條參照）。巻一八、一二〇條、沈僩錄（Ⅱ 421）「這箇道理、自孔孟既沒、便無人理會得。只有韓文公曾說來、又只說到正心誠意、而遺了格物致知。及至程子、始推廣其說、工夫精密、無復遺憾。然程子既沒、諸門人說得便差、都說從別處去、與致知格物都不相干、只不曾精曉得程子之說耳。」巻五九、一一〇條、余大雅錄（Ⅳ 1405）「孟子恐人不識仁義、故以此喩之。然極論要歸、只是心爾。若於此心常得其正、則仁在其中。故自捨正路而不由、放其心而不知求以下、一向說從心上去。」巻六六、八條、輔廣錄（Ⅳ 1622）「八卦之畫、本爲占筮。方伏羲畫卦時、止有奇偶之畫、何嘗有許多說話。文王重卦作繇辭、周公作爻辭、亦只是爲占筮設。到孔子、方始說從義理去。」巻九五、四一條、黃義剛錄（Ⅵ 2429）「或問生之謂性一段。曰。此段引譬喩、亦叢雜。如說水流而就下了、又說從淸濁處去、與就下不相續。這處只要認得大意、可也。」

（3）「這事連而却斷、斷而復連」　次條にも類似の表現が見える。「誠意」と「正心」の關係を、連續的でありながら（「連」）、互いに區別がありそれぞれが獨立した別個の工夫である（「斷」）ことを述べる。『大學章句』傳七章の末尾朱注に「右傳之七章。釋正心脩身。此亦承上章以起下章。①蓋意誠則眞無惡而實有善矣、所以能存是心以檢其身。②然或但知誠意、而不能密察此心之存否、則又無以直内而脩身也。」とある。うち①は誠意が正心の前提を爲すことを述べ、②は誠意とは別個に正心の工夫が必要であることを述べる。①は兩者の「連」の側面、②は兩者の「斷」の側面に相當する。

（4）「意或不誠、則可以爲惡」　誠意を實踐し得るか否かが善惡の岐路となる。『語類』巻一五、八五條、林夔孫錄「誠意是善惡關。（原注）誠得來是善、誠不得只是惡。」同、八六條、萬人傑錄「誠意乃惡與善之關。」

（5）「心有得失之異」　ここでの得失は、心の正を得るか失うかの意であるから、實質的には正不正と同義である。『大學章句』傳七章「所謂脩身在正其心者、身有所忿懥、則不得其正。有所恐懼、則不得其正。有所好樂、則不

得其正。有所憂患、則不得其正。」朱注「程子曰。身有之身當作心。……蓋是四者、皆心之用、而人所不能無者。然一有之而不能察、則欲動情勝、而其用之所行、或不能不失其正矣。」

（6）「心有不正、則爲物所動、却未必爲惡」『大學章句』傳七章朱注には「蓋是四者、皆心之用、而人所不能無者。」（前注既引）とあり、後出の一二八條にも「誠意是無惡。憂患・忿懥之類、却不是惡。」とある。「忿懥」「恐懼」「好樂」「憂患」は心の自然なはたらきとして不可避なものであり、それ自體は惡ではないが、ただそのありかたに偏り（「偏重」「偏倚」）が有ると心に累を及ぼし、それが心の不正となる。「正心」とは、その偏りを是正する營みである。『河南程氏遺書』巻一九、五條「問。有所忿懥・恐懼・憂患、心不得其正。是要無此數者、心乃正乎。曰。非是謂無、只是不以此動（原注「一本作累」）其心。學者未到不動處、須是執持其志。」『語類』巻一八、一三一條、輔廣錄（Ⅱ　424）「唯是意已誠實、然後方可見得忿懥・恐懼・好樂・憂患有偏重處、即便隨而正之也。」「偏倚」は次條に見える。

（7）「未有不能格物致知而能誠意者」「未有不能A而能B者也」は、AができもしないのにしかもBができる人などいたためしがない。AがBにとっての不可缺の前提條件であることを示す。『史記』巻一一二「平津侯列傳（公孫弘）」「知所以自治、然後知所以治人。天下未有不能自治而能治人者也。此百世不易之道也。」ここでは格致の實踐が誠意の前提條件であることを言う。『語類』巻一五、一〇一條「知至而后意誠。須是眞知了、方能誠意。知苟未至、雖欲誠意、固不得其門而入矣。」

（8）「未有不能誠意而能正心者」　次條の「意未誠、則全體是私意、更理會甚正心。」も同趣旨。

【125】

或問正心誠意章。先生令他説。曰。意[1]誠則心正。

曰。不然。這[2]幾句、連了又斷、斷了又連。雖[3]若不相粘綴、中[4]間又自相貫。譬[5]如一竿竹、雖只是一竿、然其間又自有許多節。

意[6]未誠、則全體是私意、更[7]理會甚正心。然意雖誠了、又不可不正其心。意之誠不誠、直[8]是有公私之辨、君[9]子小人之分。意若不誠、則雖外面爲善、其意實不然、如[10]何更問他心之正不正。意既誠了、而[11]其心或有所偏倚、則不得其正、故方可做那正心底工夫。　廣

〔校勘〕

○「連了又斷、斷了又連」「斷斷」を萬曆本、和刻本は「断〃」に、朝鮮古寫本は「断断」に作る。

○「又自有許多節」萬曆本、和刻本は「節」を「莭」に作る。

○「全體是私意」萬曆本、和刻本は「體」を「体」に作る。

○「則雖外面爲善」「面」を成化本、朝鮮古寫本は「靣」に作る。

〔譯〕

ある者が「正心」「誠意」章についてお尋ねした。先生は彼に説明させた。「意が誠になれば、心は正しくなります。」

先生「そうではない。ここの何句かは、連續したかと思えばまた斷絶し、斷絶したかと思えばまた連續する。連結していないようでありながらも、それぞれの間はやはり自ずと貫通しているのだ。たとえば一本の竹のようなものであって、一本には違いないのだが、そこにはやはり自ずと多くの節が有るのだ。

意がまだ誠でなければ、それは全くの私意なのであって、そんな狀態のままで一體どんな正心に取り組めというか。しかしながらたとえ意が誠になっても、やはりその心は正さなければならないのだ。意の誠と不誠とは、とりもなおさず公と私の岐路、君子と小人の分かれ目である。意が不誠であれば、たとえ表面的には善を爲していても、その意は實のところ善ではないのであるから、彼の心が正されているか否かなど、どうして問題にするに値しようか。意が既に誠になったとしても、その心に少しでも偏倚《かたより》が有れば、正しさを得ることはできないわけで、それ故にこそまさにかの正心の工夫を實踐することができるのだ。」　輔廣錄

〔注〕

(1)「意誠則心正」『大學章句』經の「意誠而后心正」に類似する表現であるが、經文は「意誠」が「心正」の前提條件・必要條件であることを示すに止まるのに對して、「意誠則心正」は「意誠」が「心正」の十分條件であるかの如き語氣を含む。朱熹がこの語を否定したのはその爲であろう。ただし、「誠意」の重要性や困難さを強調する文脈では、實は朱熹自身、この表現を用いてもいた。『語類』卷一五、一一五條「意誠則心正。誠意最是一段中緊要工夫、下面一節輕一節。」同、一一七條「意誠則心正、自此去、一節易似一節。」

(2)「這幾句、連了又斷、斷了又連」　前條にも「這事連而却斷、斷而復連。」とある。「A了又B、B了又A」は、AしてはBし、BしてはAする。A→B→A→Bが繰り返されることを述べる（ABは動詞の場合も名詞の場合もある）。ここでは『大學章句』傳五章、六章、七章、八章等（「這幾句」）が「連」（各章間の連續性）→「斷」（各章ごとの獨立性）→「連」→「斷」の關係にあることを指すものと解釋しておく。『語類』卷一〇、六五條、沈僩錄（Ⅰ　170）「夫子說、學而不思則罔、思而不學則殆。學便是讀。讀了又思、思了又讀。」卷二四、一四〇條、徐寓錄（Ⅱ　597）「綱常千萬年磨滅不得。只是盛衰消長之勢、自不可已。盛了又衰、衰了又盛、其勢如此。」

卷六二、一三三條、陳淳錄（Ⅳ　1513）「元了又貞、貞了又元、萬古只如此、循環無窮。」卷七一、五二條、徐寓錄（Ⅴ　1792）「春了又冬、冬了又春。」

（3）「雖若不相粘綴」「粘綴」は、くっつく、連結する、連接する、連續する。

（4）「中間又自相貫」「中間」は、（それぞれの）間、その間。『語類』卷九五、一一一條、葉賀孫錄（Ⅵ　2443）「伊川文字、段數分明。明道多只恁成片說將去、初看似無統、子細理會、中間自有路脈貫串將去。」

（5）「譬如一竿竹」「竿」は、量詞。八條目を竹とその節に喩えるものとして以下がある。卷一五、一一四條「自修身以往、只是如破竹然、逐節自分明去。」同、一四六條「物格而后知至、知至而后意誠、意誠而后心正、心正而后身修、身修而后家齊、家齊而后國治、國治而后天下平。只是就這規模恁地廣開去、如破竹相似、逐節恁地去。」

（6）「意未誠、則全體是私意」「全體」は、全て、丸ごと、すっかり。『語類』卷一二〇、五五條、童伯羽錄（Ⅶ　2900）「吳楶直翁問。學亦頗知自立、而病痛猶多、柰何。曰。未論病痛。人必全體是、而後可以言病痛。譬如純是白物事了、而中有黑點、始可言病痛。公今全體都未是、何病痛之可言。」

（7）「更理會甚正心」「理會」は、取り組む。「甚」は、何、どんな。『語類』卷一八、一三二條、黃士毅錄（Ⅱ　424）「問意既誠矣一段。曰。不誠是虛僞無實之人、更理會甚正。」

（8）「直是有公私之辨」「直是」は、取りもなおさず。

（9）「君子小人之分」『荀子』「不苟」「君子能則人榮學焉、不能則人樂告之。小人能則人賤學焉、不能則人羞告之。是君子小人之分也」意の誠不誠が君子小人の分かれ目であるという考え方については以下を參照。『語類』卷一五、八八條「某嘗謂、誠意一節、正是聖凡分別關隘去處。若能誠意、則是透得此關。透此關後、滔滔然自在去爲君子。不然、則崎嶇反側、不免爲小人之歸也。」

（10）「如何更問他心之正不正」　誠意を實現していなければその意は既にして不善であるから、その心の正不正などはじめから問題にするに値しない、との意。『語類』巻一八、一三一條、輔廣錄（Ⅱ　424）「或問。意既誠矣、而心猶有動焉、然後可以責其不正而復乎正。是如何。曰。若是意未誠時、只是一箇虛僞無實之人、更問甚心之正與不正。唯是意已誠實、然後方可見得忿懥・恐懼・好樂・憂患有偏重處、卽便隨而正之也。」

（11）「其心或有所偏倚」　心の働きにおける偏り。前注所引の「忿懥・恐懼・好樂・憂患有偏重處」を參照。「偏倚」は、偏向して中正を失ったあり方。『中庸章句』題下朱注「中者、不偏不倚、無過不及之名。庸、平常也。」

【126】

①亞夫問致知誠意。

曰。②心是大底、意是小的。心要恁地做、③却被意從後面牽將去。④且如心愛做箇好事、又被一箇意道不須恁地做也得。且如心要孝、又有不孝底意思牽了。

所謂誠意者、譬如飢時便喫飯、⑤飽時便休、自是實要如此。到飽後、又被人請去、⑥也且胡亂與他喫些子、便是不誠。⑦須是誠、則自然表裏如一。⑧非是爲人而做、求以自快乎己耳。⑨如飢之必食、渴之必飲、無一毫不實之意。

這箇知至意誠、⑩是萬善之根。⑪有大底地盤、⑫方立得脚住。若無這箇、⑬都靠不得。心無好樂、又有箇不無好樂底在後。心無忿懥、又有箇不無忿懥底在後。⑭知至後、自然無。　恪

〔校勘〕

○「意是小的」　朝鮮古寫本は「的」を「底」に作る。
○「却被意從後面牽將去」「面」を成化本、朝鮮古寫本は「靣」に作る。
○「且如心愛做箇好事」　本條に全部で六出する「箇」を、朝鮮古寫本は全て「个」に作る。萬曆本と和刻本は、「又有箇不無好樂底在後」の箇所のみ「箇」に作り、他の五箇所は全て「个」に作る。
○「無一毫不實之意」　成化本は「毫」を「豪」に作る。
○「心無好樂」　萬曆本、和刻本は本條に二出する「樂」を全て「楽」に作る。

〔譯〕

亞夫が致知と誠意についてお尋ねした。

先生「心は大なるもの、意は小なるものだ。心がこのようにしようとしても、かえって意によって後ろ向き（＝逆方向）に引きずられていってしまう。たとえば、心は好んで何かよいことをしようとしているのに、またもや一箇の意か現れては「そんなふうにしなくても構わないぞ」と言われてしまう。たとえば、心は孝であろうとしているのに、またもや親不孝な意思《きもち》が生じて心を引きずってしまう。

所謂「誠意」とは、たとえば、お腹がすいたら飯を食い、滿腹になったらやめる、というようなものであって、言うまでもなくそれは（當人自身が）本當にそうしたいからなのだ。滿腹になった後で、他人に請われるままに、またもとりあえずその人の爲に少しばかりをそそくさと食うとすれば、それは「誠」ではない。ぜひとも誠であるべきで、そうすれば表裏は自ずと一體となる。人の爲に何かをするのではなく、ただ自分自身が快適でありたいが爲に（そうするのに）他ならないのだ。お腹がすいたら必ず食い、のどが渇いたら必ず飲むようなもので、そこには毛筋ほどにも不實なる意は存在しないのだ。

この「知は至り、意は誠になる」ことこそは、萬善の根本である。大いなる地盤が有ってこそ、脚をしっかりと踏みしめることもできるのだ。それ（＝地盤）がなければ、全く據り所を失ってしまうのだ。心に好樂《このみ》がなくても、好樂がないわけにはいかないという意がその背後に存在する。心に忿懥《いかり》がなくても、忿懥がないわけにはいかないという意がその背後に存在する。知が至（り、意が誠にな）った後であれば、それらの意は自ずと無くなるのだ。」林恪錄

〔注〕

（1）「亞夫問」晏淵《かんえん》、字亞夫。『朱子語錄姓氏』所收。

（2）「心是大底、意是小的」「意者、心之所發也」（『大學章句』經、朱注）と定義さるように、意は心に包攝される存在である。ここでの「大小」は、兩者の包含關係を示している。『語類』巻一五、一一三條「心言其統體、意是就其中發處。……又曰。由小而大、意小心大。」『北溪字義』巻上「意」「以意比心、則心大意小。心以全體言。意只是就全體上發起一念慮處。」

（3）「却被意從後面牽將去」かえって意によって後ろ向きに引きずられていく。「被」は、…に、…から（…される、…られる）。「…將去」は、…していく。「從…去」の「從」には、動作の起點を示す用法と動作の向かう方向を示す用法とがある（三浦國雄『「朱子語類」抄』三〇八、四〇七頁）。本文では假に後者の用法として解釋しておいたが、後ろから引っぱると解釋しても、結果的には同じ事態を意味することになるだろう。後ろ向き（＝逆方向）に引きずるとは要するに、妨げる、足を引っ張るの意。意が心を良からぬ方向に引きずるという事例については、以下を參照。『語類』巻一五、一一六條「或問。意者心之所發、如何先誠其意。曰。小底却會牽動了大底。心之所以不正、只是私意牽去。」巻一六、六六條「問。誠意是如何。曰。心只是有一帶路、更不著得兩箇

物事。如今人要做好事、都自無力。其所以無力是如何。只爲他有箇爲惡底意思在裏面牽繫。」

（4）「且如心愛做箇好事」「且如」は、たとえば。「愛」は、〜することを好む。好んで〜する。「好事」は、いいこと、良いこと。

（5）「飽時便休」「休」は、やめる、停止する、おしまいにする。

（6）「也且胡亂與他喫些子」「也且」は、またとりあえず。「胡亂」は、いいかげんに、おざなりに、そそくさと。「與他」の「與」は現代中國語の「給」とおなじで、〜のために。「些子」は、すこしばかり。

（7）「須是誠、則自然表裏如一」「如一」は、一様である、一體である。「表裏如一」は、自己の外面と内面とが一致していること。表裏一體は、「誠」「不自欺」「自慊」の比喩として多用される。本巻、七二條「須是表裏如一、便是不自欺。」八八條「自慊則一、自欺則二。自慊者、外面如此、中心也是如此、表裏一般。」一〇二條「誠意、只是表裏如一。若外面白、裏面黑、便非誠意。」

（8）「非是爲人而做、求以自快乎己耳」『大學章句』傳六章「所謂誠其意者、毋自欺也。如惡惡臭、如好好色、此之謂自謙。朱注「謙、快也、足也。……言欲自脩者知爲善以去其惡、則當實用其力、而禁止其自欺。使其惡惡則如惡惡臭、好善則如好好色、皆務決去、而求必得之、以自快足於己、不可徒苟且以殉外而爲人也。」

（9）「飢之必食、渴之必飲」『大戴禮記』「王言」「如飢而食、如渴而飲。」本巻、一〇六條「所謂誠其意者、表裏内外、徹底皆如此、無纖毫絲髮苟且爲人之弊。如飢之必欲食、渴之必欲飲、皆自以求飽足於己而已、非爲他人而食飲也。」

（10）「是萬善之根」「萬善之根」は、あらゆる善を生み出す根源。『朱文公文集』巻五〇「答潘恭叔」第八書「敬之一字、萬善根本。涵養省察、格物致知、種種工夫、皆從此出、方有據依。」

(11)「有大底地盤」「地盤」の比喩を用いた例を擧げておく。『語類』巻一四、一〇條「如人起屋相似、須先打箇地盤。地盤既成、則可擧而行之矣。」

(12)「方立得脚住」「方」は、それでこそ。「…住」は前の動作がしっかりと確實に遂行されることを示す。

(13)「都靠不得」「都」は、全く。「靠」は、寄りかかる、もたれる、依據する。「…不得」は、…することができない。

(14)「知至後」「知至意誠」を「大底地盤」に喩えた上で、地盤の有る場合と無い場合とで「不無好樂底」「不無忿懥底」の有無が分かれる、と述べている。従ってここの「知至後」は、「知至意誠後」を端折った表現と見なすべきであろう。

【127】

(1)敬之問誠意正心。誠意是去除得裏面(2)許多私意、正心是去除得外面許多私意。誠意是檢察於隱(3)微之際、正心是體驗於事物之間。

曰。(4)到得正心時節、(5)已是煞好了。(6)只是就好裏面、(7)又有許多偏。(8)要緊最是誠意時節、正是分別善惡、(9)最要著力。所以(10)重複說道必慎其獨。(11)若打得這關過、已是煞好了。到正心、又怕於好上要偏去。(12)如水相似、那時節已是淘去了濁、十分清了、又怕於清裏面有波浪動蕩處。　賀孫

〔校勘〕

○「去除得裏面許多私意」　萬曆本、和刻本は「裏」を「裡」に作る。以下同じ。「面」を成化本、朝鮮古寫本は「靣」に作る（以下同じ）。
○「最要著力」　成化本、萬曆本、朝鮮古寫本、和刻本は「著」を「着」に作る。
○「必愼其獨」　諸本は呂留良本、傳經堂本を含めて全て「愼」を「謹」に作る。
○「若打得這關過」　萬曆本、朝鮮古寫本、和刻本は「關」を「関」に作る。
○「賀孫」　朝鮮古寫本には記録者名なし。

〔譯〕

敬之が誠意正心についてお尋ねした。「誠意とは、自己の内面の多くの私意を除き去ること、正心とは自己の外面の多くの私意を除き去ることです。誠意とは隱微の際（＝自己の内面において意がかすかに萌す時）にそれを點檢精察すること、正心とは心が事物と關わる場でそれを體察することですね。」

先生「心を正す段階に至れば、（誠意を經ているので）既に（その心は）非常によいものとなっている。ただしそのよくなった内面（心）にも、また多くの偏りが有るのだ。一番肝心なのは誠意の段階であって、ここでこそ善悪を弁別するのであり、最も努力を要するのだ。だからこそ（『大學』の傳文も）繰り返し「必ずその獨りを愼しむ」と述べているのだ。この關門さえ打破してしまえば、既に（その心は）非常によいものとなっている。しかし心を正す段になると、さらにそのよきところにおいて偏りが生ずることを危惧するのだ。

ちょうど水のようなもので、その時（＝正心に取り組む段階）には既にして濁りは淘汰されているから、十分に澄んでいるのだが、その上で更に、その澄んでいる内面（心）にも波浪が搖れ動く部分のあることを危惧するのである。」

葉賀孫錄

〔注〕

（1）「敬之問誠意正心」「敬之」は朱在、字は敬之、朱熹の三男。巻一五、一二四條にも葉賀孫録の「敬之問誠意正心修身」で始まる問答を收録するが、内容は本條とは別個のものである。

（2）「裏面許多私意」「外面許多私意」後文の「隱微之際」「事物之間」という表現とあわせて考えれば、朱在は、誠意は獨處（「隱微」）における自己の內面（「裏面」）を對象とする工夫、正心は他者（「事物」）との關わりの場（「外面」）における工夫、と考えていたことになる。因みに『大學章句』傳七章にいう「忿懥・恐懼・好樂・憂患」は、朱熹も事物との關わりの場（「應物」）において發現するものとしている。『大學或問』「或問。人之有心、本以應物。而此章之傳、以爲有所喜怒憂懼、便爲不得其正。然則其爲心也、必如槁木之不復生、死灰之不復然、乃爲得其正耶。曰。……唯其事物之來、有所不察、應之既或不能無失、且又不能不與俱往、則其喜怒憂懼、必有動乎中者、而此心之用、始有不得其正者耳。傳者之意、固非以心之應物便爲不得其正、而必如槁木死灰、然後乃爲得其正也。」

（3）「隱微之際」ひそかでかすかな時。自己の內面において人知れず意が萌す時。愼獨の獨。『中庸章句』第一章「莫見乎隱、莫顯乎微、故君子愼其獨也。」

（4）「到得正心時節」「時節」は、時、折、段階。

（5）「已是煞好了」「煞」は、甚だ、非常に、とても。

（6）「只是就好裏面」「只是」は逆接の接續詞。ただし、だが。

（7）「又有許多偏」本巻一二五條にも「意既誠了、而其心或有所偏倚、則不得其正、故方可做那正心底工夫。」とある。

（8）「要緊最是誠意時節」　「要緊」は、肝要な事柄、重要な點、急所、ポイント。
（9）「最要著力」　「著力」は、力を入れる、力を込める、盡力する、努力する。
（10）「重複説道必愼其獨」　『大學章句』傳六章において「故君子必愼其獨也」の語が二度繰り返されていることを指す。
（11）「若打得這關過」　もしこの關門を打破できれば。「打得這關過」は「打得過這關」に同じ。「打得過」は、打破する、克服する。否定形は「打不過」『語類』卷六一、五條、余大雅錄（Ⅳ　2458）「曰。如此、則能讓千乘之國、只是好名、至簞食豆羹見於色、却是實情也。曰。然。……好名之人、大處打得過、小處漏綻也。」（『孟子』「盡心」下「孟子曰。好名之人、能讓千乘之國、苟非其人、簞食豆羹、見於色。」）同、卷二四、九二條、周明作錄（Ⅱ　587）「只如墨者夷之、厚葬自打不過、緣無道理、自是行不得。」（墨者夷之云々は、墨家の夷之が薄葬を主張しながら自分の親だけは厚葬したことを指す。『孟子』「滕文公」上）
（12）「如水相似」　水のようなものである。「如～相似」は、～のようである。

【128】

問。意既誠、而有憂患[1]之類、何也。
曰。誠意是無惡。憂患・忿懥之類、却不是惡。但[2]有之、則是有所動。　節

〔校勘〕

○「意既誠」　朝鮮古寫本は「既誠意矣」に作る。
○「憂患忿懥之類」　朝鮮古寫本は「有憂患　忿懥之類」に作る（「患」と「忿」の間に一字分の空格有り）。
○「但有之」　朝鮮古寫本は「但」を「但是」に作る。
○「誠意是無惡」　萬曆本、和刻本は「惡」を「悪」に作る。
○「却不是惡」　萬曆本、和刻本は「惡」を「悪」に作る。
○「節」　萬曆本、和刻本は「莭」に作る。

〔譯〕
質問「意が既に誠になっているのに、なお（心に）憂患《うれい》の類が存在するのは、どうしたわけでしょう。」
先生「意を誠にすれば、（もはや）悪はない。だから憂患《うれい》や忿懥《いかり》の類は、悪ではないのだ。ただしそれらが存在する限り、（心はそれらによって）動揺させられることがあるのだ。」　甘節録

〔注〕
（1）「憂患・忿懥之類、却不是惡」云々　一二四條にも「心有不正、則爲物所動、却未必爲惡。」とある。
（2）「但有之、則是有所動」　本巻一二四條「心有不正、則爲物所動」一三五條「四者人所不能無也。但不可爲所動。」

【129】

意既誠矣、後面[1]忿懥・恐懼・好樂・憂患、[2]親愛・賤惡、[3]只是安頓不著在。便是[4]苟志於仁矣、無惡也。　泳

〔校勘〕

○「後面忿懥」「面」を成化本、朝鮮古寫本は「靣」に作る。

○「好樂」萬曆本、和刻本は「樂」を「楽」に作る。

○「賤惡」萬曆本、和刻本は「惡」を「悪」に作る。

○「無惡也」萬曆本、和刻本は「惡」を「悪」に作る。

〔譯〕

意が既に誠になっていれば、その後における忿懥《いかり》・恐懼《おそれ》・好樂《このみ》・憂患《うれい》、親愛《したしみ》・賤惡《にくしみ》は、（それ自體は惡しきものではなく）ただ所を得ていないというだけのことだ。つまりは「本當に仁を志せば、惡を行うことはない。」である。

湯泳錄

〔注〕

（1）「忿懥・恐懼・好樂・憂患」『大學章句』傳七章に見える語。一一二條の注を參照。

（2）「親愛・賤惡」『大學章句』傳八章「所謂齊其家在脩其身者、人之其所親愛而辟焉、之其所賤惡而辟焉、之其所畏敬而辟焉、之其所哀矜而辟焉、之其所敖惰而辟焉。故好而知其惡、惡而知其美者、天下鮮矣。」朱注「辟、讀爲僻。惡而之惡、敖、好、並去聲。鮮、上聲。人、謂衆人。之、猶於也。辟、猶偏也。五者、在人本有當然之則。然常人之情、惟其所向而不加審焉、則必陷於一偏而身不脩矣。」

（3）「只是安頓不著在」「安頓」は、置く、おちつく。「…不著」は動詞の後に用いて、ちゃんと…できない、十分〜できない、の意を表す。「在」は斷定の語氣を示す句末の助詞。「安頓不著」は、ちゃんと置かれていない、据わりが悪い、所を得ない、の意。あるべき在り方からずれていること。一二五條「意既誠了、而其心或有所偏倚、則不得其正」における「偏倚」、一二七條「到得正心時節、已是煞好了。只是就好裏面、又有許多偏」における「偏」に相當する。以下の用例にも示されている通り、惻隱や羞惡のように、それ自體は善であっても、その發現が時と所を得なければ、それらは瞬時に惡に翻轉する。『語類』卷一三、五六條、楊道夫錄（Ⅰ 230）「凡事、莫非心之所爲。雖放僻邪侈、亦是此心。善惡但如反覆手。翻一轉、便是惡。只安頓不著、亦便是不善。」卷九四、一四六條、萬人傑錄（Ⅵ 2395）「凡事微有過差、才有安頓不著處、便是惡。」卷九五、八九條、童伯羽錄（Ⅵ 2438）「蓋凡事、莫非心之所爲。雖放僻邪侈、亦是心之爲也。善惡但如反覆手耳。翻一轉、便是惡。止安頓不著、也便是不善。如當惻隱而羞惡、當羞惡而惻隱、便不是。」なお『朱子語類考文解義』は「安頓不著在　猶言着不得。謂意既誠、則此四者不足以爲累於心也。在語辭。」とし、「安頓不著」を「くっつかない」の意に解するが、誤釋であろう。

（4）「苟志於仁矣」『論語』「里仁」「子曰。苟志於仁矣、無惡也。」朱注「苟、誠也。志者心之所之也。其心誠在於仁、則必無爲惡之事矣。」

【130】

問。[1]心體本正、發而爲意之私、然後有不正。今欲正心、[2]且須誠意否。未能誠意、且須操存否。

曰。[3]豈容有意未誠之先、[4]且放他喜怒憂懼不得其正、[5]不要管它、[6]直要意誠後心却自正。如此則意終不誠矣。[7]所以伊川說、未能誠意、且用執持。大雅

〔校勘〕

○「須誠意否未能誠意」　朝鮮古寫本は「未」の前に「是」字有り。

○「不要管它」　成化本、朝鮮古寫本、朝鮮整版本は「它」を「他」に作る。

〔譯〕

質問「心の本體は元來、正しいものであり、それが發現して私意となると、そこではじめて不正が生じます。今、心を正そうとするならば、さしあたり意を誠にすべきなのではありませんか。まだ意を誠にすることができていなければ、さしあたり操存すべきなのではありませんか。」

先生「まさか、意が誠になる前には、心の喜怒憂懼が正されていなくてもとりあえずは放っておいて構おうとはせず、意が誠になった後で心の方が自ずと正されるのを、ずっと期待し續けるなんて、そんなことがあり得ようか。そんなことでは、意も結局は誠にはならないのだ。だから伊川も「意を誠にすることができなければ、とりあえず（心を）しっかりと把捉せよ。」と言ったのだ。」　余大雅録

〔注〕

（1）「心體本正」『大學或問』「人之一心、湛然虛明。如鑑之空、如衡之平、以爲一身之主者、固其眞體之本然、而喜怒憂懼、隨感而應、妍蚩俯仰、因物賦形者、亦其用之所不能無者也。故其未感之時、至虛至靜、所謂鑑空衡平之體、雖鬼神有不得窺其際者、固無得失之可議。」

（2）「且須操存否」「操存」は、心をしっかりと把捉し保持すること。『孟子』「告子」上「孔子曰。操則存、舍則亡。出入無時、莫知其鄉。惟心之謂與。」朱注「程子曰。……操之之道、敬以直內而已。」

（3）「豈容有意未誠之先」云々　「容」は「可（べし）」と同じく、可能を表す助字。～できる。以下この一文は、

『大學』八條目の階梯が「誠意」→「正心」の先後關係にあるからといって、「誠意」以前は心の不正を放置しても構わない、とする發想の誤りを指摘する。「格致」→「誠意」に關する同樣の發言を擧げておく。卷一五、九五條「說爲學次第、曰。本末精粗、雖有先後、然一齊用做去。且如致知格物而後誠意、不成說自家物未格、知未至、且未要誠意、須待格了知了、却去誠意。安有此理。聖人亦只說大綱自然底次序是如此。」同、一〇三條「問知至而后意誠。曰。……然又不是今日知至、意亂發不妨、待明日方誠。如言孔子七十而從心、不成未七十、心皆不可從。只是說次第如此。」

（4）「且放他喜怒憂懼不得其正」「放」は、放っておく。「他」は、それ。ここでは心を指す。「喜怒憂懼」は『大學章句』傳七章にいう「忿懥・恐懼・好樂・憂患」に對應する。『大學或問』「或問。人之有心、本以應物。而此章之傳、以爲有所喜怒憂懼、便爲不得其正。」云々。

（5）「不要管它」「管」は、かまう、監督する、取り締まる。「它」は、それ。ここでは喜怒憂懼。

（6）「直要意誠後心却自正」「直」は「一直」と同じく、動作の持續を示す。ずっと（～し續ける）。「却」は、主語に關して他と對比對照して述べる語氣を示す。「～の方は」「～はと言えば」

（7）「所以伊川說、未能誠意、且用執持」ここに引用される語そのものの典據は未詳。類似する程頤の語を擧げておく。『河南程氏遺書』卷一九、五條「問。有所忿懥・恐懼・憂患、心不得其正。是要無此數者、心乃正乎。曰。非是謂無、只是不以此動（原注「一本作累」）其心。學者未到不動處、須是執持其志。」

【131】

誠意、是[1]眞實好善惡惡、[2]無夾雜。

又曰。[3]意不誠、是私意上錯了。心不正、是公道上錯了。

又曰。[4]好樂之類、是合有底、只是[5]不可留滯而[6]不消化。[7]無留滯、則此心便虛。　節

〔校勘〕

○「好善惡惡」　萬曆本、和刻本は「惡惡」を「悪悪」に作る。

○「無夾雜」　萬曆本、和刻本は「夾」を「夹」に作る。

○「好樂之類」　萬曆本、和刻本は「樂」を「楽」に作る。

○「無留滯」　朝鮮古寫本はこの下に「好樂之類」の四字有り。

○「節」　萬曆本、和刻本は「節」を「莭」に作る。朝鮮古寫本はこの下に「○池本注云此一段爲大學釋誠意二章發」の校語有り。因みに甘節錄は池錄二五所收である（『朱子語錄姓氏』）。なお池錄殘卷を收める『朱子語錄』上下卷（上海古籍出版社、二〇一六年）には卷二五甘節錄は未收錄である。

〔譯〕

「意を誠にするとは、眞に善を好んで悪を悪み、そこに夾雜物がないようにすることだ。」

また言われた。「意が誠でないのは、私意における過ちである。心が正しくないのは、公道における過ちである。」

また言われた。「（『大學章句』傳七章にいう）好樂の類は、有って然るべきものなのだが、ただし（心に）固着して消え去らない、ということであってはならない。固着さえしなければ、この心は虛なのである。」　甘節錄

〔注〕

(1)「眞實好善惡惡」「眞實」は、眞に、本當に。「好善惡惡」は、善を好み惡を惡む。『大學章句』傳六章「如惡惡臭、如好好色。」朱注「使其惡惡則如惡惡臭、好善則如好好色。」

(2)「無夾雜」「夾雜」は、「夾雜物」、または動詞として「混入する」の意。純粹に善を好み惡を惡むことができず、なにがしか不純な氣持ちが混じること。本卷、六六條「問。誠意是如何。曰。……如今人要做好事、……要去做好事底心是實。要做不好事底心是虛。被那虛底在裏面夾雜、便將實底一齊打壞了。」

(3)「意不誠、是私意上錯了。心不正、是公道上錯了」「公道」は、公共の道路。轉じて公明正大な在り方。『韓非子』内儲説上「七術」説二「殷之法、棄灰于公道者、斷其手。」『朱文公文集』卷一九「同監司薦潘燾韓邈蔡咸方銓狀」「臣等竊見、比年以來、臣僚申嚴薦擧之法、以革獨員之弊。蓋所以示公道而杜私情也。」以下に示す通り、朱熹は「意不誠」と「心不正」を、それぞれ「私過」と「公過」、「私罪」と「公罪」に喩えている。一二五條に「意之誠不誠、直是有公私之辨、君子小人之分。」とある通り、誠意の成否が公私の分かれ目であるから、誠意以前は私、正心に取り組む段階は既に誠意を經ているから公、という理屈になる。『語類』卷一五、九一條「又曰。意不誠底、是私過。心不正底、是公過。」卷一八、一三〇條、襲蓋卿錄(Ⅱ 424)「且意未誠時、譬猶人之犯私罪也。意既誠而心猶動、譬猶人之犯公罪也。亦甚有間矣。」

(4)「好樂之類、是合有底」「合」は「當」と同じで、「まさに~(す)べし」「合有底」は、有って然るべきもの、無いわけにはいかないもの。『大學章句』傳七章、朱注「蓋是四者、皆心之用、而人所不能無者。」卷一五、一二六條「所謂好惡哀矜、與修身齊家中所説者、皆是合有底事。但當時時省察其固滯偏勝之私耳。」

(5)「不可留滯」「留滯」は、留まり滯る、固着する。「合有底」ではあっても、「留滯」すればとらわれや偏向をもたらすことになる。『語類』巻一二、一三六條、胡泳録（Ⅰ　242）「因言。悔字難説。既不可常存在胸中以爲悔、又不可不悔。若只説不悔、則今番做錯且休、明番做錯又休、不成説話。……不得不悔、但不可留滯。」なお後出の一三七〜一四〇條においても、「忿懥」等の心における「留」「滯留」が話題とされている。

（6）「不消化」「消化」は消去する、消失する。『語類』巻七五、一一四條、黄罃録（Ⅴ　1937）「變化二者不同。化是漸化、如自子至亥、漸漸消化、以至於無。如自今日至來日、則謂之變、變是頓斷有可見處。」

（7）「無留滯、則此心便虚」「虚」は、空虚、空っぽ。餘計な夾雜物が混入殘存していないこと。『河南程氏遺書』巻一五、一七七條「如何爲主。敬而已矣。有主則虚、虚謂邪不能入。無主則實、實謂物來奪之。」

【132】

問。忿懥、恐懼、憂患、好樂、皆不可有否。

曰。四者豈得皆無。[1]但要得其正耳、如中庸所謂喜怒哀樂發而中節者也。[2]去僞

〔校勘〕

○朝鮮古寫本には、記録者名「去僞」の後に、以下の雙行小注が有る（今句讀點を補う）。「〇案謨録同　〇人傑録亦同而畧云。忿懥恐懼憂患好樂、不謂皆無。但每要得其正。如中庸所謂喜怒哀樂發而中節、是也。」

〔譯〕

質問した。「忿懥、恐懼、憂患、好樂は、どれも有ってはならないのでしょうか。」

先生は言われた。「この四者は、どれも無いなどということがあり得ようか。ただ、(これらの情が發動した時に)心の正しさを得なければならないのだ。『中庸』の「喜怒哀樂發して節に中る」のことだ。」金去偽錄

〔注〕

(1)「四者豈得皆無。但要得其正耳」『大學章句』傳七章に、「蓋是四者、皆心之用、而人所不能無者。然一有之而不能察、則欲動情勝、而其用之所行、或不能不失其正矣。」とある。

(2)「喜怒哀樂發而中節」『中庸章句』第一章「喜怒哀樂之未發、謂之中。發而皆中節、謂之和。」朱熹の注は「喜怒哀樂、情也。其未發、則性也、無所偏倚、故謂之中。發皆中節、情之正也、無所乖戾、故謂之和」。

【133】

心有喜怒憂樂[1]、則不得其正、非謂全欲無此、此乃情之所不能無。但發而中節[2]、則是。發不中節、則有偏而不得其正矣。端蒙

〔校勘〕

○朝鮮古寫本卷一六にこの條無し。

〔譯〕

「心に喜怒憂樂の情が有れば、心は正しさを得られない」とは、これらの情を全くなくそうと言うのではない。これらはまさに情として無いわけにはいかないものなのだ。ただ、情が發動しても(過不及のない)節度に中ればそれ

でよい。發動して節度に中らなければ、情に偏りがあって心の正しさを得ることはできないのだ。　程端蒙錄

〔注〕

（1）「心有喜怒憂樂、則不得其正」『大學或問』に「或問。人之有心、本以應物。而此章之傳以爲有所喜怒憂懼、便爲不得其正。」とあり、續けて答えを示して「唯其事物之來、有所不察、應之旣或不能無失。且又不能不與俱往、則其喜怒憂懼必有動乎中者、而此心之用始有不得其正者耳。傳者之意、固非以心之應物、便爲不得其正、而必如枯木死灰、然後乃爲得其正也。」とある。

（2）「發而中節則是、發不中節則有偏而不得其正矣」　情の「中節」と「偏」については、本巻一三二條の注（2）、また一二五條の注（11）を參照。

【134】

好、樂、[1]憂、懼四者、人之所不能無也、但要所好所樂皆中理。[2]合當喜、不得不喜。合當怒、不得不怒。　節

〔校勘〕

○朝鮮古寫本　本條冒頭に「在正心有非是無」の七字有り。

〔譯〕

好（好む）、樂（望む）、憂（憂える）、懼（恐れる）の四つは、人には無いわけにはいかないものであるが、ただ、好むこと望むことがみな理に適っていなくてはならない。喜ぶべきは喜ばざるを得ないし、怒るべきは怒らざるを得

ない。 甘節錄

〔注〕

(1)「樂」『大學章句』傳七章「有所好樂」の朱注に「好、樂、並去聲。」とある。『論語』「雍也」「子曰、知者樂水、仁者樂山。知者動、仁者靜。知者樂、仁者壽。」朱注に「樂、上二字並五教反。下一字音洛。」とあり、「樂水」「樂山」について「樂、喜好也」とする。好む、願う、望むといった意。

(2)「合當喜、不得不喜。合當怒、不得不怒」「合當」は二字で、當然〜すべきである。『語類』の用例は、卷六二、一四三條、林夔孫錄(Ⅳ 1516)「問和。曰。只是合當喜、合當怒。如這事合喜五分、自家喜七八分、便是過其節。喜三四分、便是不及其節。」など。

〔參考〕

本條の內容に關しては、以下も參照すべきである。『河南程氏遺書』卷二上「善則理當喜、……惡則理當惡(原注「一作怒」)。」また『河南程氏文集』卷二、明道「答橫渠先生定性書」「聖人之喜、以物之當喜、聖人之怒、以物之當怒。是聖人之喜怒、不繫於心、而繫於物也。是則聖人豈不應於物哉。」

【135】

四者人所不能無也、但不可爲所動。[1]若順應將去、何不得其正之有。[2]如顏子不遷怒、[3]可怒在物、顏子未嘗爲血氣所動而移於人也。則豈怒而心有不正哉。 端蒙

〔校勘〕

○朝鮮古寫本巻一六にこの條無し。

〔譯〕

（忿懥、恐懼、好樂、憂患の）四つは人に無いわけにはいかないものであるが、ただ、（これらに心が）動かされてはならない。これらの情に順應してゆくなら、どうして「心の正しさを得られない」ことなどあろうか。顏回の「怒りを遷さず」の例は、怒るべきは物事にあり、顏回は（怒っても）己の血氣に動かされて他人に（その怒りの矛先を）向けることはなかったのだ。だから、怒れば心が正しくなくなる、などということあろうか。程端蒙録

〔注〕

（1）「若順應將去」「…將去」は、…していく。「順應將去」は、順應していく。「將」は「以」に同じ。「順應」については以下を參照。『河南程氏文集』巻二、明道「答橫渠先生定性書」「所謂定者、動亦定、靜亦定。……君子之學、莫若廓然而大公、物來而順應。」

（2）「顏子不遷怒」出典は『論語』「雍也」「哀公問。弟子孰爲好學。孔子對曰。有顏回者好學、不遷怒、不貳過。不幸短命死矣。今也則亡、未聞好學者也。」朱熹集注「怒於甲者、不移於乙。」

（3）「可怒在物」本巻一三四條の注（3）に引く『河南程氏文集』巻二、明道「答橫渠先生定性書」を參照。また『河南程氏遺書』巻一八「問。不遷怒、不貳過、何也。語錄有怒甲不遷乙之說、是否。曰。是。曰。若此則甚易、何待顏氏而後能。曰。只被說得粗了、諸君便道易、此莫是最難。須是理會得因何不遷怒。如舜之誅四凶、怒在四凶、舜何與焉。蓋因是人有可怒之事而怒之。聖人之心、本無怒也。……若聖人、因物而未嘗有怒。」、同巻二三「小人之怒在己、君子之怒在物。小人之怒、出於心、作於氣、形於身、以及於物、以至無所不怒、是所謂遷也。

若君子之怒、如舜之去四凶。」また、『二程粹言』巻下「子曰。顏子之怒在物而不在己、故不遷。」『二程外書』巻三「喜怒在事、則理之當喜怒也。不在血氣、則不遷。」これらはいずれも注（2）に引いた『論語』「雍也」の條の朱熹集注に「程子曰」として觸れられている。

【136】

正心、却不是將此心去正那心。(1) 但存得此心在這裏、(2) 所謂忿懥、恐懼、好樂、憂患自來不得。(3) 賀孫

〔校勘〕

○「在這裏」の「裏」 萬曆本、和刻本は「裡」に作る。

〔譯〕

「心を正す」とは、この心であの心を正すということではない。ただこの心をしっかりと保っていられれば、所謂「忿懥、恐懼、好樂、憂患」は自ずと起こり得ないのだ。 葉賀孫録

〔注〕

（1）「將此心去正那心」「將」は「以」に同じ。「將…去—」は「〜で（を）—する」。なお、心を「此」「那」などと分るべきでないとする考え方について、次を參照。『朱文公文集』巻六七「觀心說」、「或問。佛者有觀心說、然乎。曰。夫心者、人之所以主乎身者也。一而不二者也。爲主而不爲客者也。命物而不命於物者也。……心則一也。以正不正而異其名耳。……非以道爲一心、人爲一心、而又有一心以精一之也。夫謂操而存者、非以彼操此而

存之也。舍而亡者、非以彼舍此而亡之也。心而自操則亡者存、舍而不操則存者亡耳。……釋氏之學、以心求心、以心使心、如口齕口、如目視目、其機危而迫、其途險而塞、其理虛而其勢逆。蓋其言雖有若相似者而其實之不同、蓋如此也。」

（2）「在這裏」　ここでは上の動作の確實さを言う。（三浦國雄『「朱子語類」抄』、五〇頁を參照。）

（3）「自來不得」「來不得」は既出。「動詞不得」は、その動作が不可能であることを表す。『語類』巻一二、七一條、董銖錄（I　207）「所以程先生說敬字、只是謂我自有一箇明底物事在這裏。把箇敬字抵敵、常常存箇敬在這裏、則人欲自然來不得。」など。

【137】

問。忿懥、恐懼、好樂、憂患、皆以[1]有所爲言、則是此心之正不存、而是四者得以爲[2]主於內。曰。四者人不能無、只[3]是不要它留而不去。如所謂有所、則是被[4]他爲主於內、心反爲它動也。　道夫

〔校勘〕

○「以爲主於內。曰」　朝鮮古寫本は、「內」と「曰」との間に、「吾身不得而主宰矣、然是四者固心之所發、而人所不能無、惟在於誠其意、使私情邪念不入于中、則四者自不爲吾心之累」の四十八字が有る。

○「只是不要它留」の「留」　朝鮮整版本は「畱」に作る。

○「只是不要它留」「心反爲它動也」の「它」　成化本、朝鮮古寫本、朝鮮整版本は「他」に作る。

〔譯〕

質問した。「(『大學』では)忿懥、恐懼、好樂、憂患は、すべて「有所」(具體的に對象がある)と表現していますから、(そのようなときには)この心の正しさはなく、(これらの)四者が心の内の主となっていると考えられるのでしょうか。」

先生は言われた。「この四つは人に無いわけにはいかないのだが、ただこれらを心中にとどめてしまってはいけない。「有所」とあるのは、それらが心の内の主となってしまって、心が逆にそれらに動かされることなのだ。」 楊道夫錄

〔注〕

(1)「以有所爲言」 『大學章句』傳七章では、「身有所忿懥、則不得其正。有所恐懼、則不得其正。有所好樂、則不得其正。有所憂患、則不得其正。」と、四者についてすべて「有所…」としている。なお、朱熹は「身有所」の「身」を「心」と解しているが、これについては本卷一三九條の注(1)を參照。

(2)「爲主於內」 心の主となる。程頤(伊川)の「主一無適」「主敬」の說を襲っている。伊川は、一事が主となれば思慮が紛擾する憂いはない。その一は敬であり、敬を主とすれば心は何ものにも奪われない(適《ゆ》くことなし)として、「主敬」の修養法を說いた。『河南程氏遺書』卷一五「人心不能不交感萬物、亦難爲使之不思慮。若欲免此、唯是心有主。如何爲主。敬而已矣。有主則虛、虛謂邪不能入。無主則實、實謂物來奪之。今夫瓶甖、有水實內、則雖江海之浸、無所能入、安得不虛。無水於內、則停注之水、不可勝注、安得不實。大凡人心、不可二用、用於一事、則他事更不能入者、事爲之主也。事爲之主、尙無思慮紛擾之患、若主於敬、又焉有此患乎。所謂敬者、主一之謂敬。所謂一者、無適之謂一。且欲涵泳主一之義、一則無二三矣。」(この條は『近思錄』存養篇に採錄さ

れている。）

また、ここに見える伊川の「有主則虚」「無主則實」というとらえ方は、本巻一三一條にも窺える。

（3）「只是不要它留而不去」　本巻一三一條の「只是不可留滯而不消化。」と同意。

（4）「被」　受身を表す。「被――…」で「――に…される」。

【138】

大學七章、看有所二字。有所憂患、憂患是合當有、若因此一事而常留在胸中、便是有。有所忿懥、因人之有[1]罪而撻之、才[2]撻了、其心便平、是不有。若此心常常不平、便是有。恐懼、好樂亦然。泳[3]

〔校勘〕

○「二字」　和刻本は「一字」に作る。

○「常留在胸中」の「留」　朝鮮整版本は「畱」に作る。

○「常留在胸中」の「胸」　成化本、朝鮮古寫本、朝鮮整版本は「胷」に作る。

○「若此心常常不平」「常常」を傳經堂本以外の諸本は全て「常又」に作る。賀瑞麟「朱子語類正譌」「常常不原作又、非。」

〔譯〕

『大學』（傳）七章では、「有所」の二字を讀み取りなさい。「憂患する所有れば」（憂えることが有れば）とは、憂えることは有って當然なのだが、もしもその一事があることからいつまでもそれが胸中に留まっているようなら、それはとりもなおさず（憂いが心に）「有る」ということだ。「忿懥する所有れば」とは、人に罪があるからと彼を撻（むちうち）の刑にするとして、その刑が終わるや否やその心が平らかになるのであれば、（怒りの情は）「無くなった」のだ。もしも心がいつまでも平らかでないとすれば、それはつまり（怒りの情が）「有る」ということだ。「恐懼」「好樂」も、やはり同様だ。　湯泳録

〔注〕

（1）「有罪而撻之」『周禮』地官、胥「凡有罪者撻戮而罰之。」による。

（2）「才…便―」呼應して用いられて、「…するや否やすぐ…だ」の意。三浦國雄『「朱子語類」抄』四九頁參照。ここでは、「少しでも～であれば、それがとりもなおさず―だ」の意。

（3）記録者「泳」湯泳、字は叔永。「湯泳字叔永。丹陽人。乙卯所聞。池録三三。」（「朱子語録姓氏」）。同名の記録者「胡泳」の場合にのみ、姓を冠して區別する。（田中謙二『朱門弟子師事年攷』。『田中謙二著作集』卷三、二八八頁、汲古書院、平成十三年二月六日）。また、陳榮捷『朱子門人』二三九頁。卷一四、三四條注（2）、同、一三一條注（3）を參照。

【139】

心[1]有所忿懥、則不得其正。忿懥[2]已自粗了。有事當怒、如何不怒。只[3]是事過、便當豁然、便得其正。若只管忿怒滯留在[4]這裏、如何得心正。

心有所好樂、則不得其正。如一箇好物色[5]到面前、眞箇是好、也須道是好。或留在這裏、若將[6]去了、或[7]是不當得他底、或偶然不得他底、便[8]休。不[9]可只管[10]念念著他。　賀孫

〔校勘〕

○「自粗」の「粗」成化本、朝鮮古寫本は「麄」に作る。朝鮮整版本は「麤」に作る。
○「只管」の「管」二箇所とも、萬曆本、和刻本は「晉」に作る。
○「留在這裏」の「留」二箇所とも、朝鮮整版本は「畱」に作る。
○「留在這裏」の「裏」二箇所とも、萬曆本、和刻本は「裡」に作る。
○「箇」二箇所とも、萬曆本、朝鮮古寫本、和刻本は「个」に作る。
○「念念著」の「著」成化本、萬曆本、朝鮮古寫本、和刻本は「着」に作る。

〔譯〕

「心に忿懥する（怒る）ことがあれば、心は正しさを得られない」について。怒りはそれ自體、粗雜だ。怒るべき事があれば、どうして怒らないであろうか。ただ、事が過ぎれば、すぐに心はひろびろ晴れ晴れとなるはずで、それですぐさま心の正しさを得られる。もしもひたすら怒りが心の内に滞っているようならば、どうして心は正しいありかでいられようか。

「心に好樂する（好み望む）ことが有れば、心は正しさを得られない」について。もし好い物が目の前にやって來たとして、それが本當に好い物なら、やはり「これは好い」と言うべきだ。（それを）心に留めて好み望み續けていても、もしそれを誰かが持ち去ってしまったとしたら、それは手に入れるべきものではなかったか、あるいはたまた

ま手に入れられないものだったのであり、それで（そうと割り切って）良しだ。（逆に）ひたすらそれを思い續け執着してはならない。　葉賀孫録

〔注〕

（1）「心有所忿懥」朱子は、程頤の説に従って「身」を「心」に改めている。『大學章句』傳第七章の朱注に「程子曰、身有之身、當作心。」とあるが、これは『河南程氏經説』巻五「伊川先生改正大學」の「身有所忿懥、則不得其正」の「身」に、「當作心」との原注があることにもとづく。

（2）「忿懥已自粗了」「忿懥」はそれだけで既に粗大な感情である。「已自」は、すでに。「粗」は粗大の意で、「精細」の對概念。纖細微妙なあり方に對して、單純明快で分かりやすいあり方を「粗」と表現した。『語類』巻三〇、三一條、記録者名缺（Ⅲ　767）「或問。顏子工夫、只在克己上。不遷不貳、乃是克己效驗。或曰。不遷不貳、亦見得克己工夫卽在其中。曰。固是。然克己亦非一端。如喜怒哀樂、皆當克。但怒是粗而易見者耳。」（「克己」は『論語』「顏淵」、「不遷不貳」は『論語』「雍也」）、『語類』巻七八、二〇九條、黄義剛録（Ⅴ　2013）「天下之物、精細底便難見、麄底便易見。飢渴寒煖、是至麄底。雖至愚之人、亦知得。若以較細者言之、如利害、則禽獸已有不能知者。若是義理、則愈是難知。這只有些子不多。所以說人之所以異於禽獸者、幾希、言所爭也不多。」を參照。

（3）「只是事過、便當豁然」「豁然」は、廣々と開けている様。

「豁然」は、「格物致知」「窮理」の文脈では後に「貫通」「有覺處」などが續くことが多く、そのようなときには、からりと悟る、ほどの意に解される。「一旦豁然貫通焉」（『大學章句』傳五章）、『河南程氏遺書』巻一七、（伊川語）「今人欲致知、須要格物。物不必謂事物然後謂之物也、自一身之中、至萬物之理、但理會得多、相次自

然豁然有覺處。」など。次の「脱然」の用例がこのニュアンスをよく表している。『河南程氏遺書』巻一七「人要明理、若止一物上明之、亦未濟事、須是集衆理、然後脱然自有悟處。然於物上理會也得、不理會也得。」混亂や迷いなどからすっきりと拔け出る樣、の意である。

本條では、廣々と開け、胸中が晴れ晴れとしてわだかまりのない様を表す。「廓然而大公」（廣々として私意がない）（『河南程氏文集』巻二、明道「答横渠先生定性書」）がしばしば「豁然而大公」「擴然而大公」とも表記されるように、「豁然」（huòrán）は「廓然」（kuòrán）「擴（拡）然」（kuòrán）に通ずる。『語類』巻九四、一九三條、陳淳録（Ⅵ　2406）「豁然絶無一物之累。」、巻六二、一四條、輔廣録（Ⅳ　1482）「豁然而大公、便是不自私。物來而順應、便是不用智。」、巻九五、一一一條、輔廣録（Ⅵ　2443）「若能豁然而大公、則上不陷於空寂、下不累於物欲。」、巻九五、一〇八條、沈僴録（Ⅵ　2443）「擴然而大公、是寂然不動。物來而順應、是感而遂通。」、巻九五、一〇三條、葉賀孫録（Ⅵ　2442）「第能於怒時遽忘其怒而觀理之是非。遽忘其怒、是應廓然而大公。而觀理之是非、是應物來而順應。」を參照。

（參考）因みに程顥（明道）の「廓然而大公」は、次のような考え方を背景とする。「夫人之情、易發而難制者、惟怒爲甚。第能於怒時遽忘其怒而觀理之是非、亦可見外誘之不足惡、而於道亦思過半矣。」（『河南程氏文集』巻二、明道文集「答横渠先生定性書」）

（4）「在這裏」　ここでは「この心に在る」の意に解した。

（5）「物色」　いろいろなもの、萬象。『文心雕龍』巻一〇、「物色」「春秋代序、陰陽慘舒、物色之動、心亦搖焉。」『語類』では他に次の用例がある。『語類』巻一〇、八〇條、輔廣録（Ⅰ　172）「爲學讀書、須是耐煩細意去理會、切不可粗心。若曰何必讀書、自有箇捷徑法、便是誤人底深坑也。未見道理時、恰如數重物色包裹在裏許、無

縁可以便見得。須是今日去了一重、又見得一重。明日又去了一重、又見得一重。去盡皮、方見肉。去盡肉、方見骨、去盡骨、方見髓。使粗心大氣不得。」（『朱子語類』譯注 巻十〜十一 讀書法、汲古書院、興善宏・木津祐子・齋藤希史譯注、一〇二〜一〇四頁）

（6）「將去」（誰かが）持ち去る。『五燈會元』巻一一、「槃回頭見師空手、乃問。鑊在何處。師曰。有一人將去了也。槃曰。近前來共汝商量箇事。」本巻一三五條注（1）、同、一三六條注（1）を參照。

（7）「或是不當得他底、或偶然不得他底」いずれの「他」も上文の「一箇好物色」を指す。

（8）「便休」それで終わり。それで良い。ここでは、自分の「好樂」（望む情動）に關して、事は終わった（自分の關與する範圍ではなくなった）ことを言う。『語類』巻一四、一一三條注（3）、巻一五、一條注（15）、また、三浦國雄『「朱子語類」抄』三九頁。

（9）「不可只管念念著他」本巻一三七條「只是不要它留而不去」、同、一四〇の「不可常留在心」を參照。

（10）「念念」『程氏遺書』巻二上、一六一條「人之於患難、只有一箇處置、盡人謀之後、却須泰然處之。有人遇一事、則心心念念不肯舍、畢竟何益。若不會處置了放下、便是無義無命也。」また、『碧巖錄』八十本則「念念不停流。」

【140】

問。伊[1]川云、忿懥、恐懼、好樂、憂患、人所不能無者、但不以動其心。既謂之忿懥、憂患、如何不牽動他心。

曰。事[2]有當怒當憂者、但過了則休、不可常留在心。顏子未嘗不怒、但不遷耳。因[3]擧樓中果、怒在此、不可遷之於彼。

徳明

〔校勘〕

○「常留在心」の「留」　朝鮮整版本は「畱」に作る。

○「因擧樓中」の「樓」　成化本、萬暦本、朝鮮古寫本、朝鮮整版本、和刻本すべて「柈」に作る。呂留良本、傳經堂本は「樓」に作る。

〔譯〕

質問した。「程伊川は「忿懥、恐懼、好樂、憂患は、人には無いわけにはいかないものだが、ただそれらによって心を動かしてはいけない」とおっしゃいましたが、怒りとか憂いとか言うからには、どうしてその人の心を引き動かさないでしょうか。」

先生は言われた。「事には怒って當然のこと、憂えて當然のことがあるが、ただ過ぎてしまえば終わるのだから、いつまでも心に留めていてはいけない。顔回でさえ怒ったことはあるのだが、しかし自分の怒りを他人に向けなかっただけだ。」そこで先生は鉢の果物を手に取って、「（もし）自分に（このように）怒ることがあっても、その怒りを他人に向けてはいけない。」　廖徳明録

〔注〕

（1）「伊川云」以下　『河南程氏遺書』巻一九「問、有所忿懥、恐懼、憂患、心不得其正。是要無此數者、心乃正乎。曰、非是謂無。只是不以此動一本作累。其心。學者未到不動處、須是執持其志。」同、一二上「棣問、禮記言、有忿懥、憂患、恐懼、好樂、則心不得其正。如何得無此數端。曰、非言無、只言有此數端則不能以正心矣。」

（2）「事有當怒當憂者、但過了則休、不可常留在心。」本巻一三四條の「合當喜、不得不喜。合當怒、不得不怒。」及び注（2）、同、一三九條「有事當怒、如何不怒。只是事過、便當豁然、便得其正。」

（3）「因擧樓中果」　校勘を參照。呂留良本、傳經本は「樓」に作るが、他の諸本は「柈」に作る。今、「樓」では理解し難く、「柈」として解した。「柈」は、「はち、たらい」の意。「盤」に同じ。また、「因擧柈中果」を一句とし、「果」を果物と解した。「果」は「菓子」かも知れない。ちなみに、南宋の劉昌詩撰『蘆浦筆記』巻一〇、「胡藏之」に「故藏之以詩取知於山谷。嘗侍燕席、以柈中果子分題賦詩。藏之得藕云……」とある。「藕」は蓮根。いずれにせよ、譯者は「因擧柈中果」を、朱熹が、自身の講説の合間に身近にあった果物（果子）を怒りの對象（有所忿懥）に見立て、弟子たちに今にも投げつけようとした（怒りを他人に向ける）、と解した。

【141】

心[1]不可有一物。喜怒哀樂固欲得其正、然過後須平了。且如人有喜心[2]、若以此應物、便是不得其正。　人傑

〔譯〕

心中に物が一つ有って（それに心が占められて）はいけない。喜怒哀樂の（情の）發動時にはもとより心が正しくあるようにと望むのだが、しかしその事が過ぎた後には、心は平らかになっていなければならない。もしかりに、心中喜んでいる人がいるとして、もしも（その人が）その心のままに物事に應じれば、それだけでもう心の正しさを得られないのだ。　萬人傑錄

〔注〕

（1）「心不可有一物」　心が特定の事象に占據されてはならない。本卷一三七條の注（2）「爲主於內」を參照。

（2）「喜心」『禮記』樂記「其喜心感者、其聲發以散。其怒心感者、其聲粗以厲。」

【142】

看心有所喜怒說、曰。喜怒哀樂固欲中節、然事過後便須平了。謂如事之可喜者、固須與之喜。然別遇一事、又將此意待之、便不得其正。蓋心無物、然後能應物。如一量稱稱物、固自得其平。若先自添著些物在上、而以之稱物、則輕重悉差矣。心不可有一物、亦猶是也。〔1〕〔2〕　𥬇

〔校勘〕

○「添著」の「著」　萬曆本、和刻本は「着」に作る。

〔譯〕

「（『大學の』）心に喜んだり怒ったりすることがあれば（心の正しさは得られない）」という說を讀んだ。（先生は）言われた。「喜怒哀樂の情は、もとより節度にぴったり中たることを望むが、しかし事が過ぎた後には、すぐさま心は平らかにならなければならない。思うに、喜んでよいことは、當然ながらそれを喜ぶべきである。しかし、それとは異なる事に遭遇して、また（先に喜んだのと）同じ心で對應したのでは、それでもう心の正しさは得られない。おそらく、心に何も無いからこそ、ものごとに對應できるのだ。

たとえるなら、秤で物を量れば、當然のこと平衡が得られるようなものだ。もし自分から少しでも何がしかの物を秤に添えておいて、それで物の重さを量るのならば、輕重は全て違って來るだろう。心に一物が有ってはならないというのも、これと同じである。」　黄㽦錄

〔注〕

（1）「一量稱稱物」　秤で物を計量する。「量」は「稱」（秤）の量詞と解した。「稱物」は『易』謙、象傳「地中有山、謙。君子以裒多益寡、稱物平施。」なお、「心」について「稱物平施」を喩えに用いた例には、『語類』卷一四、一四一條、楊道夫錄（Ⅰ　279）「安而慮、便如自家金物都自在這裏、及人來問自家討甚金物、自家也須將上手審一審、然後與之。慮而得、則稱停輕重、皆相當矣。」、同、卷二七、一六條、廖德明錄（Ⅱ　671）「主於內爲忠、見於外爲恕。忠是無一毫自欺處、恕是稱物平施處。」などがある。

（2）「心不可有一物」　本卷一四一條注（1）、本卷一三七條の注（2）「爲主於內」を參照。

【143】

四者[1]心之所有、但不可使之有所私爾。才有所私、便不能化、梗[2]在胸中。且如忿懥、恐懼、有當然者。若定[3]要他無、直[4]是至死方得、但不可先有此心耳。

今人多是才忿懥、雖有可喜之事、亦所不喜。才喜、雖有當怒之事亦不復怒。便[5]是蹉過事理了、便視[6]而不見、聽而不聞、食而不知其味了。蓋[7]這物事才私、便不去、只管[8]在胸中推盪、終[9]不消釋。設[10]使此心如太虛然、則應接萬務、各止[11]其所、而我無所與、則便視而見、聽而聞、食而眞知其味矣。看此一段、只是要人不可先有此心耳。譬如衡之爲器、本所

以平物也、今若先有一物在上、則又如何稱。

頃之、復曰、要之、[12]這源頭却在那致知上。知至而意誠、則如好好色、如惡惡臭、[13]好者端的是好、惡者端的是惡。某常云、[14]此處是學者一箇關。過得此關、方始是實。

又曰、某常謂此一節甚異。若知不至、則方説惡不可作、又有一箇心以爲爲之亦無害。以爲善不可不爲、又有一箇心以爲[15]不爲亦無緊要。譬如草木、[16]從下面生出一箇芽子、這便是不能純一。這便是知不至之所爲。

[17]或問公私之別。曰、今小譬之、譬如一事、若係公衆、[18]便心下不大段管。若係私己、便只管[19]横在胸中、[20]念念不忘。只此便是公私之辨。道夫

〔校勘〕

○朝鮮古寫本卷一六は本條を收錄しない。

○「才有所私」　成化本、朝鮮整版本は「才」を「纔」に作る。以下同じ。

○「直是至死方得」　成化本、萬曆本、呂留良本、朝鮮整版本、和刻本は「至」を「用」に作る。傳經堂本は「至」に作る。賀瑞麟「朱子語類正譌」は「是至死、原作用、非。」と言う。

○「此處是學者一箇關」　萬曆本、和刻本「箇」を「个」に作る。以下同じ。

○「某常謂此一節甚異」　成化本、朝鮮整版本「常」を「嘗」に作る。

〔譯〕

「忿懥、好樂、恐懼、憂患の四者は心にあるものだが、これらに心を占有させてはならない。わずかでも占有されてしまうと、もう消し去ることができず、胸中をふさいでしまう。たとえば忿懥、恐懼には、あって當然のものもあ

る。もし無理になくそうとすると死ぬより他ないのであり、ただあらかじめこの心（忿懥、好樂、恐懼、憂患）があってはならない、ということなのだ。

今の人の多くは、わずかでも忿懥すると、喜ぶべきことがあっても喜ばず、わずかでも喜ぶと、怒って當然のことでも怒らなくなる。つまり、事物の理を見逃していると、「視れども見えず、聽けども聞こえず、食らえども其の味を知らず」ということになってしまうのだ。思うに、これがわずかでも心を占有してしまうと居座ってそこを去らず、ひたすら胸中で搖れ動いて、最後まで消え去らない。もしこの心が空っぽ同然だったら、萬事に取り組んでも、相應しい狀態に止まって、自分自身はこれに關與せず、「視ては見え、聽きては聞こえ、食らいては眞に其の味を知る」ということになろう。この一段（傳第七章）を見るに、あらかじめこの心（忿懥、好樂、恐懼、憂患）を持っていてはならない、ということだ。例えれば、秤の道具としての役割は、本來、物を平衡にすることにあるが、今もしあらかじめ物が秤の上に乘っていたら、どうして重さを量れるだろう。

しばらくしてまた仰った。「要するに、この根源はあの致知の方にこそあるんだ。知が至って、意は誠であれば好色を好み、惡臭を惡むように、善いものは切實に善く、惡いものは切實に惡く思われるのだ。私はいつも言っているが、ここ（誠意章）は學者の一つの關門だ。この關門をぬけられて始めて「實」なんだ。」

また仰った。「私はいつも思うんだが、この一節は特別だ。もし知が至っていなければ、惡をなしてはいけないと言ったばかりでも、もう一つの心がこれ（惡事）をなしても害はないとし、善を爲さなくてはならないと思っているのに、もう一つの心が爲さなくても問題なかろう、とする。草木に例えるなら、下の方からもう一本の芽が出てきたら、これはもう純一でないというようなものだ。それはまた知が至っていないためにそうなるのだ。」

ある者が公私の違いについて質問した。先生が仰った。「今少し例えば、ある事柄がもし公衆に關わっていれば、自分の心はあまり氣にとめない。もし私自身に關わっていれば、心の片隅で氣にかかって、片時も忘れない。これが公私の違いだ。」　楊道夫錄

〔注〕

（1）「四者心之所有、但不可使之有所私爾」　四つの感情が心において占有しないようにせねばならないと說く。この內容と近いものとしては以下が擧げられる。本巻、一三七條、楊道夫錄「曰、四者人不能無、只是不要它留而不去。如所謂有所、則是被他爲主於內、心反爲它動也。」なお、現行の章句は以下のように說く。「蓋是四者、皆心之用、而人所不能無者。然一有之而不能察、則欲動情勝、而其用之所行、或不能不失其正矣。」

（2）「梗在胸中」「梗」は、「妨げとなる、ふさぐ」。『語類』巻六五、一六條、周謨錄（Ⅳ 1604）「凡此等處、皆須各隨文義所在、變通而觀之。才拘泥、便相梗、說不行。」

（3）「定要…」「無理に、是が非でも…しようとする」『語類』巻一六、一〇六條に既出。

（4）「直是至死方得」　死ぬより他ない。「直是」は、ただ。『宋元語言詞典』（五〇六頁）「直是　只是。」「直是…方得」は、「ただ…してこそよい」、「ただ…であってこそよい。」『語類』巻一四、一六四條、楊道夫錄「若要得其所止、直是能慮方得。」同、巻一一六、四〇條、記錄者名缺（Ⅶ 2800）「又曰。戰戰兢兢如臨深淵、如履薄氷、而今而後、吾知免夫小子。直是恁地用功方得。」

（5）「便是蹉過事理了」「蹉過」は「見逃す、誤る」。『語類』巻一二一、三二條、周必大錄（Ⅷ 2927）「學者講學、多是不疑其所當疑、而疑其所不當疑。不疑其所當疑、故眼前合理會處多蹉過。」

（6）「視而不見、聽而不聞、食而不知其味」『大學』傳七章「心不在焉、視而不見、聽而不聞、食而不知其味。」章句「心有不存、則無以檢其身、是以君子必察乎此而敬以直之、然後此心常存而身無不脩也。」

（7）「蓋這物事才私」　ここでの「私」は定性書にいう「廓然而大公」と正反對のあり方。『二程文集』卷二、明道文集「答橫渠先生定性書」「所謂定者、動亦定、靜亦定。……夫天地之常、以其心普萬物而無心。聖人之常、以其情順萬事而無情。君子之學、莫若廓然而大公、物來而順應。」『語類』卷二六、二一條、鄭南升錄（Ⅱ　645）「問。惟仁者能好人、能惡人。好善而惡惡、天下之同情。若稍有些子私心、則好惡之情發出來便失其正。惟仁者心中渾是正理、見人之善者則好之、見不善者則惡之。或好或惡、皆因人之有善惡、而吾心廓然大公、絕無私係、故見得善惡十分分明、而好惡無不當理、故謂之能好能惡。曰。程子之言約而盡。公者、心之平也。正者、理之得也。一言之中、體用備矣。」

（8）「只管在胸中推盪」　「推盪」はここでは「搖れ動く」の意。『語類』卷一五、一一一條（Ⅰ　304）に既出。

（9）「終不消釋」　「消釋」は「消え去る」『語類』卷八三、六六條、黃義剛錄（Ⅵ　2160）「此其母子之間雖能如此、而其私欲固未能瑩然消釋。」

（10）「設使此心如太虛然」　「設使」は、「もし」。

（11）「各止其所」　『大學』「大學之道、在明明德、在親民、在止於至善。」章句「止者、必至於是而不遷之意。至善、則事理當然之極也。」『易經』「艮」「彖曰。艮、止也。……象曰。兼山艮。君子以思不出其位。」王弼注「各止其所、不侵害也。」

（12）「這源頭却在那致知上」　「源頭」は、「根源」、「根本」。誠意の根本は格物致知にある、という見解に關しては以下を參照。卷一五、九六條、董銖錄（Ⅰ　300）「吳仁甫問。誠意在致知格物後、如何。曰。源頭只在致知。知至之後、如從上面放水來、已自迅流湍決、只是臨時又要略略撥剔、莫令壅滯爾。」同、卷一五、九七條、記錄者名缺（Ⅰ　301）「問。誠意莫只是意之所發、制之於初否。曰。若說制、便不得。須是先致知、格物、方始得。

……致知、格物是源頭上工夫。看來知至便自心正、不用誠意兩字也得。」

(13)「好者端的是好、惡者端的是惡」「端的」は「切實に」の意。本巻、五九條「周問大學補亡、心之分別取舍無不切。曰。只是理徹了、見善、端的如不及。見不善、端的如探湯。好善、便端的如好好色。惡不善、便端的如惡惡臭。」

(14)「此處是學者一箇關」誠意章が學者にとっての關門であることを言うが、より詳細なものとしては以下を參照。『語類』第一五、八六條、萬人傑錄（Ⅰ 299）「致知、誠意、是學者兩箇關。致知乃夢與覺之關、誠意乃惡與善之關。透得致知之關則覺、不然則夢。透得誠意之關則善、不然則惡。」

(15)「不爲亦無緊要」「緊要」は「重要な、重要なこと」。『語類』巻一四、一二四條に既出。

(16)「從下面生出一箇芽子、這便是不能純一」心が純一ではないあり方を草木の根から芽が出て枝分かれする様で喩えたもの。

(17)「或問公私之別」公私の區別について、朱子は本條では氣にとめるものであるか否かとして説明するが、このように説明する例は他に見られず、「天理」から發するものを「公」、「人欲」から發するものを「私」として説明することが多い。『語類』巻一三、沈僩錄（Ⅰ 228）「將天下正大底道理去處置事、便公。以自家私意去處之、便私。」

(18)「便心下不大段管」「心下」は上の「心中」と同じく、心のうち、心中。「大段」は、大いに、非常に。「管」は、かまう、かかわりあう、氣にかける。巻一四、四二條に既出。

(19)「橫在胸中」「心の片隅で留意する」の意。『語類』巻一五、一三八條で既出。

(20)「念念不忘」「念念」は「一瞬も忘れない」。本巻、八條に既出。

〔參考〕

なお、本條の內容は、以下の朱子の黃甇に與えた書簡（黃子耕は、諱は甇）の內容・表現が多く重なるので參照。

『朱文公文集』卷五一「答黃子耕」第七書

近脩大學此章或問頗詳。今謾錄去、可以示斯遠也。

或問。喜怒憂懼、人心之所不能無也。而曰。有是一者、則心不得正而身不可脩、何哉。人之心、湛然虛明、以爲一身之主者、固其本體、而喜怒憂懼、隨感而應者、亦其用之所不能無者也。然必知至意誠、無所私係、然後物之未感、則此心之體寂然不動、如鑑之空、如衡之平。物之旣感、則其姸媸高下、隨物以應、皆因彼之自爾、而我無所與。此心之體用所以常得其正而能爲一身之主也。以此而視、其視必明。以此而聽、其聽必聰。以此而食、食必知味。身有不脩者哉。

【144】

忿懥(1)、好樂、恐懼、憂患、這四者皆人之所有、不能無。然有不得其正者、只是應物之時不可夾帶(2)私心。如有一項(3)事可喜、自家正喜、驀見(4)一可怒底事來、是當怒底事、却以這喜心處之、和那(5)怒底事也喜了、便是不得其正。可怒事亦然。惟誠其意、眞箇(6)如鑑之空、如衡之平、姸媸高下、隨物定形、而我無與焉、這便是正心。

因說、前在(7)漳州、見屬官議一事、數日不決、却是有所挾。後忽然看破了、道這箇事不可如此。一向(8)判一二百字、盡皆得這意思。此是因事上見這心親切(9)。賀孫錄別出(10)

〔校勘〕

○朝鮮古寫本巻一六は本條を收錄しない。

○「道這箇事不可如此」　萬曆本、和刻本は「箇」を「个」に作る。

〔譯〕

「忿懥、好樂、恐懼、憂患の四つの感情は全て人が持っているもので、無くすことはできない。しかし「其の正を得ず」というのは、事物に應接する際に私心を持ち込んではならない、ということなのだ。もし一つの喜ぶべきことがあって、自分がちょうど喜んでいる時に、不意に一つの怒るべき事が出來するのを見たら、これは怒るのが正しいのに、この喜んでいる氣持ちで、これに對處すると、その怒るべき事まで喜ばしくなってしまうが、これが「其の正を得ず」ということだ。怒るべき事の場合もまた同樣である。その意を誠にして、それが本當に鏡のように空虛で、秤のように平衡で、美醜や輕重（秤の高下）が事物に隨應して形をはっきりさせ、自分自身はそれに關與しない、というのであれば、これがつまり「正心」ということなのだ。」

これと關連しておっしゃった。「以前漳州にいた時、屬官に會って一つのことを議論して、數日結論が出ないことがあったが、これは何らかの感情に支配されていたからだ。後になって突然見破って、「これはこのようではいけない」と言ったよ。一氣に一、二百字の判決文を書いたところ、ことごとくこの意味を理解した。これは物事に取り組むことを通じてこの心を見ることが切實であったという經驗だ。」　葉賀孫錄は別出。

〔注〕

（1）「忿懥、好樂、恐懼、憂患、這四者皆人之所有、不能無。」『文集』巻五〇、答周舜弼書「忿懥、好樂、恐懼、憂患、人之所不能無者。然有一于此、則心不得其正何哉。」

（2）「不可夾帶私心」「夾帶」は「持ち込む」。
（3）「一項」「項」は項目に分けた事物を數える量詞。
（4）「驀見一可怒底事來」「驀」は突然。
（5）「和那怒底事也喜了」「和」は、「〜さえ」現代中國語の「連」と同じ。「和…也」は、「…さえもまた」。
（6）「眞箇如鑑之空、如衡之平」「眞箇」は「本當に」の意。『語類』卷一四、一六六條に既出。また、この條の「心」に對する說明に近い表現としては以下を參照。『大學或問』上「曰、人之一心、湛然虛明、如鑑之空、如衡之平、以爲一身之主者、固其眞體之本然。而喜怒憂懼隨感而應、妍蚩俯仰因物賦形者、亦其用之所不能無者也。」
（7）「前在漳州」朱子は紹熙元年四月（一一九〇）から紹熙二年二月（一一九一）まで、知漳州に任ぜられており、本條の回想はこの時のものと考えられる。この時期における朱子の事績に關わる記錄は『語類』卷一〇六、外任に詳しい。
（8）「一向判一二百字」「一向」はここでは、「一氣に、一息に、すぐに」の意。
（9）「親切」「切實に」『語類』卷一五、三六條に既出。
（10）「別出」「別出」とは、本條の次條の一四五條を指すものと思われる。また、一四五條以外にも、本條の內容に近いものとしては以下のような例がある。『語類』卷一一八、二五條、葉賀孫錄（Ⅷ 3068）「某在漳州要理會某事、集諸同官商量、皆逡巡泛泛、無敢向前。如此、幾時得了。於是卽取紙來、某自先寫起、教諸同官各隨所見寫出利害、只就這裏便見得分明、便了得此一事。少間若更有甚商量、亦只是就這上理會、寫得在這裏定了、便不到推延。」

【145】

先之問。心有所好樂、則不得其正。

曰、在這一事、不可又夾帶那一事。若自家喜這一項事了、更有一事來、便須放了前一項、只平心就後一項理會、不可又夾帶前喜之之心在這裏。有件喜事、不可因怒心來、忘了所當喜處。有件怒事、不可因喜事來、便忘了怒。且如人合當行大門出、却又有些回避底心夾帶在裏面、却要行便門出。雖然行向大門出、念念只有箇行便門底心在這裏、少刻或自拗向便門去。學者到這裏、須是便打殺那要向便門底心、心如何不會端正。這般所在、多是因事見得分明。前在漳州、有一公事、合恁地直截斷。緣中間情有牽制、被他撓數日、忽然思量透、便斷了、集同官看、覺當時此心甚正。要知此正是正心處。　賀孫

〔校勘〕

○「只有箇行便門底心」　萬曆本、朝鮮古寫本、和刻本は「箇」を「个」に作る。

○「心在這裏」　萬曆本、和刻本は「裏」を「裡」に作る。

○「前在漳州」　朝鮮古寫本は「漳州」を「潭州」に作る。

〔譯〕

黄卓が、「心に好樂する所有れば、則ち其の正を得ず」について質問した。

先生が仰った。「ある一事において、別の一事を持ち込んではならない。もし自分がこのことで喜んだら、更にもう一つの事が來た際には、前の事を捨て置いて心を平靜にしてから、後の事に取り組むべきで、先ほどの喜びの氣持ちをこちらに持ち込んではならない。ある喜ばしい事があったら、腹立たしい氣持ちが生じたからといって喜んで當

然のことを忘れ去ってはいけない。ある腹立たしいことがあったら、喜ばしい事柄が生じたからといって、怒って當然のことを忘れてはならない。

もし人が正門を通って出て行かなくてはならないのに、少しだけ避けていきたい氣持ちも心に持っていたとしたら、通用門を通っていこうとする。正門に向かって出發しても、わずかでも通用門を通って出たいという氣持ちが心にあったら、しばらくすると自然と曲がって通用門へ向かって行ってしまうかもしれない。學ぶ者はここにおいて、あの通用門を通っていきたいという心を打ち消すべきであって、そうすればどうして心は端正でないことがありえようか。このようなところは、多くは事物に應接する中でよくわかるものなのだ。」

「私が以前漳州に赴任していた時、ある事案があって、このように直截に斷ずるべきであった。ただ途中で心において情にとらわれて、それに數日かき回されたが、あるとき忽然と考えが透徹し、たちまち判斷し、同僚を集めて檢討して、その時の私のこの氣持ちが甚だ正しいと思ったものだ。これこそが、「心を正す」のところだと知らねばならない。」　葉賀孫錄

〔注〕

（1）「先之」　黃卓、字は先之。『經義考』卷二八四「承師」は黃卓を南平縣の人とする。

（2）「不可又夾帶那一事」「夾帶」は「持ち込む」。

（3）「有件喜事」「件」は「事」の量詞。

（4）「便門」「便門」は正門とは異なる通用門。このような意味での「便」の用法は以下を參照。『漢書』卷六、武帝本紀「(建元六年) 夏四月壬子、高園便殿火。」顏師古注「凡言便殿、便室、便坐者、皆非正大之處、所以就便安也。」

（5）「行向大門出」「向」は方向を表す助字。

（6）「念念只有箇行便門底心」「念念」は「わずかでも」。本巻、八條に既出。

（7）「少刻或自拗向便門去」「少刻」はしばらくして。

（8）「便打殺那要向便門底心」「打殺」は「打ち殺す」、「打ち消す」。『語類』巻四四、一四條、周必大錄（Ⅲ 1118）「曰、克己者、一似家中捉出箇賊、打殺了便沒事。」

（9）「這般所在」「這般」は、「このような」。「…般」は「…のような」。

（10）「前在漳州」知漳州任官時の出來事の事を回想したものと思われる。ただし、この部分の文字について、朝鮮古寫本は「漳州」の部分を「潭州」に作っており、これが正しいとすれば、この記錄の回想は、朱子が知潭州に任じられた紹熙四年十二月（一一九三）から紹熙五年四月（一一九四）のこととなる。

（11）「有一公事」「公事」はここでは「事件」、「案件」。『語類』巻三、四三條、葉賀孫錄（Ⅰ 44）「如漳州一件公事。婦殺夫、密埋之。後爲祟、事才發覺、當時便不爲祟。」

【146】

敬之問、正心章云、人之心要當不容一物。(1)(2)

曰、這說便是難。才說不容一物、却又似一向全無相似。只是這許多好樂、恐懼、忿懥、憂患、只要從無處發出、不可先有在心下。(3)

看來非獨是這幾項如此、凡是先安排要恁地、便不得。如人立心要恁地嚴毅把捉、少間只管見這意思、到不消恁地處(4)(5)(6)(7)(8)

也恁地、便拘逼了。[9]有人立心要恁地慈[10]祥寬厚、少間只管見這意思、到不消恁地處也恁地、便流入於[11]姑息苟且。如有心於好名、[12]遇著近名底事、便愈好之。如有心於爲利、遇著近利底事、便貪欲。　賀孫

〔校勘〕

○「才說不容一物」　成化本、朝鮮古寫本、朝鮮整版「才」を「纔」に作る。

○「便流入於姑息苟且」　朝鮮古寫本はこの下に「去」字有り。

○「遇著近名底事」　朝鮮古寫本「著」を「者」に作る。萬曆本、成化本、和刻本は「着」に作る。以下同じ。

〔譯〕

黄顯子が質問した。「正心章で「人の心は當に一物も容れざるべきを要す」というのはいかがでしょうか。」

先生が仰った。「その說は難しい。「一物も容れず」と言うだけでは、ひたすら全く（好樂、恐懼、忿懥、憂患の感情の）この類がないというようになってしまう。ただ、この好樂、恐懼、忿懥、憂患という感情は何もないところから發するべきであって、最初から心にあってはならない、というだけだ。

思うに、これらの事がこのようであるのみならず、おおよそ全てのことに關して、予めあれこれ計らってこのようにしておこう、というのでは駄目だ。もし人が決意してこのように嚴格に制御しようとして、少しの間この氣持ちになったとしても、そのようにする必要のない場面になってもそのようであれば、窮屈だろう。また人が決意して穏やかで寛大であろうとして、少しの間この氣持ちになったとしても、そのようである必要がない場面になってもそのようであれば、すぐにその場しのぎに流れてしまうだろう。

もし心が名譽を好むなら、たまたま名譽に近づく機會に出くわしていると、すぐにますます好むようになるだろう。

もし心が利益を得ようとすることにあれば、利益に近づく機會に出くわしていると、すぐに貪欲になるだろう。葉賀孫録

〔注〕

（1）「敬之」　朱在と黄顯子の二人の可能性が考えられる。朱在は、字は敬之または叔敬で、朱子の三男。卷一四、五〇條、卷一五、一二五條に既出。「敬之」については、朱在の他に、『語類』卷一二〇、一三條、徐寓録（Ⅷ 2888）に「敬之」に注して「黄、名顯子」と記すものがある。葉賀孫の記録には「朱敬之」と記すもの（卷一四、五〇條、Ⅰ 258）と、「黄敬之」と記すもの（卷一二〇、六條、Ⅷ 2889）の兩方が存在することを考えれば、本條の「敬之」がいずれを指すかはにわかには斷定しがたい。黄顯子は字が敬之で溫州永嘉の人で、本條の記録者である葉賀孫とは同鄕。『朱子實紀』卷八、『考亭淵源録』卷一四などに傳がある。

（2）「正心章云、人之心要當不容一物」　現行の『大學章句』にはこの文言は見えない。なお「不容一物」に關しては以下を參照。『大學或問』「曰。然則所謂敬者、又若何而用力耶。曰。程子於此嘗以主一無適言之矣、嘗以整齊嚴肅言之矣。至其門人謝氏之説、則又有所謂常惺惺法者焉、尹氏之説則又有所謂其心收斂不容一物者焉。觀是數説、足以見其用力之方矣。」『語類』卷一七、一八條、沈僩録（Ⅱ 373）「問。尹氏其心收斂不容一物之説。曰。心主這一事、不爲他事所亂、便是不容一物也。」

（3）「却又似一向全無相似」　「似…相似」は「如…相似」と同じで「…のようである。」また「一向」は「ひたすら、もっぱら」。

（4）「看來非獨是這幾項如此」　「看來」は、思うに。

（5）「凡是先安排要恁地」　「安排」は、あれこれはからう、手をかける、準備する。『語類』卷一四、一六條、葉賀

孫錄に既出。

（6）「嚴毅把捉」「嚴毅」は「嚴格に」『語類』卷九三、三六條、沈僩錄（Ⅵ 2355）「子張是箇務外底人、子游是箇高簡、虛曠、不屑細務底人、子夏是箇謹守規矩、嚴毅底人。」「把捉」は「制御する、捉える、摑む」『語類』卷一四、一二七條に既出。

（7）「意思」「こころ」、「氣持ち」。卷一四、二〇條に既出。

（8）「不消」「～する必要が無い」『語類』卷一四、七條に既出。

（9）「有人立心」「立心」は「決意する」の意。

（10）「慈祥寬厚」「穩やかで寬大」『語類』卷一〇、六三條、萬人傑錄（Ⅰ 185）「看文字先有意見、恐只是私意。謂如粗厲者觀書、必以勇果强毅爲主。柔善者觀書、必以慈祥寬厚爲主、書中何所不有。」なおこの條の內容は、虛心で物事に對處せねばならないとする本條の內容とも表裏する。

（11）「姑息苟且」「姑息」は「その場しのぎ」。『語類』卷四、四〇條、黃䓿錄（Ⅰ 65）「但若惻隱多、便流爲姑息柔懦。」「苟且」は「かりそめの、いい加減な」卷一五、九四條に既出。

（12）「遇著近名底事」「著」は動作の持續を表す助字。卷一四、五九條に既出。「近名」は、名譽を求めること。『莊子』養生主篇「爲善无近名、爲惡無近刑」

【147】

人心如一箇鏡、先未有一箇影象、有事物來、方始照見妍醜。若先有一箇影象在裏、如何照得。（1）

人心本是湛然虚明、事物之來、隨感而應、自然見得高下輕重。事過便當依前恁地虛、方得。若事未來、先有一箇忿懥、好樂、恐懼、憂患之心在這裏、及忿懥、好樂、恐懼、憂患之事到來、又以這心相與滚合、便失其正。事了、又只苦留在這裏、如何得正。　賀孫

〔校勘〕

○「人心如一箇鏡」　萬曆本、朝鮮古寫本、和刻本「箇」を「个」に作る。以下同じ。

○「影象在裏」　萬曆本、和刻本「裏」を「裡」に作る。

○「如何得正」　萬曆本、和刻本「正」を「平」に作る。

○「又以這心相與滚合」　成化本、萬曆本、朝鮮古寫本「滚」を「衮」に作る。

〔譯〕

人の心は一枚の鏡のようなものであって、もともとはなんの映像もなく、事物がやってきて始めて美醜を映し出すのだ。もし最初から何かの映像が鏡の中にあるなら、どうやって事物を照らし出すことができようか。

人の心は本來ひっそりと透き通って、事物がやってくると、その働きかけに従って自然と事物の高下や輕重がわかるものである。事物が過ぎてしまえば、そこで以前のようなさっぱりした状態にすべきであって、それでこそよい。もし事物が來るより先に、あらかじめ忿懥、好樂、恐懼、憂患の感情がどれかひとつでも心の中にあれば、忿懥、好樂、恐懼、憂患の事がやってきた時に、またこの心と混ざり合って、正しい状態からはずれてしまう。事が濟んでも、更に無理に心に留めようとすれば、どうして正しい状態でいられよう。　葉賀孫錄

〔注〕

（1）「人心如一箇鏡」『語類』卷九四、一九一條、程端蒙錄（Ⅵ 2406）「問。一是純一靜虛、是此心如明鑑止水、無一毫私欲填於其中。故其動也、無非從天理流出、無一毫私欲撓之。靜虛是體、動直是用。曰。也是如此。」

（2）「湛然虛明」「水をたたえたようにひっそりとして」。本卷、八條に既出。『大學或問』「曰、人之一心、湛然虛明、如鑑之空、如衡之平、以爲一身之主者、固其眞體之本然。」

（3）「隨感而應」郭象『莊子注』「原序」「夫心無爲、則隨感而應。」

（4）「滾合」「混ざり合う」『語類』卷九四、一六條、周謨錄（Ⅵ 2367）「五行陰陽、七者滾合、便是生物底材料。」

【148】

葉[1]兄又問忿懥章。

曰。這心之正、却如稱[2]一般。未有物時、稱無不平、才把一物在上面、便不平了。如鏡[3]中先有一人在裏面了、別一箇來、便照不得。這心未有物之時、先有箇主張說道、我要如何處事、才遇[4]著事、便以是心處之、便是不正。且[5]如今人說我做官、要抑[6]強扶弱、及遇著當強底事、也去抑他、這便也是不正。卓

〔校勘〕

○「曰。這心之正」朝鮮古寫本は、「曰」を「先生云」に作る。

○「却如稱一般」傳經堂本のみ「稱」に作る以外は「秤」に作る。以下同じ。

○「才把一物在上面」成化本、朝鮮古寫本、朝鮮整版本は「才」を「纔」に作る。以下同じ。

○「如鏡中先有一人在裏面了」　萬暦本、和刻本は「裏」を「裡」に作る。

○「別一箇來」　萬暦本、朝鮮古寫本、和刻本は「箇」を「个」に作る。朝鮮古寫本のみ、以下同じ。

○「才遇著事」　成化本、萬暦本、朝鮮古寫本、和刻本は「著」を「着」に作る。

○「我做官」　朝鮮古寫本は、この下に「大」あり。

○「這便也」　朝鮮古寫本は、この下に「他」あり。

〔譯〕

葉賀孫はまた「忿懥」の章について質問した。

先生のお答え「この心の正しさとは、ちょうど秤のようなものだ。まだ物がない時に、秤は平衡だが、ちょっと何かが秤の上に在ると、すぐ平衡ではなくなってしまう。これは鏡の中にあらかじめそこに一人の姿があって、別の誰かが來ると、もうその姿を映すことができなくなるようなものだ。心はまだ事物がない時から、あらかじめ『私はどのように事に處するべきだろうか。』という氣持ちがあり、事に遭遇するや否や、すぐその心を以てこれに對處するわけであり、これこそが不正なのだ。

たとえば今の人は「私は官途についたら、強きを抑え弱きを扶く。」といい、強くあって然るべきものに遭遇する事態になっても、それを抑えにかかろうとするのであれば、こちらもまた不正なのだ。」　黄卓錄

〔注〕

（1）「葉兄」　葉賀孫、字は味道か。黄卓と葉賀孫は同時期に朱門にあって同席記錄のあることが確認されている。『朱門弟子師事年攷』一七七、一九六頁。

（2）「如…一般」　…とおなじようなものである。「一般」は「同じ」。巻一四、二七條、三六條、一四二條。

（3）「鏡中先有一人在裏面了、別一箇來、便照不得」　心を鏡に喩える例は、一四七條既出。

（4）「才遇著事」　「著」は動作の持續を表す助字、卷一五、一二四條、注（11）參照。「遇著」は、卷一五、一四四條に既出。

（5）「且如」　たとえば。卷一五、五二條、注（3）參照。

（6）「抑强扶弱」　『春秋左氏傳』襄公二二年「求亡妻者使復其所使游氏勿怨。」杜預注「鄭國不討專殺之人所以抑强扶弱臨時之宜。」

【149】

喜怒憂懼、[1]都是人合有底、只是喜所當喜、怒所當怒、便得其正。若欲無這喜怒憂懼、而後可以爲道、[2]則無是理。小人便只是隨[3]這喜怒憂懼去、所以不好了。　義剛

〔校勘〕

○朝鮮古寫本卷一六は、本條を收錄しない。

〔譯〕

喜怒憂懼は、これらはすべて人に有って然るべきもので、ただ喜ぶべきところを喜び、怒るべきところを怒れば、正しさを得ることができるのだ。この喜怒憂懼の無い狀態を追い求めて、それで初めて道となすことができるなどというのであれば、そんな道理は無い。小人はただこの喜怒憂懼の感情の赴くままであり、だからだめになってしまう

のだ。　黄義剛録

〔注〕

（1）「喜怒憂懼、都是人合有底」「合」は「當」と同じ、「まさに～すべし」。「合有底」は、有って然るべきもの、無いわけにはいかないもの。巻一六、一三一條、注參照。

（2）「可以爲道」『中庸章句』一三章「子曰、道不遠人。人之爲道而遠人、不可以爲道。」

（3）「只是」　ただひたすら。

【150】

問忿懥章。曰。只是上下(1)有不恰好(2)處、便是偏。　可學

〔譯〕

「忿懥」の章について質問した。先生のお答え「少しでもその場においてぴったりと合っていないところがあるというだけで、これは偏向なのだ。」　鄭可學録

〔注〕

（1）「上下」　ここでは具體的な上下ではなく、場面を指す。

（2）「不恰好」　ぴったりと合わない。『語類』巻八四、一二一條、葉賀孫録（Ⅵ 2184）「惟是聖人之心與天合一、故行出這禮、無一不與天合。其間曲折厚薄淺深、莫不恰好」。「恰好」は、丁度、丁度いい。巻一四、一四七條、注

（3）參照。

【151】

問忿懥。曰。是怒之甚者。

又問。忿懥比恐懼、憂患、好樂三者、覺得忿懥又類過於怒者。曰。其實也一般。古人既如此說[1]、也不須如此去尋討[2]。

履孫

〔譯〕

忿懥について質問した。先生のお答え「怒の甚だしいのが忿懥だ。」

また質問した。「忿懥は恐懼、憂患、好樂の三つと比べ、忿懥はやはり怒の度を越した類いのものではないかと思うのですが。」先生のお答え「實のところは同じである。古人は既にそのように言っているのだから、そのように詮索する必要はない。」　潘履孫錄

〔注〕

（1）「古人既如此說」『大學章句』傳七章の本文には、「身有所忿懥、則不得其正、身有所恐懼、則不得其正、身有所好樂、則不得其正、身有所憂患、則不得其正。」とあり、「忿懥」「恐懼」「憂患」「好樂」の四者が並記される。

（2）「尋討」探し求める。『語類』巻一三、五二條、黃榦錄（Ⅰ 229）「所謂道、不須別去尋討、只是這箇道理。」

【152】

問。喜怒[1]憂懼、人心所不能無、如忿懥乃戾氣[2]、豈可有也。

曰。忿又重於怒心。然此處須看文勢[3]大意。但此心先有忿懥時、這下面便不得其正。如鏡有人形在裏面、第二人來便照不得。如[4]稱子釘盤星上加一錢、則稱一錢物便成兩錢重了。心若先有怒時、更有當怒底事來、便成兩分怒了、有當喜底事來、又減却半分喜了。先有好樂、也如此、先有憂患、也如此。若把忿懥做可疑、則[5]下面憂患、好樂等皆可疑。

問。八[6]章謂、五者有當然之則、如[7]敖惰之心、則豈可有也。

曰。此處亦當看文勢大意。敖惰、只是一般人所爲得人厭棄、不起人敬畏之心。若把敖惰做不當有、則親愛、敬畏等也不當有。　淳　寓錄略

〔校勘〕

○朝鮮古寫本は、「問八章謂」以下を徐寓錄として收錄する。

○「如鏡有人形在裏面」　萬曆本、和刻本は「裏」を「裡」に作る。

○「稱子釘盤星上加一錢、則稱一錢物便成兩錢重了」　傳經堂本以外は「稱子」を「秤子」に作る。「稱一錢」は諸本異同なし。

○「問八章謂」　朝鮮古寫本は「八章」を「修身章」に作る。

○「則豈可有也」　朝鮮古寫本には「也」字なし。

○「所爲得人厭棄」　朝鮮古寫本は「棄」を「弃」に作る。

○「不起人敬畏之心」　朝鮮古寫本には「之」字なし。

○「親愛敬畏等也不當有」 朝鮮古寫本には「等」字なし。
○「寓錄略」 朝鮮古寫本は「寓○淳同」に作る。

〔譯〕

質問した。「喜怒憂懼は、人の心に無くすることはできないものですが、忿懥のような邪悪な氣が、どうして心にあってもよいのでしょうか。」

先生のお答え「忿もまた怒心より強いものである。しかしこういった所は必ず文脈や大意を見なければならない。ただしこの心にあらかじめ忿懥がある時には、その後その正しさを得ることができない。これは例えば、鏡に人の姿がその中に有れば、二人目の姿は映す事が出來ないようなものであり、秤の零位の星印に一錢の重さを加えれば、秤の一錢の物は二錢分の重さになってしまうというようなものである。心にもしあらかじめ怒りがある時に、さらに怒るべき出來事が有れば、たやすく怒りは二倍になり、喜ぶべき出來事が有っても、喜びは半分に減少してしまう。あらかじめ心に好樂がある場合も、同様であり、あらかじめ心に憂患がある場合も、同様である。もし忿懥を疑わしいとするのであれば、その後の憂患と好樂なども皆 疑わしいものになる。」

質問した。「八章に「五者 當然の則有り。」と言いますが、敖惰の心の如きは、どうして心にあってもよいのでしょうか」

先生のお答え「こういった所もまた必ず文脈や大意を見なければいけない。敖惰というものは、ただある種の人がその行いを嫌われたり、畏敬の心を持たれたりしないものである。もし敖惰を心にあってはならないものとするのならば、親愛や敬畏などもあってはならないものになる。」 陳淳錄 徐寓の記錄は略

〔注〕

（1）「喜怒憂懼、人心所不能無」『大學章句』傳七章「身有所忿懥、則不得其正、身有所恐懼、則不得其正、身有所好樂、則不得其正、身有所憂患、則不得其正」、章句「蓋是四者、皆心之用、而人所不能無者。」同巻一四四條參照。

（2）「戾氣」　邪惡な氣。『語類』巻四、五九條、勝璘録（Ⅰ　59）「若是日月昏暗、寒暑反常、皆是天地之戾氣、人若稟此氣、則爲不好底人。」

（3）「文勢」　文章の勢い。巻一五、一四一條に既出。

（4）「如稱子釘盤星上加一錢」「稱子」は、竿秤《さおばかり》。『字海便覽』巻二には「秤子トハ、チキリノコトナリ」とある。「ちぎり（杠秤）」も竿秤を意味する。「釘盤星」は「定盤星」に同じ。定盤星は『近代漢語大詞典』に「稱杆上作爲起點的一顆星。」とある。「錢」は重さの單位で、一錢は約4グラム。ここでいう秤とは、いわゆる竿秤のことで（寫眞參照）、右端の皿に計りたい物を載せ、左につるした分銅を移動させ平衡になる位置の目盛りで重さを計測する。

（5）「下面憂患、好樂等皆可疑」「下面」は時間的な後を指し、ここでは順序における後ろという意味。『大學章句』傳七章（同條、注（1）參照）に、「忿懥」の後に續けて「恐懼」「好樂」「憂患」があげられる。

（6）「八章謂、五者有當然之則」『大學章句』傳八章「所謂齊其家在脩其身者、人之其所親愛而辟焉、之其所賤惡而辟焉、之其所畏敬而辟焉、之其所哀矜而辟焉、之其所敖惰而辟焉」、章句「五者、在人本有當然之則」

（7）「敖惰之心、則豈可有也」　敖惰のような兇徳への當然の則が、心に本來的に存在しているということがあり得ようか、という疑問については、同巻、一七六～一八三條、及び『大學或問』の以下の議論を參照。「親愛・賤惡・畏敬・哀矜、固人心之所宜有。若夫敖惰、則凶德也。曾謂本心而有如是之則哉。曰、敖之爲凶德也、正以其先有是心、不度所施而無所不敖爾。若因人之可敖而敖之、則是常情所宜有、而事理之當然也。今有人焉。其親且

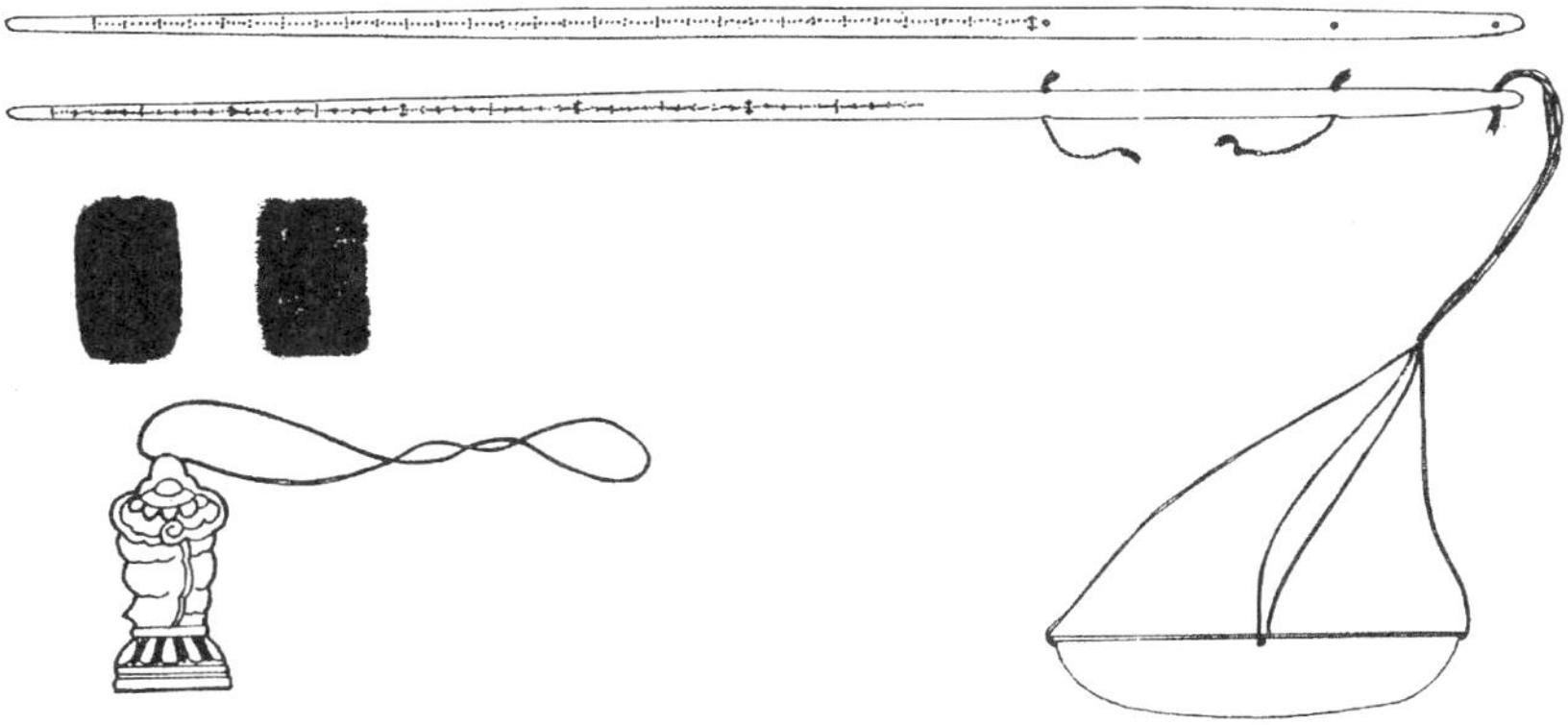

233

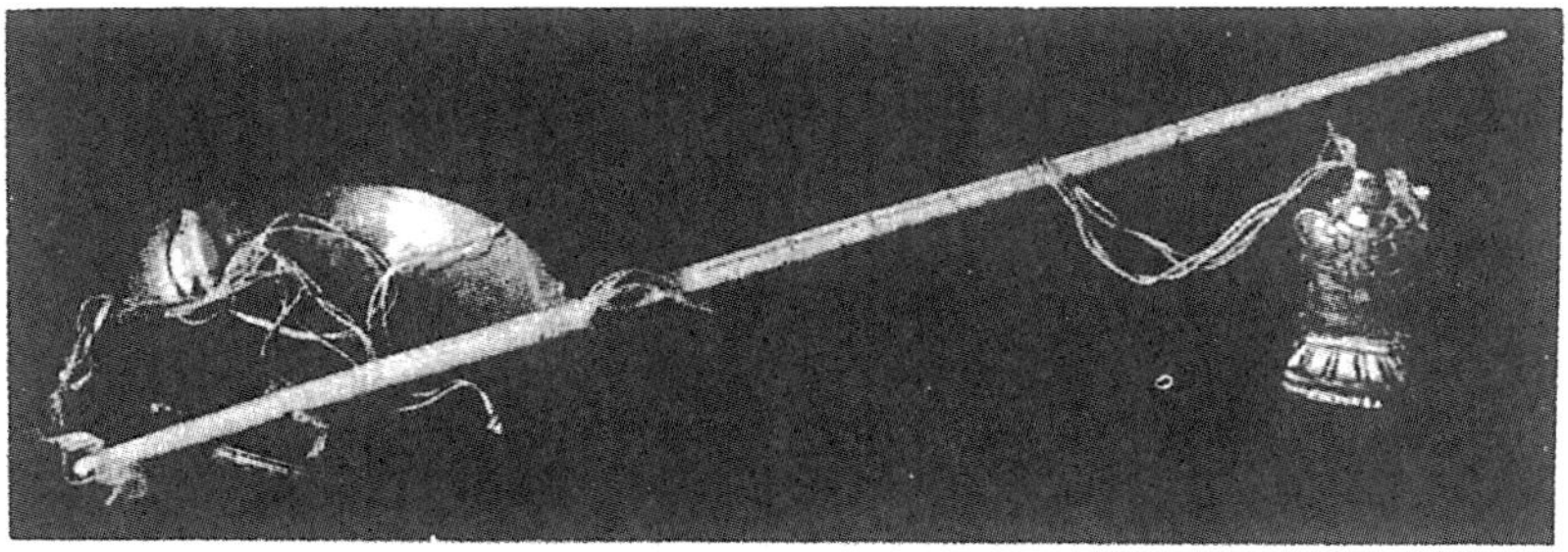

233a

注（4）「稱子」
萬曆戥子〔明〕
丘光明編『中國歷代度量衡考』484～485頁（科學出版社、1992年）より轉載

舊未至於可親而愛也、其位與德未至於可畏而敬也、其窮未至於可哀、而其惡未至於可賤也。其言無足去取、而其行無足是非也、則視之泛然如塗之人而已爾。又其下者則夫子之取瑟而歌、孟子之隱几而臥、蓋亦因其有以自取、而非吾故有敖之之意。亦安得而遽謂之凶德哉。又況此章之指、乃爲慮其因有所重而陷於一偏者發。其言雖曰有所敖惰、而其意則正欲人之於此更加詳審。雖曰所當敖惰、而猶不敢肆其敖惰之心也、亦何病哉。」また、島田虔次著『大學・中庸』傳八章、に詳しい。

【153】

劉[1]圻父說正心章、謂[2]不能存之、則四者之來、反動其心。曰。是當初說時添了此一節、若據經文、但是說四者之來、便[3]撞翻了這坐子耳。又曰。只爭箇動不動。又曰。若當初有此一節時、傳文須便說在那裏了。他今只恁地說、便[4]是無此意。却是某於解處、說[5]絜著這些子。義剛

〔校勘〕

○「反動其心」　朝鮮古寫本は「心」を「中」に作る。

○「只爭箇動不動」　萬曆本、朝鮮古寫本、和刻本は「箇」を「个」に作る。

○「若當初有此一節時」　萬曆本は「節」を「莭」に作る。

○「傳文須便說在那裏了」　萬曆本、和刻本は「裏」を「裡」に作る。
○「說架著這些子」　成化本、萬曆本、朝鮮古寫本、和刻本は「著」を「着」に作る。
○朝鮮古寫本は、「義剛」の下に、「按夔孫錄同而略」の語あり。

〔譯〕

劉子寰は「正心」の章の、「心を存することができていなければ、四つの感情は、反って心を動かす。」について言った。

先生「最初說明するときにはその一節を添えていたが、經文に依據すると、しかしここで言われている四つの感情は、ただちに椅子を突き倒してしまうようなものだということなのだ。」

また劉子寰「ただ心が動くか否かを爭う（ということでしょうか）。」

また先生「最初のようにその一節があったとすると、傳文はそこに說明しているべきなのだが、それは何處にあるだろうか。傳文は今このように說明するだけなのだから、ここはその一節のような意味ではない。それなのにわたしは解釋するところにおいて、ごちゃごちゃと書いてしまった。」　黃義剛錄

〔注〕

（1）「劉圻父」　劉子寰、字は圻父。卷一五、四八條。

（2）「不能存之、則四者之來、反動其心。」『大學章句』傳七章、章句「心有不存、則無以檢其身。是以君子必察乎此、而敬以直之、然後此心常存而身無不脩也」。『語類』卷一一八、四七條、周明作錄（Ⅶ 2849）「把心不定、喜怒憂懼四者皆足以動心」。卷一五、一一九條、參照。

（3）「便撞翻了這坐子」　椅子を突き倒すとは、根本を覆すということ。『朱子語類考文解義』は「坐字、猶言地位

也。翻破應物、本然之則、而失其正。」とする。

（4）「便是」　よく「たとえ～でも」の意として用いられるが、ここでは「是」に同じ。巻一四、八六條、注（3）參照。

（5）「説絮著這些子」　説絮は、くどくどと言うの意。『語類』巻一〇一、五八條、包揚録（Ⅶ 2566）曾恬天隱嘗問上蔡云云、上蔡曰、用得底便是。以其説絮、故答以是。

【154】

今不是就靜中動將去、[1]却是就第二重動上動將去、如忿懥、好樂之類。　德明

〔譯〕

靜中の動によっていくところではなくて、まさに第二重の動上の動によっていく、忿懥、好樂の類のことである。

廖德明録

〔注〕

（1）「今不是就靜中動將去」「將去」は、「～していく」、巻一四、六條、注（4）參照。『朱子語類考文解義』には、「此非於未發之前、便有四者之病。却於此心既動之後、便有四者之病。所以謂動將去而不得其正。上條只爭動不動者卽此也。」とあり、「未發」の狀態の心に、四つの感情の害はないが、本條の「就第二重動上動將去」のような、既に動いた狀態の心に生じる四つの感情の動に問題があるのだとする。

【155】

敬[1]之問。心有所好樂則不得其正章云、心不可有一毫[2]偏倚[3]。才有一毫偏倚、便是私意[4]、便浸淫不已。私意反大[5]似身己、所以視而不見、聽而不聞、食而不知其味。曰。這[6]下是説心不正不可以修身、與下章、身[7]不修不可以齊家、意同、故云、莫[8]知其子之惡、莫知其苗之碩、視聽是就身上説。心[9]不可有一物、外面醻[10]酢萬變、都只是隨其分限應去、都不關[11]自家心事。

才係於物、心便爲其所動、其所以係於物者有三。或是事未來、而[12]自家先有這箇期待底心。或事已應去了、又却長留在胸中不能忘。或正應事之時、意有偏重、便只見那邊重、這都是爲物所係縛。既爲物所係縛、便是有這箇物事、到別事來到面前、應之便差了、這如何會得其正。

聖[13]人之心、瑩然虛明、無纖毫形迹[14]。一看事物之來、若小若大、四[15]方八面、莫不隨物隨應、此[16]心元不曾有這箇物事。且[17]如敬以事君之時、此心極其敬、當時更有親在面前、也須敬其親。終不[18]成説敬君但只敬君、親便不須管得。事事都如此。聖人心體廣[19]大虛明、物物無遺。　賀孫

〔校勘〕

○「心不可有一毫偏倚」　成化本は「毫」を「豪」に作る。以下同じ。

○「才有一毫偏倚」　成化本、朝鮮古寫本、朝鮮整版本は「才」を「纔」に作る。以下同じ。

○「而自家先有這箇期待底心」　萬曆本、朝鮮古寫本、和刻本は「箇」を「个」に作る。

○「或事已應去了」　朝鮮古寫本は、「應」の下に「過」あり。
○「既爲物所係縛」　朝鮮古寫本は、「係」を「繫」に作る。
○「親便不須管得」　朝鮮古寫本は、「須」を「消」に作る。

〔譯〕

黃顯子は質問した。「心に好樂する所有れば、則ち其の正を得ず。」の章は、「心に些かもかたよりが有ってはならない。ほんの僅かでもかたよりが有ること、つまりこれが私意なのであり、たちまち心を侵食して止まない。私意というのは身體の機能を上回るので、だから「視れども見えず、聽けども聞こえず、食らえども其の味をしらず」なのだ。」ということでしょうか。

先生のお答え「この後に言う、心が不正ならば修身できないというのは、次の八章の「身修まらざれば以て家を齊う可からず。」の意味と同じであり、だから「其の子の悪を知るもの莫く、其の苗の碩いなるを知るもの莫し。」と言うのであり、この視たり聽いたりの話は身體に卽して言ったものだ。心には何かしら物があってはならず、外面では移り變わる物事に應對し、專ら個々の事物に對應していくのであり、まったく自分の心には關わらないのだ。

ちょっと物にとらわれるだけで、心はすぐに動くものだが、そのように物にとらわれてしまう理由は三つある。ひとつはまだ起こってもいない事物なのに、自分の心にあらかじめ期待する氣持ちがある場合。ひとつはすでに對處してしまった事物なのに、まだ長い間胸中に留めて忘れることが出來ない場合。ひとつは今まさに事物に對處せんとする時に、意識にかたよりがあり、そちらの偏重しているものだけを視てしまう場合。これらはみな物に縛られているのである。既に物に縛られてしまっては、この事物が有るところに、別の事物が面前に來ると、これに對處してもすぐに誤った對處をしてしまう、これでいったいどのようにしてその正しさを得られるというのか。

聖人の心は、明るく澄み切っていて、ほんのわずかにも痕跡がない。ひとたび事物がやってくるのをみれば、小事であろうと大事であろうと、あらゆる方面で、物に應じて對處していくので、心に全くその物事はない。たとえば敬によって君にお仕えする時には、心はその敬を極め、同時にさらに兩親を前にしても、兩親を敬しなければならない。結局君を敬する場合にはただ君を敬し、兩親に關しては放っておいてそれでよいとはいえないのだ。すべての事はみなそうである。聖人の心體は澄み切っていて廣大であり、すべての物を漏らさない。」　葉賀孫錄

〔注〕

（1）「敬之」　朱在と、黃顯子の二人の可能性が考えられる。本卷、一四六條、注（1）を參照。

（2）「一毫」　些か。卷一四、六六條に既出。

（3）「偏倚」　かたより。卷一六、一二六條、注參照。

（4）「私意」　卷一六、一二五條には、「私意」は、意がまだ誠でない狀態のこととある。私意によって心は不正になることについては、卷一五、一一六條、一二〇條を參照。

（5）「大似身己」「似」は「於」に同じく比較を表わす。「身己」は身體。卷一六、五七條、注參照。

（6）「這下是說心不正不可以修身」『大學章句』傳七章、章句「然後此心常存而身無不脩也。」

（7）「身不修不可以齊家」『大學章句』傳八章「此謂身不修不可以齊其家」

（8）「莫知其子之惡、莫知其苗之碩」『大學章句』傳八章「故諺之曰、人莫知其子之惡、莫知其苗之碩」

（9）「心不可有一物、外面酬酢萬變、都只是隨其分限應去、都不關自家心事。」『二程文集』卷二、明道「答橫渠先生定性書」、「所謂定者、動亦定、靜亦定、無將迎、無内外。苟以外物爲外、牽己而從之、是以己性爲有内外也。且以性爲隨物於外、則當其在外時、何者爲在内。是有意於絕外誘、而不知性

之無内外也。既以内外爲二本、則又烏可遽語定哉。夫天地之常、以其心普萬物而無心、聖人之常、以其情順萬事而無情。故君子之學、莫若廓然而大公、物來而順應」。『語類』巻一一六、一六條、襲蓋卿録（Ⅶ　2791）「善乎明道之言曰、學者全體此心。學雖未盡、若事物之來、不可不應、但隨分限應之、雖不中不遠矣」。『遺書』巻二上、一三條、「學者全體此心、學雖未盡、若事物之來、不可不應。但隨分限應之、雖不中不遠矣」

（10）「醻酢萬變」「醻酢」は、對應する。『周易』繫辭上「顯道神德行。是故可與酬酢」。『語類』巻一三、一一九條、萬人傑録（Ⅰ　240）「問。待人接物、隨其情之厚薄輕重、而爲酬酢邪。」

（11）「自家」一人稱を表す。巻一五、六六條、注（6）參照。

（12）「而自家先有這箇期待底心」『語類』巻五二、一五四條、廖德明録（Ⅳ　1267）「問。預期其效如何。曰。集義於此、自生浩然之氣、不必期待他。」

（13）「聖人之心、瑩然虛明」「瑩」はきらきらとした様子。「虛明」は、澄み切っていること。類似表現に「瑩徹」、巻一四、一〇七條、注（6）參照。『語類』一三〇巻、八三條、葉賀孫録（Ⅷ　3117）「聖人之心、如靑天白日、更無此三子蔽翳。」

（14）「形迹」『語類』巻二九、一三五條、葉賀孫録（Ⅱ　757）「這只是天理自合如此。如老者安之、是他自帶得安之理來。朋友信之、是他自帶得信之理來、少者懷之、是他自帶得懷之理來。聖人爲之、初無形迹。

（15）「四方八面」各方面、すべての方角。巻一五、一〇一條、注（7）、一四五條、注（13）參照。

（16）「此心元不曾有這箇物事」『語類』巻一二、四九條、萬人傑録（Ⅰ　205）「人之一心、當應事時、常如無事時、便好」

（17）「且如」たとえば。巻一五、五二條、注（3）。

（18）「不成說～」　まさか～というわけにはゆくまい。卷一五、一二五條、注（2）。

（19）「廣大虛明」「虛明」は、澄み切っていること、卷一五、五三條、注（1）。

【156】

正叔[1]見先生、言明心[2]、定心[3]等說、因言心不在焉[4]、則視而不見、聽而不聞、食而不知其味。曰。這箇、三歲孩兒也道[5]得、八十翁翁行不得。　伯羽

〔校勘〕

○「這箇三歲孩兒也道得」　萬曆本、朝鮮古寫本、和刻本は「箇」を「个」に作る。

〔譯〕

余大雅は先生にお目にかかり、明心や定心などについてお話し、それにちなんで「心焉に在らざれば、則ち視れども見えず、聽けども聞こえず、食らえども其の味をしらず」と言った。先生のお答え「これは、三歲の子供でも言うことはできるが、八十歲の老人でも行うことはできない。」　童伯羽錄

〔注〕

（1）「正叔」　余大雅。『朱子弟子師事年攷』五五頁。

（2）「明心」　明心見性。『達磨大師悟性論』（X63　5C09）「上上智之人內照圓寂。明心卽佛。不待心而得佛智。」『語類』卷一八、一四條、黃義剛錄（Ⅱ　393）「問、陸先生不取伊川格物之說、若以爲隨事討論、則精神易弊、

不若但求之心、心明則無所不照、其說亦似省力。」

（3）「定心」『語類』卷三〇、一五條、葉賀孫錄（Ⅲ　764）「若果能居敬、則理明心定、自是簡。」『二程外書』卷一〇「心定者、其言重以舒。不定者其言輕以疾。」

（4）「心不在焉、則視而不見、聽而不聞、食而不知其味。」『大學章句』傳七章の本文。

（5）「三歲孩兒也道得、八十翁翁行不得」『景德傳燈錄』卷四、鳥窠道林「元和中、白居易出守茲郡。因入山禮謁、乃問師曰「禪師住處甚危險。」師曰「太守危險尤甚。」曰「弟子位鎭江山、何險之有。」師曰「薪火相交、識性不停。得非險乎。」又問「如何是佛法大意。」師曰「諸惡莫作、衆善奉行。」白曰「三歲孩兒也解恁麼道。」師曰「三歲孩兒雖道得、八十老人行不得。」白遂作禮。」『語類』卷一二、四六條、黃榦（Ⅰ　204）「持養之說、言之則一言可盡、行之則終身不窮。」

【157】

黃丈云[1]、舊嘗問[2]視而不見[3]、聽而不聞、只是說知覺之心[4]、却不及義理之心[5]。先生曰、才知覺、義理便在此、才昏、便不見了。　方子　學蒙錄別出

〔校勘〕

○「視而不見」　朝鮮古寫本はこの上に「心不在焉」四字がある。

○「聽而不聞」　萬曆本、和刻本は「聽」を「聴」に作る。

○「義理便在此」　朝鮮整版本は「便」を「浩」に作る。以下同じ。

○「才昏」　成化本、萬曆本、朝鮮古寫本、和刻本は「昏」を「昬」に作る。

○「學蒙錄別出」　朝鮮古寫本はこの五字が缺落。

〔譯〕

黄氏が言った。「以前「視るも見えず、聽くも聞こえず」というのは、ただ知覺の心について說くだけで義理の心には關わらないのではないか、ということについてお尋ねした。（その時）先生は、知覺さえしていれば義理はまさにそこにある。少しでもぼんやりとしていれば（義理は）もう見えなくなってしまうのだ、とおっしゃった。」　李方子錄　林學蒙錄は別掲

〔注〕

（1）「黄丈云」　次の一五八條に見える「直卿」、すなわち黄榦である。

（2）「舊嘗問」　一五八條「直卿云」について、『朱子語類考文解義』は「此れ直卿舊時の問答の語を追述して學蒙之れを記す」として朱子の回答を含む全部分が黄榦による回想であるとする。本條に於いてもこれに從う。

（3）「視而不見聽而不聞」　『大學章句』傳七章「心不在焉、視而不見、聽而不聞、食而不知其味。」

（4）「知覺之心」　「知覺」については、人欲に根ざしたもの及び義理に根ざしたものが想定される。知覺と義理との關係について、『二程遺書』卷二上に「醫家以不認痛癢謂之不仁、人以不知覺不認義理爲不仁、譬最近。」という語を記錄しており、これに基づいて謝良佐は知覺は義理に直結するものであると主張し、朱子はそれに反對する。『語類』卷三三、八七條、鄭可學錄（Ⅲ　851）「問、遺書中取醫家言仁。又一段云、醫家以不識痛癢爲不仁。又以不知覺、不認義理爲不仁、又却從知覺上說。曰、覺是覺於理。問、與上蔡說同異。曰、異。上蔡說覺、纔見

此心耳。問、南軒云、上蔡說覺、與佛家不同、如何。曰、上蔡云、自此心中流出、與佛亦不大段異。今說知痛癢、能知覺、皆好。只是說得第二節、說得用。須當看、如何識痛癢。血脈從何而出、知覺從何而至。某云、若不究見原本、却是不見理、只說得氣。曰、然。伊川言穀種之性一段、最好。」

（5）「義理之心」『語類』卷七八、一八八條、林學蒙錄（V 2009）「或問人心、道心之別。曰、只是這一箇心、知覺從耳目之欲上去、便是人心。知覺從義理上去、便是道心。」

【158】

直卿云[1]。舊嘗問視之不見、聽之不聞處、此是收[2]拾知覺底心、收拾義理底心。先生曰、知覺在[3]、義理便在、只是有深淺。學蒙

〔校勘〕

○「視之不見」　朝鮮古寫本はこの上に「大學正心章」五字がある。

○「聽之不聞處」　萬曆本、和刻本は「聽」を「聴」に、「處」を「𠁅」に作る。

○「此是收拾知覺底心收拾義理底心」　朝鮮古寫本は「是」字が缺落。また、「收拾知覺」以下十二字を雙行とする。

○「收拾知覺底心」　成化本、萬曆本、朝鮮古寫本、和刻本は「收」を「収」に作る。

○「收拾義理底心」　成化本、朝鮮古寫本は「收」を「収」に作る。

○「義理便在」　朝鮮整版本は「便」を「偄」に作る。

○「只是有深淺」　呂留良本、傳經堂本、朝鮮整版本は「深」を「淺」に作る。

〔譯〕

黃榦が言った。「以前「之れを視るも見えず、之れを聽くも聞こえず」というのは知覺の心を對象に收めるのか、それとも義理の心を對象に收めるのか、ということについてお尋ねしたところ、先生は、知覺があれば、同時に義理もある。（その兩者の間には）ただ深淺の差があるだけだ、とおっしゃった。」　林學蒙錄

〔注〕

（1）「直卿云」　黃榦、字は直卿。『朱子語錄姓氏』所收。また、『朱子語類考文解義』は本條は全體が黃榦による回想であり、それを林學蒙が記錄したものとする。上一五七條「舊嘗問」注參照。

（2）「收拾」　「對象に收める、集中させる」。『語類』卷一一五、三二條、缺名錄（Ⅶ 2779）「亦是他見人要多慮、且教人收拾此心耳。初學亦當如此。」「收拾A收拾B」は、A及びBの下に助詞を伴わずにAかそれともBか、という選擇疑問文を構成することができる。太田辰夫『中國語歷史文法』疑問句、選擇疑問（406）參照。

（3）「知覺在義理便在」　『北溪大全集』卷四〇、答陳伯澡問辨諸丈人心道心之論「所謂知覺在理義便在、只有淺深、緣知覺則惺惺不昏昧、理義便都在其中、若冥然不省、則禮義何在邪。如人叫則便應、其知覺之淺處。見孺子將入井便怵惕、其知覺之深處。理義隨深淺呈露爾。」

【159】

夜來說、心有喜怒不得其正、如某[1]夜間看文字、要思量改甚處、到[2]上床時擦[3]脚心、都忘了數。[4]天明擦時、便記得。蓋

是早間未有一事上心、[5]所以記得。[6][7]

孟子說、平旦之氣、[8]其好惡與人相近者幾希。幾希、不遠也。言人都具得此、但平日不曾養得、猶於夜間歇得許多時[9]不接於事、天明方惺、便恁地虛明光静。然亦只是些子發出來、[10]少間又被物欲梏亡了。

孟子說得話極齊整當對。[11]如這處、他一向說後去、被後人來就幾希字下注開了、[12]便覺意不連。賀孫

〔校勘〕

○「夜來說」　萬曆本、和刻本は「來」を「来」に作る。以下同じ。

○「改甚處」　萬曆本、和刻本は「處」を「處」に作る。以下同じ。

○「都忘了數」　萬曆本、和刻本は「數」を「数」に作る。

○「便記得」　朝鮮整版本は「便」を「優」に作る。以下同じ。

○「蓋是」　萬曆本、朝鮮古寫本、和刻本は「蓋」を「盖」に作る。

○「所以記得」　朝鮮古寫本はこの下に「事」字がある。

○「其好惡」　萬曆本、和刻本は「惡」を「悪」に作る。

○「者幾希」　朝鮮古寫本はこの上に「也」字がある。

○「虛明光静」　萬曆本、和刻本は「虛」を「虗」に作る。成化本、呂留良本、傳經堂本は「静」を「靜」に作る。

○「他一向」　朝鮮古寫本は「他」を誤って「池」に作る。

〔譯〕

昨晩は「心に喜怒有れば其の正を得ず」と言ったが、たとえば私が夜に文章を讀んで、もしその中のどこかを正そ

うと思索したとしても、寝る時間になって足の裏をこすっているとさっぱり忘れてしまう。しかし、それが夜がそろそろ明けるという時間になると思い出す。つまりこれは朝の時間はまだ何事も心の中に生じていないから、それで思い出すのだ。

孟子は「平旦の氣、其の好惡人と相ひ近き者は幾ど希なり」と言った。この「幾んど希」というのは、「遠からず」ということである。つまり人は皆これ（＝良心）を備えているので、日頃全く修養を積んでいなかったとしても、やはり夜に長い時間休んで外物と接觸しないでいれば、空が明るくなって丁度目が覺める頃にはこのように透き通って清純な狀態となる。しかし、それはただ（良心の兆しが）僅かに垣間見えたというだけのことなのであって、少しすれば再び物欲に囚われ失われてしまう。

孟子の言った話は大變整っていてぴったり對應している。この部分などは、一氣に（下文まで通して）話してゆくところなのだが、後世の人によって「幾希」字の下で注釋を入れて間をあけられたので、それで意味が切れているように思ってしまうのだ。　葉賀孫錄

〔注〕

（1）「夜間」　夜。

（2）「上床」　眠る。

（3）「擦脚心」　『東坡續集』卷八、養生訣「每夜以子後、披衣起、面東或南、……然後以左右手熱摩兩脚心、……熟寝至明。」就寝前に行う健康法である。

（4）「天明擦時」　ここの「…擦」は「擦…」と言うに同じ。…あたり。夜がそろそろ明ける頃。

（5）「早間」　朝。

（6）「上心」　心に生じる。

（7）「記得」　思い出す。

（8）「平旦之氣其好惡與人相近者幾希」『孟子集注』告子章句上「其日夜之所息、平旦之氣、其好惡與人相近也者幾希、則其旦晝之所爲、有梏亡之矣。」朱注「平旦之氣、謂未與物接之時清明之氣也。好惡與人相近、言得人心之所同然也。幾希、不多也。」

（9）「歇」　休む。

（10）「發出來」　出てくること。「出來」は動作の方向を示す補語。

（11）「齊整當對」「齊整」は整っていること、「當對」はぴったりと的確であること。『朱子語類考文解義』は、『語類』巻五九、八三條、葉賀孫録（Ⅳ 1398）「牛山之木、譬人之良心、句句相對、極分明。」を引き、「此の當對なる者は疑ふらくは亦た相對設譬の意か」とする。

（12）「被後人來就幾希字下注開了」　四部叢刊本（宋刻大字本）・臺北故宮博物院藏元覆宋刻本など趙岐注の諸宋本は「幾希」の下に趙岐注が插入される。一方、朱熹は『孟子集注』に於いて下文「是豈人之情也哉」まで正文をつなげている。

【160】

問、誠意、正心二段（1）、只是存養否。曰、然。寓

〔校勘〕

○朝鮮古寫本巻一六は本條を收録しない。

○「誠意正心二段」　成化本、萬暦本、朝鮮整版本、和刻本は「段」を「叚」に作る。

〔譯〕

お尋ねした。「誠意・正心の二段は、ひたすら存養の話でしょうか。」おっしゃった。「そうだ。」　徐寓録

〔注〕

（1）「正心」『大學章句』傳七章「右傳之七章、釋正心脩身」朱注「蓋意誠則眞無惡而實有善矣、所以能存是心以檢其身」と、「存心」が修養の方法として示されている。

【161】

說心(1)不得其正章曰、心(2)、全德也。欠(3)了些箇、德便不全、故不得其正。

又曰、心(4)包體用而言。又問、意與情如何。曰、欲(5)爲這事、是意。能爲這事、是情。　子蒙

〔校勘〕

○朝鮮古寫本巻一六はこの條を收録しない。

○「全德也」　萬暦本、和刻本は「德」を「徳」に作る。以下同じ。

○「欠了些箇」　萬暦本、和刻本は「箇」を「个」に作る。

○「德便不全」　朝鮮整版本は「便」を「偠」に作る。
○「欲爲這事」　萬暦本、和刻本は「爲」を「為」に作る。以下同じ。
○「能爲這事」　萬暦本、和刻本は「能」を「䏻」に作る。

〔譯〕
「心其の正を得ず」章を説明しておっしゃった。「心とは德性全體のことである。もしいくらかでも缺けているところがあるならば、德性は完全でなく、そのためその正しい狀態であることができないのである。」
またおっしゃった。「心は體（本體）と用（作用）とを包括した呼び名である。」またお尋ねした。「意と情とについてはいかがでしょうか。」おっしゃった。「このことを行おうと望むのは意だ。このことを行うことができるのは情だ。」
林子蒙錄

〔注〕
（1）「心不得其正章」　『大學章句』傳七章「所謂脩身在正其心者、身有所忿懥、則不得其正。有所恐懼、則不得其正。有所好樂、則不得其正。有所憂患、則不得其正。」
（2）「心全德也」　「全德」について、『論語集注』顏淵「顏淵問仁。子曰、克己復禮爲仁」朱注「仁者、本心之全德。……爲仁者、所以全其心之德也。蓋心之全德莫非天理、而亦不能不壞於人欲。故爲仁者必有以勝私欲而復於禮」などがある。
（3）「欠了些箇」　「些箇」は少しばかりの分量を表す。『語類』巻二四、一四〇條、黄榦錄（Ⅱ　598）「所損也只損得這些箇、所益也只益得這些箇、此所以百世可知也。」
（4）「心包體用而言」　『近思錄』巻一に引く張載の語、「心、統性情者也。」と類似する表現。心に於いては性が體、情が用にそれぞれ對應する。『語類』卷五、六五條、沈僩錄（Ⅰ 91）「蓋心便是包得那性情、性是體、情是用。」

（5）「欲爲這事是意、能爲這事是情」 意欲や意志を抱いてある事柄を爲そうとするのは「意」のはたらき、強固な意志を抱くまでもなく心の赴くままに自然とある事柄を爲し得るのは「情」のはたらき、との趣旨か。以下の例でも、意識的意志的な行爲か自然な行爲かを以て「意」と「情」が說き分けられている。『北溪大全集』卷三〇「答梁伯翔」第二書「心是以全體言。意是就心上發念處言、有思量運用之義。凡發見於外、思量要恁地底、皆是。……情是心裏面自然發動、改頭換面出來底。……如接物時、在內主宰者、是心。動出來、或喜或怒、是情。思量要喜那人、要怒那人、或輕或重、是意。」

〔參考〕

本條の「欲爲這事是意、能爲這事是情」を、朝鮮の宋時烈は記錄者の誤りであると見なしている。『宋子大全』卷一三〇「朱子言論同異攷」（影印標點韓國文集叢刊、一一二冊）「語類論大學正心章。問。意與情如何。曰。欲爲這事是意。能爲這事是情。此與先生前後議論、全然不同。蓋喜怒哀樂闖然發出者、是情。是最初由性而發者。意是於喜怒哀樂發出後、因以計較商量者。先生前後論此不翅丁寧。而於此相反如此。必是記者之誤也。大抵語類如此等處甚多。不可不審問而明辨之也。」

『朱子語類』巻一六（1～161條）、譯注擔當者

1～10條	古勝亮
11～22條	福谷彬
23～39條	焦塋
40～50條	宇佐美文理
51～57條	中純夫
58～69條	福谷彬
70～79條	古勝亮
80～87條	宇佐美文理
88～95條	中純夫
96～105條	焦塋
106～107條	小笠智章
108～109條	古勝亮
110～121條	宇佐美文理
122～131條	中純夫
132～142條	小笠智章
143～147條	福谷彬
148～156條	松葉久美子
157～161條	陳佑眞

（附記）

譯注擔當者の一人、古勝亮氏は二〇一七年四月十五日、病を以て急逝されました。謹んでご冥福をお祈り申し上げます。なお古勝氏の譯注は、巻一六（下）及び巻一七にも引き續き掲載されます。

『朱子語錄姓氏』所收門人一覧

この一覧は、『朱子語錄姓氏』所收門人全九十七名のうち、「不知何氏」と記載される四名、及び姓不詳の二名を除く九十一名について、その姓名、字、陳榮捷『朱子門人』及び田中謙二『朱門弟子師事年攷』における掲載頁を記載したものである。本譯注では原則として各條の記錄者には注を施さなかったため、その詳細に關しては、これら二書を參照されたい。『朱門弟子師事年攷』に關しては、目次に姓名を掲げ項目を立てて考察を加えられている門人については、その項目の最初の頁數を記し、それ以外の門人については、本文中において解說を施されている人物に限って、その頁數を記した。なお姓名と字の記載に際しては、基本的に底本（中華書局本）における表記に從うが、一部、『朱子門人』等を參照の上で修正を施した場合がある。

五十音順

姓名	字	『門人』	『年攷』
王過	幼觀	63	258
王力行	近思	59	
汪德輔	長孺	132	26
歐陽謙之	晞遜	323	27
何鎬	叔京	84	
郭逍遙		206	

郭友仁　徳元　203　90
甘節　吉父　71　112
晏淵　亞夫　266　223
魏椿　元壽　358　220
金去僞　敬直　160　73
胡泳　伯量　169　288
呉壽昌　大年　100　20
呉振　伯起　96　263
呉琮　仲方　98　265
呉雉　和中　99
呉必大　伯豐　90　109
黄榦　直卿　261　30
黄義剛　毅然　260　234
黄畨　子耕　262　109
黄杲　升卿　257
黄灝　商伯　265
黄士毅　子洪　254　275

黄卓　先之　256　177
蔡恩　行夫　337　128・203
周謨　舜弼　141　146
周明作　元興　137　105
襲蓋卿　夢錫　364　260
徐寓　居父　180　163
徐容　仁父　179　199
舒高　227　265
邵浩　叔義　160　164
葉賀孫　味道　279　194
蕭佐　定夫　351　263
鍾震　春伯　355　264
沈僩　杜仲　133　157
石洪慶　子餘　73　139
錢木之　子山　349　102
曾祖道　擇之　237
孫自修　敬父　173　256

張洽	元德	192	78
陳芝	庭秀	214	128
陳淳	安卿	220	134
陳文蔚	才卿	209	95
程端蒙	正思	245	73
鄭可學	子上	340	83
鄭南升	文相	343	91
湯泳	叔永	239	44
董拱壽	仁叔	276	264
董銖	叔重	276	279
滕璘	德粹	325	185
竇從周	文卿	360	45
童伯羽	蜚卿	247	125
潘時舉	子善	328	220
潘植	立之	329	203
潘柄	謙之	327	204
潘履孫	坦翁	331	258
萬人傑	正淳	248	62
輔廣	漢卿	302	272
包揚	顯道	69	246
游敬仲	連叔	241	277
游倪	和之	240	224
余大雅	正叔	85	55
楊至	至之	269	150
楊若海		270	
楊驤	子昂	275	125
楊長孺	伯子	270	
楊道夫	仲愚（仲思）	272	124
楊方	子直	267	117
楊與立	子權	273	129
李杞	良仲	115	255
李煇	晦父	125	
李季札	季子	119	186
李閎祖	守約	124	101

李儒用　仲秉　128
李壯祖　處謙　117　106
李文子　公謹　112　209
李方子　公晦　113　207
劉炎　潛夫　306　98
劉子寰　所父（圻父）　304
劉砥　履之　309　171
劉礪　用之　318　171
呂燾　德昭　106　289

廖謙　益仲　287　264
廖德明　子晦　287　17
林恪　叔恭　151　111
林學蒙　正卿　156　266
林學履　安卿　156　268
林夔孫　子武　158　240
林子蒙　143　159
林賜　聞一　155　76

巻百三十九〜百四十 論文	興膳　宏・木津祐子・齋藤希史　訳注

▼予価　各本体５０００円＋税／次回配本は平成30年9月予定・刊行順序は変更になることがあります

巻八十四～八十六 礼一～三	吾妻重二・井澤耕一・洲脇武志 訳注	平成26年12月刊	本体5000円＋税 第十回配本
巻十五 大学二	中 純夫 編 朱子語類大学篇研究会 訳注	平成27年7月刊	本体5000円＋税 第十一回配本
巻八十七～八十八 礼四～五	吾妻重二・秋岡英行・白井 順・ 橋本昭典・藤井倫明 訳注	平成27年7月刊	本体5000円＋税 第十二回配本
巻九十八～一百 張子之書一・張子書二・ 邵子之書	緒方賢一・白井 順 訳注	平成28年12月刊	本体5000円＋税 第十三回配本
巻百十九～百二十一 訓門人（三）	垣内景子 編 訓門人研究会 訳注	平成29年7月刊	本体5000円＋税 第十四回配本
巻十六（上） 大学三（上）	中 純夫 編 朱子語類大学篇研究会 訳注	平成30年4月刊	本体5000円＋税 第十五回配本

近刊

巻十六（下）・巻十七 大学三（下）・四	中 純夫 編 朱子語類大学篇研究会 訳注	第十六回配本予定
巻八十九～九十一 礼六～八	吾妻重二・秋岡英行・緒方賢一・ 佐藤 実・洲脇武志・山田明広 訳注	

『朱子語類』訳注　内容目次

監修　『朱子語類』訳注刊行会

既刊

巻一～三　理気・鬼神	溝口雄三・小島　毅　監修　垣内景子・恩田裕正　編	平成19年7月刊	本体5000円＋税	第一回配本
巻十～十一　読書法	興膳　宏・木津祐子・齋藤希史　訳注	平成21年6月刊	本体5000円＋税	第二回配本
巻七・十二・十三　小学・持守・力行	垣内景子　訳注	平成22年10月刊	本体5000円＋税	第三回配本
巻百十三～百十六　訓門人（一）	垣内景子　編　訓門人研究会　訳注	平成24年7月刊	本体5000円＋税	第四回配本
巻百二十五　老氏	山田　俊　訳注	平成25年1月刊	本体5000円＋税	第五回配本
巻百二十六（上）　釈氏（上）	野口善敬・廣田宗玄・本多道隆・森　宏之　訳注	平成25年7月刊	本体5000円＋税	第六回配本
巻百二十六（下）　釈氏（下）	野口善敬・廣田宗玄・本多道隆・森　宏之　訳注	平成25年7月刊	本体5000円＋税	第七回配本
巻十四　大学一	中　純夫　編　朱子語類大学篇研究会　訳注	平成25年12月刊	本体5000円＋税	第八回配本
巻百十七～百十八　訓門人（二）	垣内景子　編　訓門人研究会　訳注	平成26年6月刊	本体5000円＋税	第九回配本

訳注者紹介

中　　純夫（なか　すみお）

1958年生まれ、京都府立大学文学部教授、中国哲学史専攻

宇佐美文理（うさみ　ぶんり）

1959年生まれ、京都大学大学院文学研究科教授、中国哲学史専攻

小笠　智章（おがさ　ともあき）

1957年生まれ、京都大学国際高等教育院非常勤講師、中国哲学史専攻

古勝　　亮（こがち　りょう）

1977～2017年、京都大学文学部非常勤講師、中国哲学史専攻

焦　　　堃（しょう　こん）

1985年生まれ、武漢大学歴史学院講師、東洋史学専攻

陳　　佑真（ちん　ゆうま）

1989年生まれ、京都大学大学院文学研究科博士後期課程

福谷　　彬（ふくたに　あきら）

1987年生まれ、京都大学人文科学研究所東アジア人文情報学研究センター助教、中国哲学史専攻

松葉久美子（まつば　くみこ）

1979年生まれ、京都大学文学部非常勤講師

『朱子語類』訳注　巻十六（上）

平成三十年四月二十七日　発行

編　者　中　純夫

訳注者　朱子語類大学篇研究会

発行者　三井久人

整版印刷　富士リプロ㈱

発行所　汲古書院

〒102-0072 東京都千代田区飯田橋二-五-四

電話 〇三（三二六五）九七六四

FAX 〇三（三二二二）一八四五

（第十五回配本）

ISBN978 - 4 - 7629 - 1314 - 3　C3310

索　　引

語彙索引…………1
固有名詞索引……17

☆語彙索引はピンイン順に、固有名詞索引は五十音順に配列した。
☆語彙・固有名詞とも、各條の注にもとづいて作成した。頁數は當該注の掲載箇所を示す。

語彙索引

【A】
愛做箇好事aizuo　269
安頓不著在andun　276
安排anpai　312
暗塞ansai　5
敖惰之心、則豈可有也aoduo　322
拗你莫去爲善aoni　232
拗你莫要惡惡aoni　232

【B】
八九分bajiu　173
八十翁翁行不得bashi　332
把住bazhu　32
把捉他不住bazhuo　198
白麪baimian　166
半知半不知banzhi　136
般ban　197,310
柈ban　287
包裹把住baoguo　31,32
飽時便休baoshi　270
被bei　126,290
被後人來就幾希字下注開了beihou　338
被意從後面牽將去beiyi　269
卑狹beixia　246
本明底物事benming　13
本旨benzhi　60
本自benzi　42
逼向bixiang　110
必行bixing　23
必致其知、方肯愼獨、方能愼獨bizhi　194
便門bianmen　309
向〇〇去　310
行〇〇底心　310
要向〇〇底心　310
便是bianshi　325
便休bianxiu　286
表biao
知得〇　103
表裏如一biaoli　270
表裏一般biaoli　171
表裏精粗biaoli　87,103,105
〇〇〇〇（補説２）　89
〇〇〇〇字　197
理之〇〇〇〇無不盡　102
別出biechu　307
博我以文bowo　110
布帛之必煖bubo　23
不會肯buceng　195
不差毫髮bucha　171
不成說bucheng　331
不出一敬字buchu　179
不當得他底budang　285
不到budao　185
不到處budao　189,220
不得bude　271,287
不得其正bude　279,284

不得其正矣bude　284
不妨bufang　87
不及buji　181
不濟事buji　213
不可揜buke　166,242
不可草草看buke　221
不可夾帶私心buke　307
不可使之有所私爾buke　302
不可只管念念著他buke　286
不快於心bukuai　147
不了buliao　219
不滿buman　236
不柰他何了bunai　229
不能不自欺buneng　229
不能已buneng　47
不恰好buqia　318
不慊buqian　158
不遷怒buqian　286
不容一物burong　312
不善只是微有差失bushan　143
不勝其樂busheng　248
不實bushi　131
不識不知bushi　133
不爲亦無緊要buwei　304
不消buxiao　129,313
不修不可以齊家buxiu　329
下須連接誠意看buxu　115
不著buzhao　182,276
不知不覺地buzhi　220
不知不識buzhi　136
不至buzhi　201
不住buzhu　165,198
步位buwei　236
補說１　明德と心・性
　bushuo　88
補說２　表裏精粗bushuo　89
補亡buwang　114

【C】

擦脚心cajiao　337
才cai　258
　○…便　10,143,291
參於前canyu　25
操存caocun　278
　○○舍亡　41
草草caocao　221
草木caomu　32
惻隱ceyin　211
差cha　221
差失chashi　143
長長地changchang　27
長存此心changcun　20
常目在changmu　28
常目在之changmu　20
長生久視changsheng　32
徹底皆淸瑩chedi　210
徹上徹下cheshang　179
臣便要止於敬chenbian　53
陳善閉邪chenshan　54,94
成人有其兄死而不爲衰者
　chengren　79
盛德chengde　74
盛貯該載chengzhu　86
誠cheng
　○於中、形於外　189
　○則自然表裏如一　270
　○者眞實無妄　202
　○只是實而善惡不同　202
誠敬chengjing　71
誠僞之所由分chengwei　171
誠意chengyi
　當○○時　184
　連接○○看　115
　未能○○、且用執持　279
　愼獨者○○之助也　186
　只說從○○去　261
　致知者○○之本也　186
　未有不能○○而能正心者　274
　要緊最是○○時節　263
　未有不能格物致知而能○○者　263
誠意章chenyi　123
　○○○有三節　242
　○○○自欺注　217
誠意章句chengyi　194
誠意正心chengyi　273
稱cheng　299
稱物chengwu　299
稱子chengzi　322
馳騖chiwu　198
喫chi　270

充無欲害人之心chongwu　112,210
重複說道必愼其獨chongfu　274
疇酢萬變chouzuo　330
初不曾chubu　219
初學者無所用其力也chuxue　254
出來chulai　338
怵惕惻隱chuti　212
穿窬chuanyu　210
船chuan　192
純一chunyi　304
此所以cisuo　80
此心元不曾有這箇物事cixin　330
慈ci
　○祥寬厚　313
　父常見得○　26
從cong　261
　○…去　251,269
　○這裏做去　256
粗cu　293
存心cunxin　42
存養cunyang　22
存之而不忘cunzhi　29
蹉過事理cuoguo　302

【D】

大段daduan　60,181,304
大概dagai　62
大故無狀dagu　220
大倫有五dalun　57
大門damen　310
大學daxue
　○○和惡字說　204
　○○一篇之樞要　250
　○○一書、豈在看他言語　201
大用全體dayong　17
大者dazhe　94
打得這關過dade　274
打疊dadie　153,222
打殺那要向便門底心dasha　310
怠惰daiduo　68
待於外daiyu　210
帶dai　125
淡底金dande　230
當初dangchu　31
當對dangdui　338
當怒當憂者dangnu　287
當然之則dangran　322
到那貼底處daona　88
倒dao　231
道理daoli　31
道心惟微daoxin　34
道學daoxue　59
得來delai　169
得失deshi　262
得住dezhu　231
德de
　我之所以爲○者　16
燈deng　249
第二番罪過dier　199
第二節dier　229
地盤dipan　271
地位diwei　53,143
諟是詳審dishi　12
顚冥dianming　211
定理dingli　103
定心dingxin　332
定省之孝dingxing　93
定要dingyao　302
定要…方休dingyao　211
飣盤星dingpan　322
動dong
　有所○　275
　就靜中○將去　326
都dou　131,184,271
都不關自家心事doubu　329
都自douzi　126
獨處duchu　186
獨得dude　107
讀書dushu　247
端的duandi　115,304
斷而復連duaner　262
斷了又連duanle　265
柂duo　192

【E】

惡不可作ebu　136
惡者端的是惡ezhe　304
惡字ezi　204
鵝湖之會ehu　95
二心erxin　171
而後已erhou　178
而今erjin　255

【F】

發不中節、則有偏而不得其正矣fabu 284
發出來fachu 338
發而中節則是faer 284
發見faxian 27
發於外fayu 73
反復入身fanfu 42
反說fanshuo 191,240
凡百fanbai 34
放得下fangde 33
放教fangjiao 146
放寬fangkuan 201
方始fangshi 158
放他喜怒憂懼不得其正fangta 279
放心fangxin
　求○○ 24
　無○○底聖賢 178
　求其○○ 15
方fang 129,271
方休fangxiu 211
防閑fangxian 181
非道矣feidao 45
非爲他人而食飲feiwei 209
分別fenbie
　○○取舍 114
　○○善惡 146
　吾心之○○取舍無不切 102
分路頭fenlu 251
分數fenshu 230
分限fenxian 329
忿慾fenyu 160
忿懥fenzhi 257
　○○・好樂・恐懼・憂患 306
　○○・恐懼・好樂・憂患 276
　○○已自粗了 293
　心有所○○ 293
父常見得慈fuchang 26
父慈子孝fuci 108
敷施發用底fushi 87
富有而無疆fuyou 96

【G】

改正心一章gaizheng 261
改注gaizhu 169
蓋庇gaibi 236
竿gan 266
高gao
　說闊了、○了、深了 240
　某之說却說○了 236
隔礙geai 246
割去gequ 146
格物gewu
　○○誠意章、都是錬成了 259
　未有不能○○致知而能誠意者 263
　如說正心誠意、便須通○○致知說 258
各有不盡之理geyou 58
各正性命gezheng 33
各止其所gezhi 303
箇ge 229
更不gengbu 144
梗在胸中gengzai 302
公gong 191
公道gongdao 281
公事gongshi 310
公私之辨gongsi 266
公私之別gongsi 304
共見gongjian 243
共由gongyou 107
茍、誠也goucheng 37
茍且gouqie 149,313
茍日新gouri 9,36
茍志於仁矣gouzhi 277
茍字訓誠gouzi 39
垢gou 164
顧諟、見得子細gudi 12
顧諟天之明命gushi 12
骨角却易開解gujiao 65
骨子guzi 99
古人既如此說guren 319
古人言語精密guren 72
古註guzhu 20
姑息guxi 313
鼓之舞之之謂作guzhi 46
固自guzi 103
官會guanhui 220
盥濯guanzhuo 43
關guan 153,173
　打得這○過 274
　此處是學者一箇○ 304
管guan 279,304

廣大虚明guangda　331
光明guangming　21
　這箇物本自○○　42
歸gui　239
歸往guiwang　11
滾合gunhe　315
過不及guobu　53
過此關guoci　173
…過guo　174
果guo　138,287
果子爛熟後、皮核自脱落離去guozi　231

【H】

寒之欲衣hanzhi　138
毫髮haofa　100,171
好樂之類、是合有底haole　281
好善haoshan　115,152
好善惡惡haoshan　141,149,281
好善如好好色haoshan　189
好事haoshi　269
好惡haowu
　其○○與人相近者幾希　338
好者端的是好haozhe　304
和he　204
和那七分底也壞了hena　232
和…也…heye　49,307
合當怒、不得不怒hedang　285
合當喜、不得不喜hedang　285
合下hexia　170,229
合有底heyou　281
赫喧hexuan　66
横在胸中hengzai　304
衡heng　25,307
后稷之德houji　75
後面烈文一節houmian　76
後人houren　74
鶻鶻突突huhu　8,184
胡亂huluan　197,270
胡孫husun　160
互相發huxiang　45
壞了huaile　232
喚huan　103
喚做huanzuo　81,136
皇恐huangkong　244
輝光huiguang　72
昏hun
　○蔽　5
　○○地　17
　○著　14
　有時而○　212
豁然huoran　293

【J】

記得jide　338
撃鼓jigu　47
幾微毫釐處做工夫jiwei　221
幾希jixi　338
基緒jixu　76
既有箇定理jiyou　103
齊整jizheng　338
飢之必食jizhi　270
飢之必欲食jizhi　209
飢之欲食jizhi　138
己ji
　有諸○　17
極ji　48
楫ji　192
夾帶jiadai　131,307,309
夾界jiajie　53
夾雜jiaza　126,281
假官會jiaguan　220
假託jiatuo　151
件jian　309
尖鋭底物事jianrui　231
見不善jianbu　115
見錯jiancuo　134
見君子而后厭然jianjun　133
見孺子入井時jianru　212
見善jianshan　115
見性jianxing　331
兼説jianshuo　219
間雜jianza　232
鑑jian　307
將jiang　126
將此心去正那心jiangci　287
將去jiangqu　269,286,295,326
教jiao　64
教授jiaoshou　127

脚心jiaoxin　337
較jiao　116
截定jieding　251
界分jiefen　251
節節jiejie　129
接物jiewu　21
今改注jingai　221
今人讀書jinren　247
今注jinzhu　219
近改注云jingai　169
謹懼jinju　178
緊要jinyao　304
禁止jinzhi
　〇〇乎此而已矣　219
　毋者〇〇之辭　221
儘jin　65
金jin
　精〇　143
　眞〇　140
　淡底〇　230
警策jingce　47
精粗jingcu　111
精金jingjin　143
精密jingmi　86
精微jingwei　57
淨潔jingjie　119
鏡jing　315
鏡中先有一人在裏面了
　jingzhong　317
敬jing
　不出一〇字　179
　臣便要止於〇　53
靜jing
　就〇中動將去　326
舊嘗問jiuchang　333
舊染之汙jiuran　41
舊說jiushuo　240,254
舊注jiuzhu　219
究其精微之蘊jiuqi　57
九夷八蠻jiuyi　108
句句理會過juju　45
決定jueding　131
決定是jueding　197
君便要止於仁junbian　53
君子小人之分junzi　127,266

【K】
開解kaijie　65
看kan　160
看錯kancuo　191
看來kanlai　192,239,312
看這說話不出kanzhe　231
靠不得kaobu　271
可大者、富有而無疆keda　96
可久則賢人之德kejiu　96
可久者、日新而不已kejiu　96
可怒在物kenu　286
可以人而不如鳥乎keyi　50
可以爲道keyi　318
克明德kemimg　3
渴之必欲飲kezhi　209
渴之必飲kezhi　270
孔子仰文武之德kongzi　75
苦切kuqie　158
快kuai　147
寬厚kuanhou　313
狂kuang
　惟聖罔念作〇　178
愧怍kuizuo　245
闊kuo
　〇大　245
　說〇了、高了、深了　240
擴而充之kuoer　100

【L】
爛熟lanshu　231
狼當langdang　221
狼疾langji　164
牢關laoguan　164
樂le　285
　不勝其〇　248
　心廣體胖只是〇　248
了le
　A〇又B、B〇又A　265
冷積lengji　222
離不得libu　108
立不住libu　165
立得脚住lide　271
立脚lijiao　251
立如齊liru　55
立心lixin　313
立則見其參於前lize　25
理li
　〇徹　114

〇固自有表裏精粗　103
〇之表裏精粗無不盡　102
〇之所以然　105
理會lihui　266
其他有合〇〇者、渠〇〇不得　95
裏li
約我以禮…是之謂〇　110
裏面許多私意limian　273
戾氣liqi　322
禮li　110
鍊成liancheng　259
連而却斷、斷而復連lianer　262
連接誠意看lianjie　115
連了又斷、斷了又連lianle　265
連…也lianye　239
兩箇物事liangge　125
兩人liangren　232
兩頭截定箇界分在這裏liangtou　251
烈文一節liewen　76
凜凜然linlin　8
靈底是心lingde　85
靈便是那知覺底lingde　86
留liu
不要它〇而不去　290
留滯liuzhi　281
無〇〇則此心便虚　282
不可〇〇　281
流注想liuzhu　233
不曾斷得這〇〇〇　233
樓中果louzhong　287

【M】
沒干涉meigan　213
懵然mengran　99
萌作mengzuo　144
夢meng　230
緡蠻黃鳥mianman　50
苗之碩miaozhi　329
明辨mingbian　255
明德mingde　5
〇〇と心・性（補說１）　88
克〇〇　3
明其〇〇　4
上下文都說〇〇　41
自人受之喚做〇〇　8
明命mingming　5
自天言之喚做〇〇　8
顧諟天之〇〇　12
天之〇〇　16,31
明明德便是性mingming　85
明無不燭mingwu　79
明心mingxin　331
驀見一可怒底事來mojian　307
磨礲molong　64,65
莫是…否moshi　184
莫見乎隱moxian　108
莫知其子之惡mozhi　329
莫知其苗之碩mozhi　329
某參禪幾年了moucan　233
某舊說忒說闊了、高了、深了moujiu　240
某年十七八時mounian　45
某自十六七讀時mouzi　230
某之說却說高了muzhi　236
模樣muyang　25
沐浴muyu　43

【N】
捺na　231
難看nankan　11
內nei
爲主於〇　289
能爲這事是情nengwei　341
念念niannian　286,310
念念不忘niannian　21,304
躡蹤niezong　10
凝定ningding　18
拗niu　310
怒nu
可〇在物　286
合當〇、不得不〇　285
當〇當憂者　287

【O】
偶然不得他底ouran　285

【P】
怕人見paren　244
盤銘panming　43

判一二百字panyi　307
皮包裹在裏pibao　31
皮核pihe　231
皮殼piqiao　105
譬如一竿竹piru　266
偏pian
　有○而不得其正矣　284
　又有許多○　273
偏倚pianyi　267,329
平旦之氣其好惡與人相近者幾希pingdan　338
平易pingyi　240

【Q】
氣qi　31
氣稟qibing　197
期待底心qidai　330
七顛八倒qidian　184
齊家qijia　329
其流必入於異端qiliu　105
欺謾qiman　197
其命維新qiming　11,48
其味深長qiwei　62
豈有待於外哉qiyou　210
恰好qiahao　53
恰似qiasi　64
欠了分數qianle　230
欠了些箇qianle　340
欠闕qianque　94
前面qianmian　256
前去qianqu　10
前日得孫敬甫書qianri　170
前三節qiansan　76
前王不忘云云qianwang　74
前王遠矣qianwang　74
乾是至健之物qianshi　96
乾以易知qianyi　95
千書萬書qianshu　24
千頭萬緒qiantou　100
牽qian　269
牽制qianzhi　54
慊qian　158
　吾何○乎哉　160
　心有所○　139
嗛qian　160
錢qian　322
且恁地也不妨qieren　87
且如qieru　192,269,317,330
親愛賤惡qinai　276
親其親qinqi　75
親切qinqie　307
親眼qinyan　25
輕可qingke　124
清明qingming　21
清瑩qingying　210
請事斯語qingshi　177
情qing
　能爲這事是○　341
求放心qiufang　24
求其放心qiuqi　15
求以自快乎己耳qiuyi　270
去qu　36
全德quande　340
全體quanti　266
全體大用quanti　118
却que　279

【R】
仁ren
　○不可勝用　210
　君便要止於○　53
恁地rendi　11,67,87,184
人莫不知善之常爲renmo　219
人物之所共由renwu　107
人心renxin
　○○如一箇鏡　315
　○○所不能無　322
　○○惟危　34
　○○之靈、莫不有知　85
人曉然共見renxiao　243
人之心要當不容一物renzhi　312
忍ren　160
日新rixin　9,36,43,96
日日新riri　9
容（助字）rong　278
容忍rongren　160
容著在這裏rongzhe　229
容字又是第二節rongzi　229
如不及rubu　115
如好好色ruhao　115
如何地ruhe　184
如何會信ruhe　23
如何能必行ruhe　23
如衡之平ruheng　307
如鑑之空rujian　307

如今rujin　99,148
如切如磋者道學也ruqie　59
如水相似rushui　274
如說正心誠意、便須通格物致知說rushuo　258
如悪悪臭ruwu　115
如…相似ruxiang　28,192
如一ruyi　270
如…一般ruyi　316
如有兩人焉ruyou　232
如琢如磨者自修也ruzhuo　59
入頭rutou　36
孺子入井ruzi　164
若常見其在前ruochang　8
若存若亡ruocun　23

【S】

塞得住saide　231
三兩sanliang　127
三歳孩兒也道得sansui　332
三月sanyue　112
散san　32
搜過saoguo　174
掃了saole　129
瑟se　69
瑟、矜莊貌sejin　66
色難senan　93
砂石之雜shashi　210
煞sha　181,273
善shan
　○我所當爲　136
　○之常爲　219
　○之形於外者　242
善悪不同shane　203
善心shanxin　47
上床shangchuang　337
上面shangmian　36,174
上面一截shangmian　103
上下shangxia　318
上下文都說明德shangxia　41
上心shangxin　338
少shao　178
少間shaojian　158
少刻shaoke　310
設使sheshi　303
深長shenchang　62
愼獨shendu
　○○者、誠意之助也　186
　○○之功　146
　必○○　189
　傳猶有○○之說　177
　上云必○其○者　188
　下云必○其○者　188
　重複說道必○其○　274
　必致其知、方肯○○、方能○○　194
身己shenji　110,329
甚shen　266
甚可皇恐了shenke　244
聖sheng
　惟○罔念作狂　178
聖人之心shengren　330
聖賢教人shengxian　24
聖賢千言萬語shengxian　42
聖賢之可學shengxian　22
省事shengshi　256
生意shengyi　32
實底是性shide　86
始得shide　174
十二因縁shier　232
十分shifen　136
十目所視shimu　242
十目視shimu　184
十手指shishou　184
視而不見、聽而不聞shier　302,332,333
視聽言動shiting　9
視瞻shizhan　29
時節shijie　273,274
時乃日新shinai　43
始勤而終怠shijin　209
事君要忠shijun　86
事君之忠shijun　94
事親要孝shiqin　86
事有當怒當憂者shiyou　287
實理shili　191
實是實非shishi　177
飾於外shiyu　73
使之則謀shizhi　230
諟shi　12
收殺shousha　51
收拾shoushi　335
菽粟之必飽shusu　23
舒泰shutai　246

樞要shuyao 250
書自書、我自我shuzi 201
衰頽shuaitui 39
水火之不可蹈shuihuo 138
順性命之理shunxing 32
順應將去shunying 286
說從…去shuocong 261
說得來shuode 42
說得貼了shuode 236
說得最精密shuode 86
說闊了、高了、深了
shuokuo 240
說絮shuoxu 326
思恩sien 76
四方八面sifang 99,110,330
四五siwu 253
四者皆人之所有、不能無
sizhe 306
四者豈得皆無sizhe 283
四者心之所有sizhe 302
四者之來、反動其心sizhe
325
斯民simin 82
私si
蓋這物事才○ 303
不可使之有所○爾 302
私錢siqian 220
私心sixin 307
私意siyi 266,273,281,329
似…相似sixiang 312
死si
直是至○方得 302
隨sui 145
隨感而應suigan 315
隨後suihou 164
隨其分限應去suiqi 329
隨事逐物suishi 18
雖則suize 9
所以然suoyi 105

【T】
他ta 279
他箇tage 134
它ta 279
踏空takong 213
闒颯tasa 68
太快taikuai 221
太虛taixu 303
坦然tanran 240
探湯tantang 115
談玄說妙之病tanxuan
105
滔滔taotao 192
討tao 41
剔撥tibo 10
提掇tiduo 179
提撕tisi 16,47,201
體用tiyong 340
體用元不相離tiyong 118
田地tiandi 64,194
天命至微tianming 27
天明擦時tianming 337
天視自我民視tianshi 11
天聽自我民聽tianting 11
天之明命tianzhi 16,31
天之所命謂性tianzhi 5
天之所以命我tianzhi 16
條理tiaoli 72
跳舞tiaowu 46
貼tie 236
貼底處tiede 88
貼骨貼肉處tiegu 87
貼實tieshi 240
同然之善心tongrran 47
通上下tongshang 151
通上章與下章tongshang
258
通透tongtou 10
銅tong 140
透徹touche 231
偷去touqu 28
偷心touxin 230
偷則自行touze 230,233
推盪tuidang 303
推類以通其餘tuilei 57
忒tui 240
拖帶tuodai 62
脫空tuokong 232

【W】
外面許多私意waimian
273
外面一副當雖好waimian
212
外面做得來waimian 169
外爲善而中實未能免於不善
之雜waiwei 228
外物所勝waiwu 23
萬變wanbian 330

萬善之根wanshan　270
萬鍾之祿wanzhong　211
晚下wanxia　44
忘wang　304
位次weici　236
爲道weidao　318
爲惡於隱微之中weie　212
爲人而做weiren　270
爲人之弊weiren　209
爲人子止於孝weiren　197
爲善去惡weishan　145
爲善之不勇weishan　208
畏服weifu　82
未會死weihui　32
未見得weijian　32
未能誠意、且用執持weineng　279
未是處weishi　251
未有不能格物致知而能誠意者weiyou　263
未有不能誠意而能正心者weiyou　263
謂如weiru　236
惟聖罔念作狂weisheng　178
威儀烜赫weiyi　66
威儀weiyi　71
味wei　62
文wen　110
文勢wenshi　322
文體wenti　120
文武之德wenwu　74
吾何慊乎哉wohe　160
我已自知woyi　244
我之所以爲德者wozhi　16
無不切wubu　114,116
無過不及wuguo　53
無待於自欺wudai　221
無放心底聖賢wufang　178
無間wujian　193
無所不至wusuo　133
無所爲wusuo　191
無頭無面wutou　9
無許多wuxu　240
無義而受萬鍾之祿wuyi　211
無欲害人之心wuyu　112,210
無狀wuzhuang　220
惡不善wubu　115
惡惡wue　152
惡惡如惡惡臭wue　189
物格wuge
　○○而后知至　99
　到○○知至後、已是意誠八九分了　173
物色wuse　294
物欲wuyu　5
物欲之雜wuyu　146
烏喙之不可食wuhui　138
於緝熙敬止wuji　51
五十步笑百步wushi　134
五者有當然之則wuzhe　322
吾心之分別取舍無不切wuxin　102
吾心之所獨得wuxin　107
吾之所知無不切wuzhi　116
毋者禁止之辭wuzhe　221
毋自欺wuzi　129,141

【X】

喜xi
　合當○、不得不○　285
喜怒哀樂xinu
　○○○○發而中節　283
　心有○○○○則不得其正　284
喜怒憂懼xinu
　○○○○都是人合有底　318
　○○○○人心所不能無　322
　放他○○○○不得其正　279
喜心xixin　298
下工夫xiagong　129
下面許多xiamian　103
下面憂患好樂等皆可疑xiamian　322
嚇人xiaren　236,247
下水船xiashui　192
下學而上達xiaxue　42
下章xiazhang　256
纖毫xianhao　230
纖毫絲髮xianhao　209
顯明之地xianming　212
賢其賢xianqi　74

賢人之德xianren 96
僩xian 69
僩、武毅之貌xianwu 68
先有這箇期待底心xianyou 330
陷於自欺xianyu 220
向xiang 116
向大門出xiangda 310
向裏xiangli 105
相牽不了xiangqian 219
詳審xiangshen 12
消化xiaohua 282
消磨舊習xiaomo 64
效其文體xiaoqi 120
曉然共見xiaoran 243
小人xiaoren 127,266
小人閒居爲不善xiaoren 133,163
小人閒居爲不善底一段、便是自欺底xiaoren 240
小學xiaoxue 119
小者xiaozhe 94
消釋xiaoshi 303
孝xiao
　定省之○ 93
　事親要○ 86
　子常見得○ 26
　爲人子止於○ 197
斜徑xiejing 164
些xie 170
些子xiezi 53,54,152,171,187,232,239,270
歇xie 338
心xin
　○包體用而言 340
　○便是盛貯該載 86
　○不得其正章 340
　○不可有一物 298,299,329
　○不在焉 332
　○不正、不可以修身 329
　○不正、是公道上錯了 281
　○廣體胖 164
　○廣體胖只是樂 248
　○或有所偏倚 267
　○全德也 340
　○是大底、意是小的 269
　○事 329
　○體本正 278
　○統性情者也 86
　○臥則夢 230
　○下 148,158,195,236,304
　○有不正、則爲物所動、却未必爲惡 263
　○有得失之異 262
　○有所忿懥 293
　○有所慊 139
　○有喜怒憂樂、則不得其正 284
　○與性自有分別 85
　○之分別取舍 114
　○之所發 169
　○之所發、陽善陰惡 219
　此○如太虛然 303
　此○元不曾有這箇物事 330
　將此○去正那○ 287
　四者○之所有 302
　靈底是○ 85
　意誠則○正 265
　如何更問他○之正不正 267
信xin
　○向 22
　如何會○ 23
　與國人交常見得○ 26
性xing
　○便是那理 86
　○命之理 32
　各正○命 33
　心與○自有分別 85
　實底是○ 86
　天之所命謂○ 5
省察xingcha 17,174
形骸間隔xinghai 9
形迹xingji 330
形於外xingyu 189
惺覺xingjue 201
興起xingqi 47
行向大門出xingxiang 310
行有不慊xingyou 158
行坐xingzuo 118
胸次xiongci 197
胸中xiongzhong 302,304
修身xiushen

以○○爲本　79
心不正不可以○○　329
休xiu　270
虛xu　282
虛誕xudan　81
虛靈xuling　197
虛明xuming　315,330,331
虛字xuzi　122,160
須…方…xufang　154,173
須是xushi　247
須是…方是xushi　94
須著xuzhe　99,181
旋旋xuanxuan　251
玄xuan
談○說妙之病　105
恂慄xunli　69
恂慄危懼xunli　70
尋討xuntao　319
薫炙xunzhi　79

【Y】
壓重yazhong　119
芽子yazi　304
掩覆yanfu　151
揜yan　166
○其不善　133
○其不善而著其善　197
不可○　242
眼前道理yanqian　105
厭然揜其不善而著其善 yanran　197
顏色yanse　143
嚴毅把捉yanyi　313
言語yanyu　201
言語精密yanyu　72
陽善陰惡yangshan　141,219
陽爲善yangwei　219
養志yangzhi　93
樣yang　239
要處yaochu　24
要緊yaojin　36,127
要緊最是誠意時節yaojin　274
要恁地yaoren　11
堯舜之可爲yaoshun　22
夜間yejian　337
夜來說得也未盡yelai　238
夜來歸去又思yelai　239
也ye　87
也且yeqie　270
一般yiban　158,171
一重不曾透徹在yichong　231
一帶路yidai　125
一石米yidan　236
一堆金寶yidui　211
一副當yifu　212
一竿竹yigan　266
一關yiguan　153
一毫yihao　178,329
一件yijian　28
一截yijie　103
一塊銅yikuai　140
一塊物yikuai　138
一量稱稱物yiliang　299
一落索yiluo　258
一念yinian　112
一念間yinian　41
一盆水yipen　210
一齊yiqi　123
一似yisi　8
一似都yisi　169
一物yiwu　298,299,312,329
一向yixiang　62,307
一項yixiang　307
一有不至yiyou　201
意yi
○不誠、是私意上錯了　281
○或不誠、則可以爲惡　262
○是小的　269
○未誠、則全體是私意　266
○未誠之先　278
○之實　143
○自誠矣　176
致知則○已誠七八分　186
欲爲這事是○　341
意誠yicheng
○○後心却自正　279
○○則心正　265
知至而後○○　176
知至而後○○、已有八分　185
「知至」「知眞」「○○」の關係　182

到物格知至後、已是○○八九分了 173
意思yisi 313
意欲之私yiyu 178
依舊yijiu 182
已放之心yifang 42
已是yishi 143
已知之理yizhi 93,99
已自yizi 293
異端yiduan 105
易簡工夫終久大yijian 95
易簡有幾多事在yijian 96
移了這位次了yile 236
移了這步位了yile 236
義不可勝用yibu 110
義理之心yili 334
抑强扶弱yiqiang 317
依違yiwei 54
以修身爲本yixiu 79
倚於衡yiyu 25
亦自yizi 184
因其已知之理yinqi 93
因其已知之理而益窮之yinqi 99
因說…yinshuo 31
隱微之間yinwei 179
隱微之際yinwei 149,273
隱微之中yinwei 212
隱微獨處yinwei 186
陰有不好者yinyou 152
陰有不惡者yinyou 152
陰在於惡而陽爲善yinzai 219
引致知兼說yinzhi 219
硬遏捺yinge 231
硬要去强捺yingyao 231
瑩然虛明yingran 330
用兵yongbing 174
用其力yongqi 255
踴躍yongyue 47
有不善未嘗不知youbu 143
憂患忿懥之類、却不是惡youhuan 275
憂患好樂youhuan 322
有偏而不得其正矣youpian 284
有時而昏youshi 212
有所動yousuo 275
有所爲yousuo 289
有所爲而爲之yousuo 208
有外之心youwai 156,158
有些不愛youxie 170
有…在youzai 155
有諸己youzhu 17
有罪而撻之youzui 291
語大yuda 108
語道而非其序yudao 45
語意太快yuyi 221
與國人交常見得信yuguo 26
禦寇yukou 174
與人說yuren 142
與他喫些子yuta 270
欲爲這事是意yuwei 341
源頭yuantou 229
源頭却在那致知上yuantou 303
約我以禮yuewo 110
約我以禮…是之謂裏yuewo 110
越yue 213
醞釀yunniang 115

【Z】

在zai 13,97,131,276
在裏zaili 18,31
在前zaiqian 8
在輿則見其倚於衡zaiyu 25
在這裏zaizhe 26,251,287,294
趲鄕前去zanxiang 10
造化之理zaohua 96
早間zaojian 337
詐善於顯明之地zhashan 212
齋莊zhaizhuang 69
戰懼zhanju 177
戰戰兢兢zhanzhan 178
湛然淸明zhanran 21
湛然虛明zhanran 315
粘綴zhanzhui 266
長進zhangjin 201
照不得zhaobu 317
照管zhaoguan 12
照管不到zhaoguan 185
照管不及zhaoguan 181
照管不著zhaoguan 182

照管少有不到處zhaoguan 220
昭晰zhaoxi 17
這般zheban 197,310
這箇物本自光明zhege 42
這物事zhewu 14
這様意思zheyang 247
著zhe 32,99,229,313,317
眞箇zhenge 3,307
眞箇是zhenge 240
眞金zhenjin 140
眞實zhenshi 154
眞實好善惡惡zhenshi 281
眞實無妄zhenshi 202
正zheng
　○君之失 54
　不得其○ 284
　但要得其○耳 283
　將此心去○那心 287
　有偏而不得其○矣 284
正心zhengxin 339
　誠意○○ 273
　到得○○時節 273
　到得○○修身處、都易了 259
　如說○○誠意、便須通格物致知說 258
　更理會甚○○ 266
　未有不能誠意而能○○者 263
證驗zhengyan 242
爭zheng 171
窒礙zhiai 100
知不至zhibu 133
知不到田地zhibu 194
知皆擴而充之zhijie 100
知覺zhijue
　○○之心 333
　○○在義理便在 335
　靈便是那○○底 86
知至zhizhi 101
　「○○」「知眞」「意誠」の關係 182
　○○而後意誠 176
　○○而後意誠、已有八分 185
　○○後 271
　○○之後、無所用力、意自誠矣 176
知之不切zhizhi 219
知之端zhizhi 99
知之未嘗復行zhizhi 143
知之未眞zhizhi 182
知之至zhizhi 143
執持zhichi 279
直zhi 279
直是zhishi 66,79,266
直是至死方得zhishi 302
只管說箇容字zhiguan 229
只是zhishi 79,96,114,273,318
只說從誠意去zhishuo 261
只要zhiyao 25
只要…則zhiyao 21
只著如此做zhizhuo 131
至微zhiwei 27
至微至隱zhiwei 210
止于丘隅zhiyu 50
致知zhizhi 101
　○○則意已誠七八分 186
　○○者誠意之本也 186
　源頭却在那○○上 303
中間zhongjian 219
中節zhongjie 284
中心zhongxin 171
中一節zhongyi 76
中庸論誠處zhongyong 232
終身而後已zhongshen 178
終身爲善zhongshen 153
終始惟一zhongshi 43
終食之頃zhongshi 108
終之zhongzhi 177
忠zhong
　事君要○ 86
　事君之○ 94
周雖舊邦zhousui 11,48
著其善zhuqi 133
鑄私錢zhusi 220
逐物zhuwu 18
主zhu
　○於中、發於外 73
　爲○於內 289
主張zhuzhang 155
主宰zhuzai 18
住zhu 145,271
注zhu

改○　169
竹zhu　266
專事zhuanshi　149
傳猶有愼獨之説zhuanyou　177
撞翻了這坐子zhuangfan　325
樁頭子zhuangtou　231
著zhuo　65
著得兩箇物事zhuode　125
著工夫zhuogong　36,181
著力zhuoli　274
著力做工夫zhuoli　181
著如此做zhuoru　131
著手下工夫zhuoshou　129
著孝zhuoxiao　197
著衣喫飯zhuoyi　192
灼然zhuoran　177
子常見得孝zichang　26
子之惡zizhi　329
自zi
本○　42
固○　103
都○　126
亦○　184
已○　293
自當zidang　184
自家zijia　330
自家心事zijia　329
自快zikuai　270
自瞞ziman　149
自欺ziqi　82,145,147,170,196
○○非是心有所慊　139
陷於○○　220
不能不○○　229
無待於○○　221
須無一毫○○方能自慊　173
有纖毫不善之雜、便是○○　230
如小人閒居爲不善底一段、便是○○底　240
自人受之喚做明德ziren　8
自是zishi　138
自天言之喚做明命zitian　8
自修zixiu　59
滋蔓ziman　124
走作zouzuo　79
阻隔zuge　145
罪過zuiguo　199
做不成zuobu　131
做得到zuode　32
做得大者而小者未盡zuode　94
做得小者而大者未盡zuode　94
做工夫zuogong　181
作弄zuonong　33
坐如尸zuoru　55
作新民zuoxin　45

固有名詞索引

〔人　　名〕

〔書名・編名・版本名〕

〔地名・國名〕